ディベート憲法

新井 誠 編著

大林啓吾・栗田佳泰・黒澤修一郎・寺井昭仁・
徳永貴志・西土彰一郎・山本龍彦

信山社
SHINZANSHA

はしがき

　憲法問題について考えるとき，皆さんはどのような思考方法でこれに対処しようとするでしょうか。例えば「憲法改正の是非」が問われた場合，大方の人は，「私は改正に賛成である／反対である。」といった自分自身の主義・主張から，そのことを考え始めるかもしれません。ただし，そうしたものの考え方は，時に論拠も乏しく進められ，論争の相手方との間で感情的な争いとなり，一向に議論がかみ合わないといったこともあります。では，憲法問題を見つめる何か別の方法はないでしょうか。これを考えた場合，1つの有意義な手法として，自分自身の主義・主張からは距離を置きつつ，一方の考え方を持つ当事者の立場になりきって，その立場から考えてみるという方法があります。その場合，人々は当事者が考える理由を冷静に想定しなければならないわけですから，単なる感情的・感覚的なものではなく，客観的資料に基づいた，より論理的思考を心がけることになるでしょう。

　当事者の立場から物事を考えるという作業は，法学では大変重要です。法の解釈や適用については常に一義的な解答が用意されるわけではありません。法に基づく解決にあたっては，争いの各立場の人がそれぞれの証拠や論理によって「自分のほうがより説得力があるのだ。」ということを示さねばならず，判定者は双方の合理的な主張の「せめぎ合い」の中で，より説得力があるほうに軍配を挙げることになります（裁判のシステムが分からない人は，「Ⅱ　おさえておきたい裁判／訴訟のルール」をご覧ください）。ですから法をめぐる問題を考える人たちは，その「せめぎ合い」がどのようなところに現れ，どのような論理を示せば，より有利な展開となっていくのかを常に考えなければなりません。そこで最も重要なのは，そのことを両方の視線で同時にかつ冷静に考えなければ，その「せめぎ合い」の場所は見出せないということなのです。

はしがき

　本書『ディベート憲法』は，他の憲法の教科書・演習書には見られない大きな特徴があります。それは，ある憲法にまつわる二項対立の論題について，「肯定側」「否定側」（あるいは「違憲側」「合憲側」）といった各立場から示されるべき立論が示されている点です。こうした立論を示した理由は他でもありません。1つの問題について両方の視線で物事を考え，読者に両者の「せめぎ合い」が生じている場をよく認識してほしいからです。そして，両者の各視線で議論を展開するためには，それぞれがどのような証拠や証証が必要なのかを冷静に認識し，各々の立論をふまえてそこではどのような憲法上の問題が生じているのかを理解してほしいと願うからです。さらに，詳しくは本書「Ⅰ 『ディベート憲法』の使い方」を見てほしいのですが，以上のような理念をふまえつつ，より実践的には，本書を使ってゲームとしての「ディベート」を行ってほしいという思いもあります。憲法を題材にした「ディベート」を通じて，法学で学ぶべき論証力・説得力，さらには社会に出ても通用する議論力・プレゼンテーション能力をも付けてもらえればと思います。

　もちろん本書の目的は，以上のような技術的な能力を高めるためだけではありません。本書で取り上げたテーマは，現在の社会の中で注目されるようになっている憲法問題を中心に扱っており，他の類書にはあまり見られない設定もあります。大学での「ディベート」の論題としても有意義だといえますが，憲法に関する読み物としても十分機能します。憲法問題が様々な形で登場している現在，いかなる憲法問題があるのかを知り，複数の目線から，より多くの人々が納得できる論証はどのようなものか，といったことを冷静に考えるために，本書を利用していただけると幸いです。

　本書の執筆には，全国各地の比較的若い世代の憲法研究者・法律家に参加いただいており，それぞれの世代の声を感じる内容になっているように思います。読者には，各執筆者が考える議論の「せめぎ合い」の場を体験し，さらに解説をふまえて憲法問題の今を感じ取っていただければと思います。

はしがき

　本書の刊行にあたっては信山社の袖山貴社長をはじめとする皆様にお世話になりました。特に，稲葉文子さんには，本書の企画を提案した際，非常に素早くかつ快く受け入れていただき，また，伊達勇人さんには，原稿提出や校正のやり取りをはじめ，印刷レイアウトに関するご提案などの場で，適切なアドバイスをいただくことができました。おかげで大変よい形での刊行ができたと思っております。改めて感謝申し上げます。

2014年2月

　　　　　　　　　　　　　　　　　　　　著者を代表して
　　　　　　　　　　　　　　　　　　　　　新井　誠

目 次

──────── 目 次 ────────

はしがき (*iii*)
凡　例 (*viii*)

I 『ディベート憲法』の使い方 ……………〔新井　誠〕…… *1*
1　「ディベート」の意義 (*3*) ／ 2　ディベートと (憲) 法学 (*5*) ／ 3　ディベートのやり方 (*7*) ／ 4　本書の使い方 (*9*)

II おさえておきたい裁判／訴訟のルール
………………………………………………〔寺井昭仁〕…… *11*

1 事件の種類 (*13*)
　1　はじめに (*13*) ／ 2　刑事事件について (*14*) ／ 3　民事事件について (*17*) ／ 4　行政事件について (*20*)

2 裁判の分類 (*23*)
　1　裁判とは (*23*) ／ 2　判決・決定・命令 (*23*) ／ 3　本案判決 (*24*) ／ 4　訴訟判決 (*24*)

3 文面審査と適用審査 (*25*)

III 実 践 編 ……………………………………… *29*

【人　権】

1 プライバシー──Ｎシステムの合憲性
………………………………………………〔寺井昭仁〕…… *31*

2 自己決定──薬物規制 ……………〔山本龍彦〕…… *51*

目　次

3❭ 平　　等——嫡出事項を戸籍に記載することの
　　合憲性 ……………………………………〔大林啓吾〕…… *67*

4❭ 思想・良心の自由——「日の丸・君が代」訴訟
　　………………………………………………〔栗田佳泰〕…… *83*

5❭ 表現の自由①——わいせつ物頒布罪
　　……………………………………………〔西土彰一郎〕…… *99*

6❭ 表現の自由②——メディア規制法 ……〔西土彰一郎〕…… *111*

7❭ 信教の自由・政教分離——被災地域での宗教施設への
　　援助 ………………………………………〔栗田佳泰〕…… *127*

8❭ 経済的自由——ダンスさせ営業規制 ………〔新井誠〕…… *143*

9❭ 生　存　権——生活保護費削減の合憲性
　　………………………………………………〔大林啓吾〕…… *159*

10❭ 選　挙　権——禁錮刑以上の受刑者の選挙権
　　…………………………………………………〔新井誠〕…… *175*

【統　治】

11❭ 国　　会——参議院不要論 ………………〔徳永貴志〕…… *189*

12❭ 内　　閣——首相公選制 …………………〔徳永貴志〕…… *205*

13❭ 裁　判　所——抽象的違憲審査制の是非
　　……………………………………………〔黒澤修一郎〕…… *219*

14❭ 地方自治——道州制の採用 ……………〔黒澤修一郎〕…… *235*

（資料）日本国憲法（*253*）
判例索引（*265*）
事項索引（*268*）

vii

凡 例

(1) 主な法令名略語

憲法	日本国憲法
刑訴法	刑事訴訟法
国賠法	国家賠償法
地自法	地方自治法
風営法	風俗営業等の規制及び業務の適正化等に関する法律
民訴法	民事訴訟法

(2) 判例・裁判例

最大判(決)	最高裁判所大法廷判決(決定)
最判(決)	最高裁判所小法廷判決(決定)
高判(決)	高等裁判所判決(決定)
地判(決)	地方裁判所判決(決定)

(3) 主な裁判例集

民(刑)集	最高裁判所民(刑)事判例集
下刑集	下級裁判所刑事裁判例集
判時	判例時報
判タ	判例タイムズ

I

『ディベート憲法』の使い方

1 「ディベート」の意義

(1) ディベートとは何か？

『ディベート憲法』という名前の本書を利用するにあたっては、まず「ディベート」と何かということを少し説明しておく必要があるでしょう。ここにいう「ディベート」とは、おおむね次のような作業を伴う討論のゲームのことを言います。

① 2つの対立する答えを示すことのできる1つの論題につき、それを肯定する立場と否定する立場とに別れる。
② 自身の側の適切な論拠を用いて、論証を進める。
③ 相手側の論証や証拠の弱点などを攻め、対する側は自身の論証や証拠を防御する。
④ 相手側の立場に比べて、より優れた論証をしていることを聴衆や判定者に向けてアピールをする。
⑤ 最終的に判定者が、論証の優れた側を勝利者と認定する。

こうした討論ゲームでは、討論に参加する当事者が、自分自身として考える主義・主張ではなく、各立場に見合った主張をすることが大切です。また判定者や聴衆も、自分自身の主義・主張と近い側を勝利者にするのではなく、各立場の討論者が、その立場を維持するために適切な論証を行ったか、必要な証拠を提示したか、という点に着目して判定を行う必要があります。

(2) ディベートの効用

ではなぜ「ディベート」を大学で行うのか。それには様々な理由があります。

1つ目としては、当事者目線からものを考える能力を身につけてほしいからです。多くの場合に人々は、その本人の考える主義・主張を前面に押し出した議論を展開することがあります。しかしそうした議論の展開の場合、自分自身の考え方に固執しすぎて他者の立場からものを考えることを忘れてしまいがちです。その場合には、

I 『ディベート憲法』の使い方

さらに進むと「その問題は私には関係ないから，どうでもいい。」といった結論になってしまうことがよくあります。大学のゼミなどでは，自分の立場も大切ですが，「私が○○という立場にあるならば，××という考え方を取ることが説得的である」といった視線でも考えてほしいのです。

2つ目としては，議論をする際の論拠の大切さを知ってほしいからです。議論を展開するときに人々はとかく，「自分は○○と思うから，結論も○○です」という場合がありますが，その際，その議論の前提となる証拠などが抜けがちです。しかし「嫌なものは嫌」だけでは誰も納得させられません。それはきっと皆さんが社会に出てからも一緒でしょう。「何かが嫌だ」というならば，それなりの論拠を示し，それが人々にとって正当化できるものかどうかを判定してもらうことで，より強固な理屈になっていくと思います。

3つ目としては，討論をする際の作法を知り，コミュニケーション能力を高めてほしいからです。人々の間で議論をしようとすると，最後には感情的な対立が残ってしまうようなことがしばしば見られます。しかし討論は，本来，そのような対立を引き起こすためのものではありません。一定のルールに基づいて，より合理的な説明ができるかどうかを競うものです。そのためにはその作法を知り，情熱的でありながら，冷静な議論を展開してもらいたいものです。またそうした作業を通じて，コミュニケーション能力をも養ってほしいと考えます。学生の中には，自分の考え方を恥ずかしがって言えない人も多く見られますが，一定のルールに沿ったゲームであると割り切ると，言葉が出てくる場合も多くなります。ディベートを通じて，話し方を学んでいってほしいと思います。

4つ目としては，判定者としての目を養ってほしいからです。これはディベートを行う人というよりも，聞く側の人が中心になるかもしれませんが，人々の討論を聞くことにより，どのような議論がより説得的なのか理解できるようになります。そして，人々を魅了する話し方とはどのようなものかを判定者として考えることができ

ます。他方でディベートを行う側も、どのような話（し方）をすれば判定者から高評価を受けるのかを考えることもできます。

2　ディベートと(憲)法学

(1) 法学にとってのディベートの意義

　では、ディベートは(憲)法学の学習にとっていかなる意味を持つのでしょうか。これについては、法学では対話によって、より説得力のある解決を図っていくという作業が必要であることと大いに関係があります。

　一般的に法律問題が登場する場として、裁判所などを想定してみましょう。例えば裁判所における民事事件では、一方の側が原告（X）として、他方の側の被告（Y）を訴えることで成立します。そして例えば「私（X）は、Yにお金を貸したけれども1年経っても返さないから、返してほしい。」という訴訟をしたとします。しかしYにはYなりの返さない理由があるかもしれません。例えば「Xは私（Y）にそのお金を3年間は黙って貸してくれるといった。」というかもしれません。このように双方は、自分の立場を裁判官に訴えかけます。裁判官はこれを裁くわけですが、双方の主張によく耳を傾けて、法に沿って説得力があるほうを勝たせます。

　こうした作業は、本書で学習するディベートそのものといっても過言ではありません。原告・被告はディベートにおける双方の主張者、裁判官はその判定者なのです。法学を学ぶ人は、ディベート学習を通じて、原告・被告・裁判官がどのような役割を演じるべきか、その際にどのような法解釈を行うかを学ぶことになるのです。

(2) 憲法問題をディベートの手法で考えることの意義

　このことは憲法問題を考えるときも同じです。例えば、裁判所は、憲法の各規定に違反する法令を違憲であると宣言し、その法令の適用を無効にできる権限を憲法上有しております。これを違憲立法審査（違憲審査、司法審査）権といいます。そこで裁判では、時

I 『ディベート憲法』の使い方

に，ある法令を適用される当事者が，(刑事事件の場合)「その法令自体が憲法に違反するので，違反する法令により罰則が与えられることはなく，無罪である」といった主張をすることがあります。この場合，相手方，刑事事件の場合には検察になりますが，検察側は，「その法令は憲法には違反しないから，合憲である法令によって刑罰が与えられることは何ら問題はなく，有罪である」といった主張をするときがあります。この場合，憲法に違反するかしないかというディベートがそこで行われることになります。

また憲法問題のなかには，必ずしも裁判所では争えないような問題も登場します。例えば，「議会は一院制が望ましいか，二院制が望ましいか」といった論題を考えるとします。その場合，日本国憲法は二院制を採用していることから，憲法を改定しても一院制がよいのではないかといった，憲法解釈を超えた憲法政策に関する議論の展開がなされる可能性があります。こうした議論は，裁判所での判断にはなじみませんが，しかし，憲法をめぐる重要な議論であることに変わりはありません。

もっとも以上のようなディベート形式での憲法の議論を展開するにあたっては，自分が好きなことだけを述べればよいというわけではありません。そこでは当然，これまでの裁判所の判例や学説などで言われてきたこと，あるいは議論の対象となる法令が定められた背景などの国内外の社会状況などを適切に認識し，議論に組み込まなければなりません。そうでなければ自分の立場に説得力を与えることができないし，判定者も評価をしてくれません。ディベート方式で憲法を学習するためには，多くの人たちが共有する一定の情報の獲得が必須となります。

では実際に，憲法についてどのような方法でディベートしていくのか。以下ではその1つの方法を順に紹介してみます。

3　ディベートのやり方

(1) 論題の設定

　最初に必要なのは論題の設定です。その際はまず、二項対立がはっきりしたものを選んだほうが議論をしやすいでしょう。さらに二項対立がはっきりしているように見えたとしても、議論が拡散しない軸の設定をしたいところです。例えば「都会と田舎、どちらが住みやすいか。」といった対立軸のもとでディベートを行うとします。しかし、「都会」あるいは「田舎」とは議論の当事者にとってどこを指すのかという問題が生じます。それが不明確であると、ディベートを行っているうちに対立軸がぶれてきてしまいます。

　憲法に関するディベートの場合には、以上のような例はあまりないかもしれませんが、議論を展開しやすいのは、「〇〇法〇条に定める△△制度は、憲法××条に違反するか否か」という論題の下で「違憲側」・「合憲側」と分けるような方法です。

(2) 具体的な進め方

　論題が決まれば、あとは具体的な進め方です。憲法問題に関するディベートを適切な形式に基づいて行いたい場合、例えば、以下の**(参考)**のような方法も考えられます。

　まずは必要な人員ですが、そこでは肯定側・否定側の人々とともに、判定者・進行役・タイムキーパーが必要になります。判定者は、裁判官のような役割の人がなってもよいし、あるいは参観者が行ってもよいでしょう。また議論が的確に進行するよう、進行役の人が必要です（裁判官的な役割を演じる人がいた場合には、その人たちが進行役を勤めることでもいいでしょう）。さらに一定の時間内にどれだけのことが言えるのかといったことも重要な評価点になりますから、タイムキーパーを用意したほうがよいでしょう。

　進行の方法としては、まず肯定派・否定派の立論から始め、その後、双方から相手方へ尋問するといったことが考えられます（ある

Ⅰ 『ディベート憲法』の使い方

いは尋問形式ではなく，相手方の立論に対する反駁の機会などを設定してもよいかもしれません)。この尋問の時間を使って，相手方の論拠などの問題点を指摘するなど自身の側の意見を補強していきます。尋問を受ける相手方は，質問に対して，嘘がないものの自分にとって有利な回答を示したりすることで，相手側の攻撃から自分側を防御することが求められます。

【参考】ディベート審査用紙（例）（40分間，60点満点バージョン）

論題＿＿＿＿＿＿＿＿＿＿＿＿＿＿＿＿＿＿＿＿＿

	肯定派評点	否定派評点
肯定派立論【3分】	点（5点中）	
否定派立論【3分】		点（5点中）
否定派→肯定派尋問（1回目）【6分】	点（10点中）	点（10点中）
肯定派→否定派尋問（1回目）【6分】	点（10点中）	点（10点中）
作戦タイム【2分】		
否定派→肯定派尋問（2回目）【6分】	点（10点中）	点（10点中）
肯定派→否定派尋問（2回目）【6分】	点（10点中）	点（10点中）
作戦タイム【2分】		
肯定派結論【3分】	点（5点中）	
否定派結論【3分】		点（5点中）
チームワーク	点（10点中）	点（10点中）
合計	点（60点中）	点（60点中）

以上のやりとりの後，最後にまた自らの立場を再主張します。その際に尋問での相手方の矛盾などを織り込むことも効果的でしょう。議論をした結果，やはり自らの立場が優勢であることを改めて判定者に訴えることになります。

　以上が終わると，判例者が判定を行います。左ページの**【参考】ディベート審査用紙**の中では，評点を各枠内でつけていたり，チームワーク点をつけていたりしていますが，最終的にどちらが説得力があったのかをもって判定に代えることも可能です。いずれにしても判定で特に重要なポイントとなるべきは議論の説得力です。それは，あなたの思想的立場に近いかどうかではありません。そのようなことを強調するのは，議論の展開が論理的かつ冷静に行われているかなどを考えることを通じて，（憲）法学を学ぶ上での論理力を磨いてほしいからです。

4　本書の使い方

　では，以上のような議論を行うのにあたり，本書『ディベート憲法』はどのような役割を持っているでしょうか。

　これについて本書ではまず，読者の皆さんに憲法の諸問題に関する二項対立の問題設定を提示しています。憲法問題に関するディベートをしてみようといっても，なかなかよい論題を探すことは困難です。そこで本書では，憲法学で度々論じられてきた人権条項や統治機構に関する事例を通じて，**【論題】**を設定してみました。

　次にこうした問題設定を論題として，実際に違憲側・合憲側で議論を展開しようとした際，具体的にはどのような立論をそれぞれすべきなのか，といったことを提示しています。そこで本書では**【双方の立論】**にそれを示してあります。こうした当事者視線での論理展開を示しているのが，本書の大きな特徴といえるでしょう。実際にディベートを展開する人には，こうした双方の理論展開をさらに補強して，よりよい当事者主張を形成してほしいものです。

　そして，そもそもどうしてそのような議論が行われてきたのか，

Ⅰ 『ディベート憲法』の使い方

これを解決するために最低限必要な憲法をめぐる情報はどのようなものか，それを **[解説]** に示してあります。実際にディベートを展開するにあたっての基礎情報としてお使いください。

　本書は，狭い意味では憲法問題を使ってディベートを行うための教材になるのかもしれません。しかし，そうしたディベートを具体的に行わないまでも，憲法論の基礎的な理論対立を知ったり，または各読者が自ら理論の対立軸を形成してみたり，といった場面で用いられることも想定しています。裁判のルールがわからない人は，次章の裁判の基礎知識に関する記述を読むのもよいでしょう。ですので，大学での演習の他，基礎的な憲法を知るための教科書として，あるいは世の中の様々な事象を憲法的視点から知るための教養書として，様々な方に読んでいただけることを期待します。

【参考文献】

　一般的なディベートに関する本は諸々ありますが，ここでは岡本明人『授業ディベート入門』（明治図書，1992年），茂木秀昭『身につけるディベートの技法』（中経出版，2005年）を挙げておきます。大学における社会科学を中心とするテーマのディベートについては特に，望月和彦『ディベートのすすめ』（有斐閣，2003年）も参照ください。以上の各著書では，本書で示したディベートの仕方や審査用紙の他にも，様々な手法が示されています。

　また，日本ディベート協会（http://japan-debate-association.org/）や，全国教室ディベート連盟（http://old.nade.jp）の各 HP なども適宜参照ください。

〔新井　誠〕

II

おさえておきたい 裁判／訴訟のルール

1 事件の種類

1 はじめに

　付随的違憲審査制のもとでは、憲法問題のみを専門的に取り扱うような訴訟類型は存在しないため、通常事件の訴訟手続の中で憲法問題も判断されることになる。

　この点、ある紛争が訴訟として司法権による判断と解決になじむためには、事件性ないし争訟性という性質を備えている必要がある。事件性ないし争訟性とは、紛争当事者間に法律関係に関する現実的・具体的な利害の対立が存在するということであり、そのような性質を備えない抽象的・一般的ないし仮定的な紛争には司法権は及ばないとされている。裁判所法3条の「法律上の争訟」も上記のような性質を備えた紛争をいうものと解されているが、通説的見解では、「法律上の争訟」というためには、当事者間の具体的な法律関係ないし権利義務の存否に関する争いであることのほかに、法律の適用により終局的に解決できるものであることという2つの要件を満たす必要があると考えられており、判例においても、「『法律上の争訟』とは法令を適用することによって解決し得べき権利義務に関する当事者間の紛争をいう」と解されている（最判昭和29・2・11）。そのため、そもそも憲法問題が裁判所によって判断されるためには、当該紛争が事件性ないし争訟性の要件を満たしている必要がある。

　さらに、裁判所で審理される事件の種類には、大きく分けて、刑事事件、民事事件及び行政事件があり、これらの訴訟が成立するための要件（訴訟要件）は様々である。また、これらの裁判手続では、それぞれ特徴的な原則やルールが採用されている。

　前述のとおり、付随的違憲審査制をとるわが国において、実際に憲法問題が取り上げられることになるのは、上述した刑事事件、民事事件及び行政事件の裁判を行うにあたり、その前提問題として当

Ⅱ　おさえておきたい裁判／訴訟のルール

該事件の解決に必要な限度で国家行為の合憲性を審査する必要が生じた場合である。したがって，憲法問題を検討するにあたっては，上述した各種事件の訴訟要件や，それぞれの裁判手続における原則ないしルールの概要を把握しておくことが望ましい。そこで，以下では，これらについて概観しておく。

2　刑事事件について

(1) はじめに

　刑事事件とは，裁判所が，刑法をはじめとする刑罰法令の適用実現に関して取り扱う事件の総称である。第一審，控訴審，上告審，略式手続等，刑罰権の存否について直接に判断する訴訟事件のほか，逮捕状・勾留状・捜索差押状等の令状請求，保釈の請求，押収物の仮還付の裁判の請求など，派生的ないし周辺的な事件もある。

　刑事訴訟が憲法訴訟に発展するのは，適用刑罰法規の違憲あるいは裁判手続自体の違憲を被告人が争う場合であるが，被告人の立場としては，刑事訴訟の成立を積極的に求めているわけではなく，むしろ刑事訴訟が不成立となって，同訴訟手続内で違憲の主張をする必要すら存在しないことが望ましい。その意味では，刑事訴訟における訴訟要件は，被告人の立場からは特に問題とする必要はないといえる。

(2) 刑事訴訟手続における原則ないしルール

　ところで，刑事訴訟手続における原則やルールを考えるにあたっては，刑事訴訟法の目的から遡って考えると理解し易い。刑事訴訟法1条は，「この法律は，刑事事件につき，公共の福祉の維持と個人の基本的人権の保障とを全うしつつ，事案の真相を明らかにし，刑罰法令を適性且つ迅速に適用実現することを目的とする」と定めている。すなわち，刑事訴訟法の目的は，基本的人権の尊重と実体的真実の発見であり，この目的を達成するために次のような原則やルールを採用しているといっても過言ではないのである。

[1] 事件の種類

(a) 当事者主義

 まず、刑事訴訟法は、刑事訴訟を追行する主導権を訴訟当事者に委ねる建前（当事者主義）をとっている。当事者主義の特徴は、次のような諸点にある。

 第1に、当事者主義の下では、刑事訴訟は、判断者である裁判所、訴追者である検察官及び防御者である被告人の三者から構成されるものと考えられる。特に、検察官と被告人が対等で相対立する関係に立つと捉えられる点に特徴がある（このような訴訟構造は、弾劾主義的訴訟構造と呼ばれる）。これに対し、刑事訴訟は裁く者（裁判所）と裁かれる者（被告人）の二者から構成されると見る考え方は、糾問主義的訴訟構造と呼ばれる。当事者主義の下で弾劾主義的訴訟構造の考え方がとられるのは、検察官と被告人が対等の立場で攻撃防御を尽くすことが基本的人権の尊重に繋がり、判断者としての立場にある裁判所が上記二者の攻撃防御を踏まえて客観的立場から判断することが実体的真実の発見に繋がるという考えに基づくものである。弾劾主義的訴訟構造の下では、刑事訴訟の開始（公訴提起）は訴追権者である検察官の専権とされており（国家訴追主義・起訴独占主義）、また、判断権者である裁判所に予断を生じさせないようにするため、起訴の際には起訴状のみを提出しなければならない（起訴状一本主義）などの制度が設けられている（予断排除の原則）。

 第2に、刑事裁判における審判対象（訴因）は訴追権者である検察官が決定するというルール（弁論主義）がとられており、裁判所は、原則として検察官により決定された審判対象に拘束され、これ以外の事項について審理することはできない（不告不理の原則）。

 最後に、訴訟手続の進行の主導権は当事者に委ねられており（当事者追行主義）、審理の中心となる証拠調べにおいて、いかなる証拠を提出するかについては、当事者の判断に委ねられている。

(b) 当事者間の実質的衡平の確保

 さらに、前述のとおり、刑事訴訟法は、検察官及び被告人が対等

Ⅱ　おさえておきたい裁判／訴訟のルール

の立場に立つことを前提としているが，実際には検察官は，被告人と比べて，証拠収集の場面でも訴訟追行の場面でも優位な立場にある。例えば，検察官は司法警察員に対する一般的指示権・一般的指揮権・具体的指揮権など（刑訴法193条）を有しており，国家権力を駆使して証拠収集活動を行うことが可能であるのに対し，被告人は，私人である弁護人の助力のもとでの証拠収集活動を行うことしかできないのが通常である。そのため，刑事訴訟法においては，検察官と被告人との間の実質的衡平を図るための制度が設けられているほか，被告人の基本的人権を確保する観点から様々なルールが設けられている。

　例えば，証拠の収集・確保等を目的として行われる捜査のうち，強制処分（個人の重要な利益を侵害する処分）を伴う捜査（強制捜査）については，法律上の根拠がない限り行うことはできないとされている（強制処分法定主義）。このうち，特に権利侵害の蓋然性の高い逮捕や差押えなどについては，原則として裁判官により事前に発せられた令状に基づかなければならない（令状主義，憲法33条及び35条）。

　また，被疑者・被告人の実効的な防御権を確保するため，黙秘権（刑訴法311条1項，憲法38条1項）や弁護人選任権（刑訴法30条）が保障されており，弁護人と立会人なく接見し又は書類その他の物を授受することができる接見交通権も保障されている（刑訴法39条）。

　さらに，裁判官の心証形成に不当な影響が及ぶことを排除するため，犯罪事実やこれに準ずるような重要な事実の認定を行うにあたっては，証拠能力が認められ，かつ，適式な証拠調べ手続を経た証拠による証明（厳格な証明）が必要とされている。特に，供述証拠の証拠能力に関しては，被疑者・被告人の自白のうち任意性に疑いのあるものは証拠能力が認められず（自白法則：刑訴法319条1項，憲法38条2項），仮に証拠能力の認められる自白があったとしても，それ以外に証拠がなければ有罪とすることは認められない（補強法則：憲法38条3項，刑訴法319条2項及び3項）。また，被告人の

反対尋問権（憲法37条2項）の保障という観点から，反対尋問を経ていない供述証拠（伝聞証拠）の証拠能力は原則として否定される（伝聞法則：刑訴法320条1項）。非供述証拠についても，「証拠物の押収等の手続に，憲法35条及びこれを受けた刑訴法218条1項等の所期する令状主義の精神を没却するような重大な違法があり，これを証拠として許容することが，将来における違法な捜査の抑制の見地からして相当でないと認められる場合においては，その証拠能力は否定される」ほか（違法収集証拠排除法則：最判昭和53・9・7），最判平成15年2月14日では，違法収集証拠排除法則によって証拠能力が否定された証拠に基づいて発見された証拠についても，証拠能力が認められない場合があることを示している（このような考え方は，毒樹の果実の理論と呼ばれる）。

3 民事事件について

(1) はじめに

民事事件とは，民法をはじめとする私法によって規律される私人間の生活関係に関する事件の総称であり，民事訴訟事件及び民事非訟事件に分類される。

民事訴訟には憲法32条及び82条が適用されるのに対し，民事非訟には適用されないという点で大きな違いがあるが（最大決昭和35・7・6），手続構造の面でも，両者には次のような違いがある。

(2) 民事訴訟について

(a) はじめに

民事訴訟とは，私人間の生活関係上の法的紛争の解決を目的とする訴訟であり，法的に対等な当事者の一方が相手方に対して行う法的請求を審査する訴訟である。この訴訟が憲法訴訟に発展するのは，私人間の争いであっても，その中に実質的な憲法上の争いが含まれている場合や，国や自治体が私法形式をとって行う活動に関する訴訟の場合，並びに，国家賠償請求訴訟の場合などが考えられ

Ⅱ　おさえておきたい裁判／訴訟のルール

る。

　民事訴訟の類型としては，原則として，①原告が被告に対する給付請求権を主張して，裁判所に対し，被告に対する給付判決を求める給付訴訟（例えば，金銭の支払いを求める訴訟などがこれにあたる），②原告が被告との関係で特定の権利・法律関係の存在または不存在を主張して，それを確認する判決を求める確認訴訟（例えば，ある財産について所有権を有することの確認を求める訴訟などがこれにあたる），及び，③実定法の定める一定の形成要件（たとえば民法770条に定める離婚事由など）の存在を主張して従来の権利関係の変動を主張し，判決による権利関係変動を宣言する形成判決を求める形成訴訟（例えば，離婚を求める訴訟などがこれにあたる）がある。

(b) 訴訟要件

　民事訴訟の一般的な訴訟要件としては，①裁判所に関するものとして，訴えにかかる請求と訴訟当事者がわが国の裁判権に服すること（国際裁判管轄権），並びに，裁判所が当該事件につき管轄権を有すること，②当事者に関するものとして，原告・被告両当事者の実在，当事者能力者であること，当事者適格者であること，訴え提起・訴状送達が有効なこと，並びに，原告が訴訟費用の担保を提供する必要がないか，またはその担保を提供したこと，及び，③訴訟物に関するものとして，二重訴訟の禁止に触れないこと，再訴の禁止や別訴の禁止に触れないこと，訴えの利益があること，並びに，請求の併合や訴訟係属中の新訴提起の場合にはその要件を具備することなどが挙げられる。

(c) 民事訴訟手続における原則ないしルール

　民事訴訟は，私的自治の原則が妥当する私法上の権利義務に関する紛争を対象とした裁判手続であることから，訴訟手続においても自己責任原理（当事者主義）がとられている。つまり，民事訴訟による紛争処理を求めるか否か，どの範囲で紛争処理を求めるか，訴え提起後も訴訟を維持して終局判決による争訟処理を求めるか否か等につき，当事者に自己決定権が認められているのである（処分権

主義)。具体的には，民事訴訟の審理は当事者の訴えによってのみ開始され，いかなる権利・法律関係についてどのような裁判を求めるか（申立事項）の決定は当事者の権限・責任とされることから，裁判所は当事者が申し立てていない事項について，あるいは申立事項の範囲を超えて裁判することは許されない（不告不理の原則）。さらに，当事者による申立ての取下げや請求の放棄・認諾・和解も認められている。

また，民事訴訟は，当事者間の私益を巡る相対的な争訟を対象とするので，裁判の基礎となる事実と証拠の収集・提出は，最も強い利害関係を有する当事者に権能・責任が認められるとする弁論主義がとられている。弁論主義の下では，①争われている法的効果の判断に直接必要な主要事実は，当事者のいずれかが主張して口頭弁論に現れないかぎり裁判の基礎とすることはできないほか（主張責任），②裁判所は，当事者間に争いのない事実をそのまま判決の基礎としなければならず，その真否を確かめるために証拠調べをして自白に反する事実認定をすることは許されない（自白の裁判所拘束力）。さらに，③裁判所が当事者間に争いのある事実を認定するにあたっては，当事者の提出した証拠によらなければならず，裁判所が職権で証拠調べすることは原則として禁止されている（職権証拠調べの禁止）。

なお，民事訴訟における終局判決は，必要的口頭弁論を経て，理由を付した判決によってなされなければならない（民訴法253条）。判決は，判決書を作成したうえで言い渡し期日を指定し，期日に言い渡すことによってはじめて効力を生じる（民訴法250条）。

（3）民事非訟について

以上のような民事訴訟に対して，民事非訟とは，国が私人間の生活関係に後見的に介入してその調整をはかる民事行政であるとされる。

民事非訟手続においては，民事訴訟と同様に，訴えがなければ手

続は開始しないものの，その他の点では処分権主義は排除されており，訴訟追行上の主導権ないし責任を裁判所に認める職権主義が採用されている。さらに，非訟事件手続では，裁判所が事実・証拠の収集について権限・責任を持つ職権探知主義がとられているため，裁判所は当事者の弁論に拘束されず，当事者の提出しない事実をも裁判の資料にできるほか，当事者の自白に拘束されることなく，当事者の申し出た証拠以外の証拠を職権で取り調べることもできる。

非訟事件では，裁判は決定手続によることとされており（非訟事件手続法54条），口頭弁論は必要的ではない（任意的口頭弁論）。また，理由の記載も原則として必要ではなく，言い渡しも相当と認める方法で告知すれば足りるとされている（非訟事件手続法56条）。

4　行政事件について

(1) はじめに

行政事件とは，裁判所が，行政庁の公権力の行使や公法上の法律関係にかかわる紛争について審査・裁定する事件の総称である。

司法裁判所とは別に行政裁判所の存在を認めていた大日本帝国憲法下においては，司法裁判所と行政裁判所の管轄を区分するため，民事事件と行政事件を区別する意義が認められたが，現行憲法は行政事件についても司法裁判所の管轄下に置いているので，裁判管轄を画するという意味において，両者の区別をする意味は失われたといえる。

もっとも，民事事件は民事訴訟法の定める手続に従って審理されるのに対し，行政事件は行政事件訴訟法の定める手続に従って審理されることになるので，この点において両者を区別する意味はなお残っている。

(2) 行政訴訟の類型

民事訴訟においては，上述したとおり，原告の求める判決の内容に応じて，給付訴訟・形成訴訟・確認訴訟という3つの類型の訴訟

が認められる。これに対し、行政事件訴訟は、国民の権利救済のほかに行政の法的統制をも目的とする点において民事訴訟と異なるだけでなく、司法権と行政権との分立の趣旨に鑑み、行政権の行使に対する司法審査には一定の制約があることも考慮する必要がある。そのため、行政事件訴訟法は、行政庁の公権力の行使に関する不服の訴訟（抗告訴訟）を中心として、抗告訴訟・当事者訴訟・民衆訴訟・機関訴訟という4つの独自の訴訟類型を定めている。

このうち、前二者は、原告の個人的権利・利益の保護を目的とするもので、主観訴訟と呼ばれるものである。主観訴訟は、裁判所法3条にいう「法律上の争訟」にあたり、憲法上の要請として司法裁判所の権限に含まれる。

これに対し、後二者は、原告の個人的権利・利益とは無関係に、行政活動の適法な運営の担保を目的とするもので、客観訴訟と呼ばれる。客観訴訟は、裁判所法3条の「法律上の争訟」ではなく、憲法上要請される裁判所の権限ではないので、その法定は立法政策の問題である。

これらの訴訟類型の概要は、次のとおりである。

(3) 主観訴訟

① 抗告訴訟　抗告訴訟とは、「行政庁の公権力の行使に関する不服の訴訟」であり（行政事件訴訟法3条1項）、その内容として、(a) 処分の取消しの訴え、(b) 裁決の取消しの訴え、(c) 無効等確認の訴え、(d) 不作為の違法確認の訴え、(e) 義務付けの訴え、(f) 差止めの訴え、という6つの類型が法定されている（行政事件訴訟法3条2項〜7項）。また、解釈上、これら以外の無名（法定外）抗告訴訟も存在すると理解されている。

これらのうち、中核をなすのは取消訴訟であり、憲法訴訟との関係では、取消訴訟の訴訟要件が重要である。取消訴訟の具体的訴訟要件としては、行政庁の違法な処分・裁決等が存在すること、原告適格を有する者が自己の法律上の利益に関係のある違法を主張して

Ⅱ　おさえておきたい裁判／訴訟のルール

訴訟提起すること，被告適格を有する国・公共団体・行政庁を被告として訴訟提起すること，一定の形式を具えた訴状をもって訴訟提起すること，法律が審査請求前置を定めているときは審査請求を経ること，及び，一定の出訴期間内に訴訟提起すること等が挙げられる。

②　**当事者訴訟**　当事者訴訟とは，(a) 当事者間の法律関係を確認し，または形成する処分または裁決に関する訴訟で，法令の規定によりその法律関係の当事者の一方を被告とするもの（形式的当事者訴訟），及び，(b) 公法上の法律関係に関する確認の訴えその他の公法上の法律関係に関する訴訟（実質的当事者訴訟）をいう（行政事件訴訟法4条）。

形式的当事者訴訟の例としては，土地収用法133条に基づく損失補償の訴えなどが挙げられ，実質的当事者訴訟の例としては，公務員の給与や損失補償の請求訴訟などが挙げられる。

(4) 客観訴訟

①　**民　衆　訴　訟**　民衆訴訟とは，国または公共団体の機関の法規に適合しない行為の是正を求める訴訟であり，選挙人たる資格その他自己の法律上の利益にかかわらない資格で提起するものをいう（行政事件訴訟法5条）。民衆訴訟は，自己の権利・利益に直接かかわらないにもかかわらず提起されるものであるから，裁判所法3条の定める「法律上の争訟」にはあたらないが，法規の適正な適用・執行を確保するために，特に認められたものである。公職選挙法に基づく選挙訴訟・当選訴訟，地方自治法に基づく住民訴訟などがこれにあたる。

②　**機　関　訴　訟**　機関訴訟とは，国または公共団体の機関相互間における権限の存否またはその行使に関する紛争についての訴訟をいう。行政機関相互間の権限の争いは，行政部内の紛争であるから，本来は行政部内で解決すべき問題であって「法律上の争訟」（裁判所法3条1項）ではないが，立法により，特に裁判所の判断が

必要と考えられる特別な場合に，機関訴訟が利用される。地方公共団体の長と議会の紛争（地自法176条7項），地方公共団体に対する国の関与に関する訴訟（地自法251条の5）などがこれにあたる。

② 裁判の分類

1 裁判とは

これまでは，事件の種類とその内容について概観してきた。いずれの事件においても，最終的には何らかの判断が下されることになるが，裁判所による判断は「裁判」と称される。

裁判という用語は，日常的には裁判所による訴訟手続そのものを指して用いられる場合もあるが，法的には，「事実を認定し，法律を適用して判断する権限を認められた裁判機関が行う判定の結果」，または，「その判断や意思を法定の形式で表示する訴訟行為」を意味する。なお，司法権の作用として行われる場合以外の裁判もあるが（例えば憲法55条や裁判官弾劾法第3章など），ここでは，司法権の作用として行われる裁判のみを取り扱うものとする。

裁判は，その判断主体や判断内容等によって，次のような分類がなされる。

2 判決・決定・命令

判決とは，裁判所が行う裁判であって，一定の重要事項（例えば，民事訴訟手続の場合でいえば，訴え・控訴・上告など）について，法律の定める特定の厳格な手続に従ってなされる判断をいう。法律の定める厳格な手続としては，判決には必ず理由を付さなければならず（民訴法253条1項3号，刑訴法44条1項，行政事件訴訟法7条），判決を行うには原則として口頭弁論を経なければならないこと（民訴法87条1項本文，刑訴法43条1項，行政事件訴訟法7条），民事訴訟及び行政訴訟においては，判決は判決書の原本に基づく言い渡しに

よって効力が生じ（民訴法250条・252条，行政事件訴訟法7条），刑事訴訟では，判決は公判廷における宣告によって効力を生じるとされていること（刑訴法342条）などが挙げられる。

これに対し，決定及び命令は，前者は裁判所の判断であり，後者は裁判官の判断であるが，いずれも判決に比べると重要度の低い事項（例えば，民事訴訟手続の場合でいえば，訴訟指揮や訴訟手続上の付随的事項など）を対象としており，口頭弁論も必要的ではない（民訴法87条1項但書，行政事件訴訟法7条，刑訴法43条2項）。民事訴訟及び行政訴訟では，決定及び命令は相当と認める方法で告知すればよいとされ（民訴法119条，行政事件訴訟法7条），判決書による必要もない（民事訴訟規則67条1項7号参照）。また，刑事訴訟においては，上訴を許さない決定又は命令には理由を付すことを要しないとされている（刑訴法44条2項本文）。

3　本案判決

民事訴訟及び行政訴訟では，訴えにより申し立てられた事項（すなわち本案）に対してなされる判決のことを，本案判決という。本案判決には，本案の請求を認める請求認容判決と，これを認めない請求棄却判決があるが，行政訴訟における取消訴訟では，処分又は裁決が違法ではあるが，これを取り消すことにより公の利益に著しい障害を生ずる場合において，原告の受ける損害の程度，その程度の賠償又は防止の程度及び方法その他一切の事情を考慮したうえ，処分又は裁決を取り消すことが公共の福祉に適合しないと認めるときは，裁判所は，主文において処分又は裁決が違法であることを宣言した上で，請求を棄却することができるとする事情判決という制度も存在する（行政事件訴訟法31条）。

4　訴訟判決

裁判所が本案判決を行うためには，当該事件が司法審査の対象となるための事件性ないし争訟性の性質を備えていることが必要であ

り，また，それぞれの訴訟事件で必要とされる訴訟要件を備えていることが必要である。審理の結果，事件性ないし争訟性の性質や訴訟要件を欠いていることが判明した場合には，裁判所は訴えを却下することになる。このような却下判決を，本案判決に対して，訴訟判決という。

冒頭で述べたとおり，わが国は付随的違憲審査制をとっていることから，憲法問題は，通常の訴訟事件に付随して提起されることになるが，前述したとおり，そもそも訴訟要件等の前提条件を欠く訴えは却下されることになるので，このようにして提起された憲法問題が最終的に判断されるのは，その前提となる事件性の要件や訴訟要件を満たしている事件に限られるのが原則である。

ただし，裁判所が，訴えそのものは却下しながら，そこで争点となった憲法問題について判断を示すということもないわけではない。すなわち，判決の主文において訴えを却下するとしながら，判決の理由において，憲法問題についての判断を示すということがなされる場合である。例えば「皇居前広場事件」（最大判昭和28・12・23）は，メーデーの集会のために皇居外苑の使用許可申請がなされたが，当時の厚生大臣がこれを不許可としたため，当該不許可処分の取消しが求められた事案であるが，訴訟継続中にメーデーが過ぎてしまったことから，判決を求める法律上の利益は失われたとして上告は棄却された。しかしながら最高裁は，「念のため」として，当該不許可処分は憲法21条に違反しないとの判断を示している。

③ 文面審査と適用審査

ところで，裁判所が憲法問題を判断する際の審査方法には，文面審査と適用審査という2つの方法がある。これらの方法は，わが国と同様に付随的違憲審査制をとるアメリカにおいて採用されてきた手法である。

文面審査は，法令の合憲性を，当該事件の事実とかかわりなく，

Ⅱ　おさえておきたい裁判／訴訟のルール

法令そのもの，すなわち，法令の文面において審査するものである。このような審査の結果，違憲であるとの結論に至った場合には，法令違憲の判決が下されることになる。法令違憲の判決の例としては，尊属殺重罰規定違憲判決（最大判昭和48・4・4），薬局適正配置規制違憲判決（最大判昭和50・4・30），森林法共有林分割制限違憲判決（最大判昭和62・4・22），特別送達郵便物損害賠償責任免除違憲判決（最大判平成14・9・11），在外日本国民の選挙権制限違憲判決（最大判平成17・9・14），生後認知児童国籍否認違憲判決（最大判平成20・6・4）などが挙げられる。

これに対し，適用審査は，法令の合憲性をその事件における当該法令の適用に関して個々的に審査する方法である。適用審査により違憲の結論に至った場合は，適用違憲及び法令違憲のいずれの判決も下され得る。適用違憲判決の例としては，第三者所有物没収事件違憲判決（最大判昭和37・11・28）が挙げられる。

【参考（裁）判例・文献】
〈（裁）判例〉
・最大判昭和28・12・23民集7巻13号1561頁
・最判昭和29・2・11民集8巻2号419頁
・最大決昭和35・7・6民集14巻9号1657頁
・最大判昭和37・11・28刑集16巻11号1593頁
・最大判昭和48・4・4刑集27巻3号265頁
・最大判昭和50・4・30民集29巻4号572頁
・最大判昭和53・9・7刑集32巻6号1672頁
・最大判昭和62・4・22民集41巻3号408頁
・最大判平成14・9・11民集56巻7号1439頁
・最判平成15・2・14刑集57巻2号121頁
・最大判平成17・9・14民集59巻7号2087頁
・最大判平成20・6・4民集62巻6号1367頁

〈文献〉
・芦部信喜編『講座　憲法訴訟（第3巻）』（有斐閣，1987年）3〜5頁
・芦部信喜〔高橋和之補訂〕『憲法［第5版］』（岩波書店，2011年）376〜378頁

③　文面審査と適用審査

・池田修 = 前田雅英『刑事訴訟法講義［第 4 版］』（東京大学出版会，2012年）23～32頁
・伊藤眞『民事訴訟法［第 4 版］』（有斐閣，2011年）7 ～12頁
・上田徹一郎『民事訴訟法［第 7 版］』（法学書院，2011年）18～22，130～134，176～179，199～201，317～323頁
・小林秀之『民事訴訟法がわかる［第 2 版］――初学者からプロまで』（日本評論社，2008年）10～21頁
・芹沢斉 = 市川正人 = 阪口正二郎編『新基本法コンメンタール憲法』（2011年）433～436頁
・田口守一『刑事訴訟法』（弘文堂，1999年）9 ～14，18～25，32～43，55～112，169～217，249～337頁
・野中俊彦 = 中村睦男 = 高橋和之 = 高見勝利『憲法 II ［第 5 版］』（有斐閣，2012年）229～230，289～303頁
・三井誠 = 河原俊也 = 上野友慈 = 岡慎一編『新基本法コンメンタール刑事訴訟法』（2011年）5 ～ 9 頁
・南博方 = 高橋滋編『条解行政事件訴訟法［第 3 版補正版］』（弘文堂，2009年）16～25頁

〔寺井　昭仁〕

III

実践編

【人　権】

1 プライバシー
——Nシステムの合憲性

論題 Nシステムにより，自動車のナンバープレートを撮影して必要な情報を収集することは，プライバシーの権利（憲法13条）を侵害する違法な公権力の行使といえるか。

　全国の高速道路や主要幹線道路上には，自動車ナンバー自動読取システム（Nシステム）が複数設置されており，これらの道路上を走行する自動車の車両ナンバーをテレビカメラで撮影し，これに関する情報を保存・管理している。

　Xは，自己の所有する自動車を運転中，Nシステムにより当該自動車の前面ナンバープレートを撮影された。そこでXは，Nシステムによる上記撮影により，憲法13条で保障されているプライバシー権（肖像権及び情報プライバシー権）が侵害されたとして，Nシステムを所有・管理する国Yに対し，国賠法に基づき，慰謝料の支払いを求めて訴えを提起した。Xの請求は認められるか。

【関連条文】　憲法13条，国賠法1条1項，警察法2条1項

Ⅲ 実践編

双方の立論

合 法 側

　Ｎシステムにより，自動車のナンバープレートを撮影して必要な情報を収集することは，プライバシーの権利（憲法13条）を侵害するものではなく，違法な公権力の行使にはあたらないと考えます。

(1) 収集される情報の内容

　Ｎシステムは，自動車使用犯罪が発生した際，現場から逃走する被疑者車両を速やかに捕捉して犯人を検挙することや，重要事件などに使用されるおそれの強い盗難車両を発見し，犯人の検挙及び被害車両の回復を図ることを目的として開発されたシステムです。Ｎシステムは，走行車両のナンバープレートの文字を自動的に抽出してデータ化し，これを手配車両のナンバーと照合するものであり，その構造は，道路上に設置され，走行車両のナンバープレートに記載されている文字を読み取って認識する「自動ナンバー読み取り装置」と，読み取った車両ナンバーとあらかじめ登録されている手配車両ナンバーとを照合する「自動車ナンバー照合装置」，並びに，照合の結果，両ナンバーが一致した場合に検問警察官等に知らせる「警報表示装置」によって構成されています。このうち，「自動ナンバー読み取り装置」では，高感度テレビカメラによって走行車両の前方部が撮影されますが，撮影された画像のうち，車両ナンバープレート部分のみの画像が切り出され，当該情報のみが利用されることになっています。また，このようにして収集されたデータは，一定期間保存されるものの，その後逐次消去される仕組みとなっています。

　このように，Ｎシステムで撮影される画像は，瞬時にコンピュータ処理によって車両ナンバープレートの文字データとして

【人　権】1　プライバシー ── Nシステムの合憲性

抽出されることになっており，車両の運転手や同乗者の容ぼうなどが撮影されることがあったとしても，その画像情報は一切記録されません。Nシステムにより収集される情報は，直接には特定のナンバーの車両が，Nシステム端末の設置された公道上の特定の地点を一定方向に向けて通過したという情報にとどまるものなのです。

(2) 肖像権の保障とその侵害の有無

何人も，個人の私生活上の自由の1つとして，その承諾なしに，みだりに容ぼう・姿態（以下，「容ぼう等」といいます）を撮影されない自由を有しています。最高裁も，「これを肖像権と称するかどうかは別として，少なくとも，警察官が，正当な理由もないのに，個人の容ぼう等を撮影することは，憲法13条の趣旨に反し，許されないものといわなければならない」と判示しています（最大判昭和44・12・24）。

もっとも，Nシステムは，人の容ぼう等を撮影するものではありません。既に述べたとおり，Nシステムでは，車両ナンバープレートの文字データの情報収集を目的としており，その過程において，テレビカメラにより走行車両の搭乗者の容ぼう等が撮影され，当該画像が一時的にメモリに記憶されることがあったとしても，それが記録・保存されることはない仕組みになっており，搭乗者の容ぼう等が写った画像そのものを他人が視覚的に認識する可能性はないのです。

したがって，Nシステムによる車両ナンバープレートの読み取りは，「承諾なしに，みだりに人の容ぼう等を撮影するもの」にはあたりません。

(3) 情報プライバシー権の保障とその侵害の有無

憲法13条は，国民の私生活上の自由が警察権等の公権力の行使に対しても保護されるべきことを規定しており，この個人の私生活上の自由の1つとして，何人も，その承諾なしに，公権力に

III 実践編

よってみだりに私生活に関する情報を収集・管理されることのない自由（情報プライバシー権）を保障しているものと考えられます。

もっとも，このような自由も無制約のものではなく，「公共の福祉」（憲法13条）のために必要のある場合には，相当の制約を受けることになります。

そして，公権力による国民の私生活に関する情報の収集・管理が憲法13条に反し，国賠法上違法となるかどうかは，①公権力によって取得，保有，利用される情報が個人の思想，信条，品行等に関わるかなどの情報の性質，②公権力がその情報を取得，保有，利用する目的が正当なものであるか，③公権力によるその情報の取得，保有，利用の方法が正当なものであるか，④公権力によるその情報の管理方法の厳格さはどの程度か，などを総合して判断するべきと考えられます（東京高判平成21・1・29）。

これを本件についてみると，既に述べたとおり，Nシステムによって取得される情報は，直接には特定のナンバーの車両が，Nシステム端末の設置された公道上の特定の地点を一定方向に向けて通過したという情報にとどまります。この点，そもそも自動車の所有者は，車両ナンバープレートを取り付けることが義務付けられており（道路運送車両法11条），公道を自動車で走行する際には，常にナンバープレートが外部から容易に認識し得る状態になっているため，このような情報は，警察などの公権力に対して秘匿されるべき情報とはいえません。したがって，このような情報は，Xが公権力によって把握されないようにコントロールできる情報であるとは考えられず，それがNシステムによって取得・保存されたとしても，直ちにXの私生活上の自由が侵害されるわけではありません。

もっとも，このような情報であっても，それが大量かつ緊密に集積されると，車両の運転者である個人の行動をある程度推認する手がかりになる可能性があるため，このような情報収集の目的

【人　権】1 プライバシー ── Ｎシステムの合憲性

や方法についても検討する必要があります。この点，Ｎシステムによって車両ナンバープレートなどの情報を収集・保存する目的は，自動車使用犯罪の犯人の検挙など，犯罪捜査の必要及び犯罪被害の早期回復にあると認められ，その目的自体は正当であると言えます。また，情報の取得方法においても，走行車両の移動そのものに対して物理的に制約を加えるものではなく，取得された情報は，犯罪の発生から警察による事件の認知又は被疑車両等の割り出しに時間がかかる場合があるので，一定期間は保存できるようになっているものの，その後は消去される仕組みとなっており，これが長期間にわたって大量に集積されるわけではありません。さらに，Ｎシステムの端末は，上記の目的を逸脱して，国民の私生活上の行動に対する監視が問題となるような態様で緊密に張り巡らされているとは認められず，取得された情報の利用についても同様に，上記目的を超えて，国民の行動を把握するために利用されていることが窺われるわけでもありません。したがって，Ｎシステムによる情報の取得，保有，利用の方法は正当であると言えます。なお，Ｎシステムにより取得された情報の管理についても，警察庁による通達に従って適正に管理されていることが認められます。

したがって，Ｎシステムによる撮影は，Ｘの情報プライバシー権を侵害するものではありません。

(4) 結　　論

以上のような理由から，Ｎシステムにより，自動車のナンバープレートを撮影して必要な情報を収集することは，プライバシーの権利（憲法13条）を侵害するものではないと考えます。

違法側

Ｎシステムにより，自動車のナンバープレートを撮影して必要な情報を収集することは，プライバシーの権利（憲法13条）を

Ⅲ 実践編

侵害するものであり，違法な公権力の行使であると考えます。

(1) 収集される情報の内容

Nシステムは，その設置地点を通過する車両すべてを自動的に撮影し，車両ナンバーをデータとして保存することで，これを随意に検索できるシステムです。車両ナンバーのデータ取得に際しては，車両ナンバープレートを含む走行車両の前面をテレビカメラで撮影することになるため，車両の運転手及び同乗者の容ぼう等が映り込むことになります。撮影された画像は，そのうち車両ナンバープレート内の文字データのみが抽出・記録・保存され，他の画像は記録・保存されることはないとされていますが，一時的にNシステム内のメモリに記憶されることはあります。また，データ化された車両ナンバー情報については，一定期間保存されたあと，逐次消去される仕組みになっているとされてはいますが，具体的なデータ保存期間などは明らかになっていません。

このように，Nシステムは，たとえ一時的であったとしても，車両の搭乗者の容ぼう等を撮影・記憶するものです。また，Nシステムにより収集・保存される情報は，直接には特定のナンバーの車両が，Nシステム端末の設置された公道上の特定の地点を一定方向に向けて通過したという情報にとどまるものの，これを保存・利用する主体は警察権力であるため，警察権力が保有する他の情報と組み合わされ，あるいは加工されることにより，個人の道徳的自律と存在にかかわる重要な情報が推知される可能性があることに留意しなければなりません。

(2) 肖像権の保障とその侵害の有無

何人も，個人の私生活上の自由の1つとして，その承諾なしに，みだりに容ぼう等を撮影されない自由を有しています。最高裁においても，「これを肖像権と称するかどうかは別として，少なくとも，警察官が，正当な理由もないのに，個人の容ぼう等を

【人　権】1 プライバシー ── Nシステムの合憲性

撮影することは，憲法13条の趣旨に反し，許されないものといわなければならない」とされています（最大判昭和44・12・24）。

もっとも，みだりに容ぼう等を撮影されない自由も無制限に保障されるものではありません。上記最高裁判決も，「個人の有する右自由も，国家権力の行使から無制限に保護されるわけではなく，公共の福祉のため必要のある場合には相当の制限を受けることは同条の規定に照らして明らかである。そして，犯罪を捜査することは，公共の福祉のため警察に与えられた国家作用の一つであり，警察にはこれを遂行すべき責務があるのであるから（警察法2条1項参照），警察官が犯罪捜査の必要上写真を撮影する際，その対象の中に犯人のみならず第三者である個人の容ぼう等が含まれても，これが許容される場合がありうるものといわなければならない」としています。具体的には，「現に犯罪が行われもしくは行われたのち間がないと認められる場合であって，しかも証拠保全の必要性および緊急性があり，かつその撮影が一般的に許容される限度をこえない相当な方法をもって行われるとき」に限り，「撮影される本人の同意がなく，また裁判官の令状がなくても，警察官による個人の容ぼう等の撮影が許容される」ことになります。

本件では，犯罪の発生の有無にかかわらず，Nシステムの設置地点を通過する車両すべてを一律に撮影している点で，上記最高裁判決の要件を満たしているとはいえません。また，同判決が憲法13条の趣旨に反して許されないと判示する行為は，「正当な理由もないのに，個人の容ぼう等を撮影すること」そのものであり，そのようにして撮影された容ぼう等が，その後の一定期間に亘り記録・保管されることや，他人によって視覚的に認識されることを前提とすることが明示されているわけではありません。さらに，たとえNシステムの利用目的が，自動車使用犯罪の犯人の検挙など，犯罪捜査の必要及び犯罪被害の早期回復にあるとしても，具体的事件（犯罪）を離れて，一般予防的に常時証拠保全

Ⅲ 実践編

措置を講じておくことが許容されるわけでもありません。

したがって、Nシステムによる車両ナンバープレートの読み取りは、Xの承諾なしに、みだりにその容ぼう等を撮影するものであり、違法であると考えます。

(3) 情報プライバシー権の保障とその侵害の有無

憲法13条は、国民の私生活上の自由が警察権等の公権力の行使に対しても保護されるべきことを規定しており、この個人の私生活上の自由の1つとして、何人も、その承諾なしに、公権力によってみだりに私生活に関する情報を収集・管理されることのない自由(情報プライバシー権)が保障されていると考えられます。このことは、在留外国人の指紋押捺制度を定めた外国人登録法(平成24年に廃止)の合憲性が問題とされた事案において、最高裁が、「憲法13条は、国民の私生活上の自由が国家権力の行使に対して保護されるべきことを規定していると解されるので、個人の私生活上の自由の一つとして、何人もみだりに指紋の押なつを強制されない自由を有するものというべきであり、国家機関が正当な理由もなく指紋の押なつを強制することは、同条の趣旨に反して許され」ないと判示し、指紋という個人の私生活に関する情報の収集が強制されるものではないことを認めていることからも窺えます(最判平成7・12・15)。

もっとも、このような自由も無制約なものではなく、「公共の福祉」(憲法13条)のために必要のある場合には相当の制約を受けることになるため、Nシステムによる車両ナンバープレートの撮影が、Xの情報プライバシー権を違法に侵害するものかどうかの判断基準が問題となります。

この点、Nシステムにより収集される情報は、直接には特定のナンバーの車両が、Nシステム端末の設置された公道上の特定の地点を一定方向に向けて通過したという情報にとどまるものの、これを保存・利用する主体は警察権力であるため、警察権力

【人　権】1 プライバシー ── Nシステムの合憲性

が保有する他の情報と組み合わされ，あるいは加工されることにより，個人の道徳的自律と存在にかかわる重要な情報が推知される可能性が認められるのであり，このような情報が，Xの承諾もないまま，みだりに公権力によって収集されることの可否は慎重に判断されなければなりません。

そこで，「個人情報をすべて保護の対象となるものと考え，その収集，保有，利用ないし開示についてプライバシー権の侵害の有無が争われた場合，だれが考えてもプライバシー情報と思われるものが侵害されたときは『やむにやまれぬ利益』基準，その他の一般にプライバシーに属すると思われる情報の侵害が争われたときは『厳格な合理性』基準」（芦部信喜『憲法学Ⅱ人権総論』386頁）によって判断するべきであると考えます。

本件においてNシステムにより取得される上記情報は，「誰が考えてもプライバシー情報と思われるもの」にあたるとまでは言えないとしても，このような情報は，警察権力が保有する他の情報と相俟って，個人の私生活の内容を相当程度詳細に推認し得る情報となり得るものであるため，少なくとも，「一般にプライバシーに属すると思われる情報」には該当すると言わなければなりません。そのため，その違法性を判断するにあたっては，前述した「厳格な合理性の基準」，すなわち，「立法目的が重要なものであり，規制手段が目的と実質的な関連性を有する」か否かによって判断すべきことになります。

これを本件についてみると，Nシステムによって車両ナンバープレートなどの情報を収集・保存する目的は，自動車使用犯罪の犯人の検挙など，犯罪捜査の必要及び犯罪被害の早期回復にあると認められ，その目的自体は重要であると言えます。しかしながら，このような目的は，速度違反車両を取り締まるシステム（オービス）を活用することでも一定程度達成することは可能です。また，仮にNシステムを用いる必要性が別に認められるとしても，例えば犯罪被疑車両や窃盗被害車両の車両ナンバーを予

39

Ⅲ　実践編

め登録しておき，Nシステムで収集した車両ナンバー情報がこれに該当しない場合には，即時に収集情報を消去する仕組みをとれば，プライバシー侵害の程度はより制限的なものとなる一方，前記目的はなお充分に達成することが可能です。そもそも，Nシステムにより収集される情報は，一定期間保存されたあと，逐次消去される仕組みになっていると説明されてはいますが，具体的なデータ保存期間や保存方法などは明らかにされておらず，このような不明確な運用実態を前提とする限り，前記目的との「実質的関連性」を安易に認めることはできません。

　したがって，Nシステムによる撮影は，Xの情報コントロール権を侵害するものと考えます。

(4)　結　　論

　以上のような理由から，Nシステムにより，自動車のナンバープレートを撮影して必要な情報を収集することは，プライバシーの権利（憲法13条）の侵害にあたると考えます。

解　説

(1) 問題の背景

　自動車を利用した犯罪や自動車盗難犯罪などの件数は，昭和50年代から60年代にかけて増加の一途をたどり，現在においてもなお一定の件数で推移している。

　これらの犯罪について緊急配備事案が発生した場合，被疑車両もしくは被害車両の車両ナンバーが判明している事案では，そのナンバーに着目して車両検問を実施することになる。しかし，緊急配備が発令された後，車両検問が実際に開始されるまでには，相当の時間的経過が不可避であるため，緊急配備手配車両が配備体制完了前に通過してしまうおそれがある。また，車両検問の実施場所や実施体制如何によっては，交通渋滞を誘発する可能性もある。そこで，これらの問題に対処するための「電子的検問システムとして」（水

【人　権】1 プライバシー ── Nシステムの合憲性

【表1-1】 犯行直後に盗難自動車を利用して逃走した刑法犯の検挙件数の推移（昭和54〜63年）

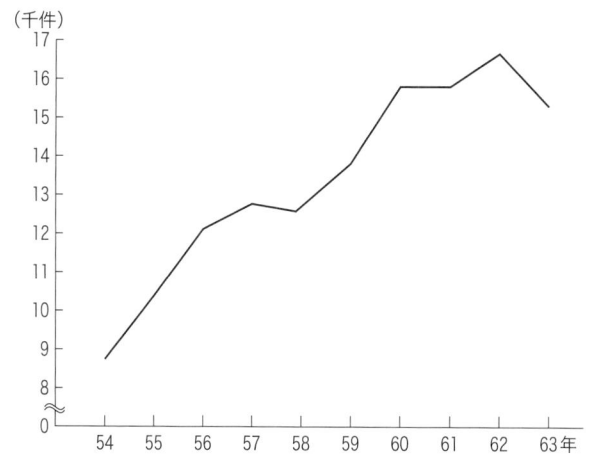

平成元年警察白書（「第2章 犯罪情勢と捜査活動」）より
(http://www.npa.go.jp/hakusyo/h01/h010200.html)

【表1-2】 自動車盗の認知件数の推移

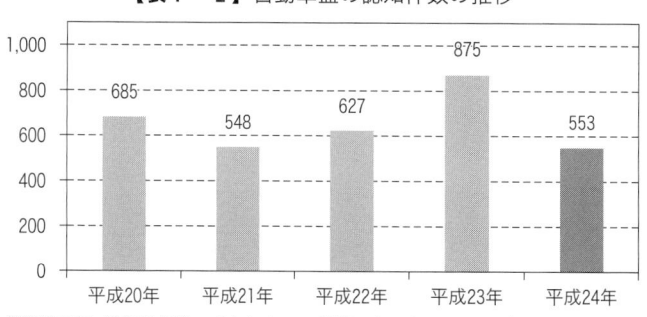

警視庁HP（「自動車盗，車上ねらいの被害にあわないために」）より
(http://www.keishicho.metro.tokyo.jp/seian/bouhan/tounan/gidousha.htm)

野和寛「自動車ナンバー自動読取システムの開発研究の概要」115頁），昭和56年頃からNシステムの開発が始められることになった。

このようなNシステムは，もともと車両ナンバー情報のみを記録する建前であったが，最近の新しい機種の中には，ビデオカメラ

III 実践編

による撮影を補助するための赤外線の照射範囲が，車両ナンバー部分だけでなく運転席や助手席に対しても及ぶものがあるとされており，搭乗者の容ぼう等が情報として取り込まれる可能性は充分に考えられる。この点，搭乗者の容ぼう等の撮影という点に着目すると，類似の機能を有するシステムとして速度違反車両を取り締まるための自動速度監視装置（オービス）が存在するが，オービスの場合は，速度違反という犯罪行為が現に発生していることを前提として当該違反車両のみを対象とするのに対し，Nシステムの場合は，具体的な犯罪事実の発生を前提とせず，Nシステムが設置されている道路上を走行する車両を網羅的に対象とする点で大きな違いがある。

また，容ぼう等の撮影の問題はさて措くとしても，Nシステムにより収集・保存される情報は，直接には特定のナンバーの車両がNシステム端末の設置された公道上の特定の地点を一定方向に向けて通過したという情報であるところ，このような情報は，大量かつ緊密に集積されると，運転者である個人の行動をある程度推認する手がかりとなるものである。ちなみに，2010年7月に実施された日本弁護士連合会による警察庁からの聴き取りによると，Nシステムは，2009年3月末時点で既に990ヶ所に設置されていたようである（日本弁護士連合会『デジタル社会のプライバシー 共通番号制・ライフログ・電子マネー』189頁）。具体的な端末の設置場所や地域ごとの設置台数などは開示されていないものの，このような設置状況を踏まえると，前述した「大量かつ緊密」な情報収集がなされる可能性は否定できないところである。

さらに，上記のような情報を保存・利用する主体は警察権力であるため，警察権力が保有する他の情報と組み合わされることにより，上記のような情報のみならず，個人の思想・信条を推知させるような情報や，極めて個人的な事柄にかかわる情報まで公権力によって把握される可能性もある。

しかも，Nシステムの仕組みそのもの，保存される情報の内容，

【人　権】1 プライバシー ── Ｎシステムの合憲性

情報の保存期間，Ｎシステムによる自動車使用犯罪の検挙件数や盗難車両の発見件数などの詳細については充分な情報開示がなされていない。かつて，「行政機関の保有する情報の公開に関する法律」（以下，「情報公開法」という）に基づき，Ｎシステムの設置場所一覧表についての開示請求がなされたが，警察庁長官はその一部につき不開示決定を行い，これに対してなされた異議申立ての手続きにおいても，Ｎシステムの設置場所は情報公開法4条5号所定の公共安全等情報に該当することを理由に，上記不開示決定は妥当であるとの判断がなされている（平成14年(行情)諮問第570号，平成14年度(行情)答申第509号）。そのため，Ｎシステムの実態は不明なままとなっているのである。

このように，Ｎシステムによる情報収集は，プライバシー侵害のおそれを多分に含むものであり，慎重な検討を要するところであるが，Ｎシステムについてはその仕組みを始め前提とすべき事実関係において不明確な点が多いため，議論するにあたっては対立軸がぶれないように注意してもらいたい。

（2）プライバシーの権利
（ⅰ）沿　革

プライバシーの権利は，もともとアメリカの判例・学説において「ひとりで居させてもらう権利」（the right to be let alone）として発展してきたものである。わが国においても，「宴のあと」事件判決（東京地判昭和39・9・28）において，「いわゆるプライバシー権は私生活をみだりに公開されないという法的保障ないし権利として理解される」として，プライバシーの権利性が認められるようになった。

その後，コンピューターの普及やIT技術の発展などに基づく情報化社会の進展にともない，公権力や大組織が個人に関する情報を収集・保管することが個人のプライバシーにとって脅威になるという認識が高まるに至った。そのため，現在では，前述した自由権

III 実践編

的・消極的側面のみならず,自己に関する情報をコントロールする権利(情報プライバシー権)としての積極的側面も重視されるようになっている。具体的には,「情報プライバシー権=自己情報コントロール権とは,『自己に関する個人情報について自らコントロールできる状態を確保すること』を保護法益とし,(i)自分の知らないところでみだりに自己情報を収集・利用されないこと(収集禁止・制限),(ii)情報収集は,立法に根拠をもった正当な目的に基づいてその目的に必要な範囲内でのみ行い,目的範囲外の利用は禁止されること(目的外使用の禁止),(iii)収集・保有されている自己情報を適正に自己管理するために,情報の開示(閲覧)・訂正・削除を要求すること(情報開示・訂正等請求権)などをその権利の内容とする」権利であると解されている(杉原泰雄編『新版 体系憲法事典』440頁〔根森健〕)。

本設問事例におけるNシステムによる情報収集は,前述した情報プライバシー権の内容のうち,(i)との関係が直接的には問題となるが,当該情報の利用実態如何によっては,(ii)との関係についても問題となり得るであろう。

(ii) 肖 像 権

本設問事例において,Xは,プライバシー権侵害のひとつとして肖像権侵害を主張している。そこで,これまでに肖像権侵害が問題とされた重要な事例について見てみよう。

肖像権侵害のリーディングケースとなったのは,京都府学連デモ事件最高裁判決(最大判昭和43・12・24)である。本事件は,道路交通法に基づく許可条件に違反して行われているデモ行進を現認した警察官が,被告人の属するデモ隊の行進状況を写真撮影したところ,これに抗議した被告人が当該警察官に暴行を加えて傷害を負わせたため,公務執行妨害罪で起訴された事案である。被告人は,令状なく,かつ,被告人の同意を得ずになされた警察官による上記写真撮影は,肖像権の侵害であり適法な職務執行にはあたらない等と主張して争った。最高裁は,「個人の私生活上の自由の一つとし

【人　権】1 プライバシー ―― Nシステムの合憲性

て，何人も，その承諾なしに，みだりにその容ぼう・姿態（以下「容ぼう等」という。）を撮影されない自由を有するものと言うべきである。これを肖像権と称するかどうかは別として，少なくとも，警察官が，正当な理由もないのに，個人の容ぼう等を撮影することは，憲法13条の趣旨に反し，許されないものといわなければならない。」と述べ，みだりに容ぼう等を撮影されない自由が憲法13条により保障されることを認めた。しかし最高裁は，このような自由も絶対無制約なものではなく，「公共の福祉のため必要のある場合には相当の制限を受ける」と述べる。そして，「犯罪を捜査することは，公共の福祉のため警察に与えられた国家作用の一つであり，警察にはこれを遂行すべき責務があるのであるから（警察法2条1項参照），警察官が犯罪捜査の必要上写真を撮影する際，その対象の中に犯人のみならず第三者である個人の容ぼう等が含まれても，これが許容される場合がありうるものと言わなければならない」として，「現に犯罪が行われもしくは行われたのち間がないと認められる場合であって，しかも証拠保全の必要性および緊急性があり，かつその撮影が一般的に許容される限度をこえない相当な方法をもって行われるとき」は個人の容ぼう等を撮影することも許されると判示した。

このような考え方は，速度違反車両の搭乗者の容ぼう等を対象としたオービスによる写真撮影の合憲性判断においても踏襲されている。最高裁は，オービスによる写真撮影は，「現に犯罪が行われている場合になされ，犯罪の性質，態様からいって緊急に証拠保全をする必要性があり，その方法も一般的に許容される限度を超えない相当なものである」ことなどを理由に，憲法13条に違反しないと結論付けた（最判昭和61・2・14）。

これに対し，本設問事例におけるNシステムは，具体的な犯罪事実の発生を前提とせず，Nシステム端末が設置されている道路上を走行する車両を網羅的に対象とするものであるため，京都府学連デモ事件やオービス事件における最高裁の考え方を踏襲すれば，

III 実践編

憲法13条に違反する可能性が高い。他方，そもそもＮシステムによる撮影は車両ナンバープレートの文字情報の取得を目的とするものであり，仮に搭乗者の容ぼう等が写り込むことがあり，その画像データが一時的にメモリ内に記録されることがあったとしても，そのような画像データが保存されることはないから，当該画像そのものを第三者が視覚的に認識することはできないことを根拠に，肖像権侵害は生じていないとの立論も考えられるところである。

前述のとおり，Ｎシステムに関しては，その実態において不明確な点が多いため，後者のような立論によって肖像権侵害の可能性そのものを安易に否定することに対しては慎重であるべきと思われる。最高裁が，憲法13条により保障されることを認めた，「みだりに容ぼう等を撮影されない自由」とは具体的に何を意味するのかを含め，慎重に検討してもらいたい。

(iii) 情報プライバシー権

本設問事例では，Ｎシステムによって，「特定のナンバーの車両がＮシステム端末の設置された公道上の特定の地点を一定方向に向けて通過した」という情報が承諾なしに取得・保存・管理されたという点が，前述した情報プライバシー権の侵害にあたるのではないかが問題とされている。

情報プライバシー権に関する違憲審査基準については様々な見解が存在する。例えば，情報プライバシー権の対象となる自己情報を，個人の道徳的自律の存在にかかわる「固有情報」と，道徳的自律の存在に直接かかわらない外的事項に関する「外延情報」に二分し，前者については，公権力がその人の意思に反してこれを取得・利用し，あるいは対外的に開示することは原則的に禁止されるのに対し，後者については，正当な政府目的のために正当な方法を通じて取得・保有・利用しても直ちにプライバシーの侵害とはならないが，このような外延情報も悪用されまたは集積されるときは，個人の道徳的自律の存在に影響を及ぼすものとして，プライバシーの権利の侵害の問題が生じ得るとする考え方がある（佐藤幸治『憲法〔第

【人　権】1 プライバシー ── Ｎシステムの合憲性

3版]』454〜455頁)。このような考え方に対しては、「固有情報」と「外延情報」を二分することは困難であるという指摘や（芦部信喜『憲法学Ⅱ人権総論』385頁）、「外延情報」であっても、「データベース化され他の情報と組み合わせて加工されるなどして固有情報が推知される具体的危険性が存する状況の下では、固有情報に準じた裁判上の保護を受けるべき」であるとの指摘がある（棟居快行「監視カメラの憲法問題」）。

　これに対し、保護の対象とされる個人情報を「①だれが考えてもプライバシーであると思われる情報、②一般的にプライバシーと考えられる情報、③プライバシーに該当するか否か判然としない情報、④法令の規定によって何人でも閲覧できる情報等」に大別したうえで、「個人情報をすべて保護の対象となるものと考え、その収集、保有、利用ないし開示についてプライバシー権の侵害の有無が争われた場合、だれが考えてもプライバシー情報と思われるものが侵害されたときは『やむにやまれぬ利益』基準、その他の一般にプライバシーに属すると思われる情報の侵害が争われたときは『厳格な合理性』基準、を用いるのが妥当」とする考え方もある（芦部信義『憲法学Ⅱ　人権総論』386頁)。この見解は、「だれが考えてもプライバシーであると思われる情報」について、「やむにやまれぬ利益」基準を適用した例として、弁護士会の照会に応じて私人の前科等が開示されたことがプライバシー権侵害にあたるかが争われた事件（最判昭和56・4・14）における伊藤裁判官の補足意見を挙げる。同補足意見は、「前科等は、個人のプライバシーのうちでも最も他人に知られたくないものの一つ」であり、「それを公開する必要の生ずることもありうるが、公開が許されるためには、裁判のために公開される場合であっても、その公開が公正な裁判の実現のために必須のものであり、他に代わるべき立証手段がないときなどのように、プライバシーに優越する利益が存在するのでなければならず、その場合でも必要最小限の範囲に限って公開しうるにとどまるのである」と述べている。上記見解によると、これは「『前科及び犯罪

Ⅲ 実践編

歴』という誰が考えても高度にプライバシーだと思われる情報」について，「やむにやまれぬ利益」基準にあたる厳格な審査基準を適用したものと理解されるのである。

　いずれの違憲審査基準に拠って立つ場合でも，表面的なあてはめで終わることなく，前述した問題の背景などを踏まえた実質的な議論を展開してもらいたい。

【応用的テーマ】

監視カメラによる撮影は憲法13条に反しないか。

　肖像権侵害や情報プライバシー権侵害などの問題は，Nシステムやオービスによる撮影だけでなく，いわゆる監視カメラによって人の容ぼう等が撮影される場合にも生じ得る。監視カメラといっても，例えば警察や自治体が設置する街頭監視カメラや，私人が設置する施設内監視カメラ（例えばコンビニエンスストア内の監視カメラ）などがあり，カメラの設置・管理主体や設置場所のみならず，設置目的並びに運用方法なども多岐に亘るため，これらの事情を個別に斟酌しつつプライバシー権侵害の有無を検討する必要がある。

　このような監視カメラとプライバシーを巡る問題は日本に限った話しではない。例えばヨーロッパでは，社内に設置された監視カメラで従業員の行動が監視されており，従業員のトイレに立つ頻度がグラフでとりまとめられて情報管理されていたり，ロッカー室で着替えながら同僚同士で上司の愚痴を言っていたのを隠しカメラで記録され，それが人事評価に利用されていたという実態が明らかとなり問題となっている。また，このような実態が明るみに出るにつれ，ドイツなどでは監視カメラ規制が強められており，監視カメラを設置できる場所や，設置できるカメラの種類なども類型化されるようになってきているようである（YOMIURI ONLINE「監視カメラが今，問いかけるものプライバシー権・再考」http://www.yomiuri.co.jp/adv/wol/opinion/society_101220.htm）。

【人　権】1 プライバシー ── Ｎシステムの合憲性

【参考（裁）判例・文献】

〈（裁）判例〉
・東京地判昭和39・9・28下民集15巻9号2317頁
・最判昭和61・2・14刑集40巻1号48頁
・最大判昭和44・12・24刑集23巻12号1625頁
・最判昭和56・4・14民集35巻3号620頁
・最判平成7・12・15刑集49巻10号842頁
・東京地判平成13・2・6判時1748号144頁
・東京高判平成13・9・19判例集未登載
・東京高判平成21・1・29判タ1295号193頁
・東京地判平成19・12・26判例集未登載

〈文献〉
・芦部信喜『憲法学Ⅱ　人権総論』（有斐閣，1994年）385～386頁
・芦部信喜〔高橋和之補訂〕『憲法［第5版］』（岩波書店，2011年）121～125頁
・佐藤幸治『憲法［第3版］』（青林書院，1995年）454～455頁
・杉原泰雄編『新版　体系憲法事典』（青林書院，2008年）440頁
・野中俊彦＝中村睦男＝高橋和之＝高見勝利『憲法Ⅰ［第5版］』（有斐閣，2011年）275～278頁
・日本弁護士連合会『デジタル社会のプライバシー──共通番号制・ライフログ・電子マネー』（航思社，2012年）170～173頁，188～190頁，202～217頁
・水野和寛「自動車ナンバー自動読取システムの開発研究の概要」警察学論集40巻2号115頁
・棟居快行「監視カメラの憲法問題」神戸法学雑誌43巻2号（1993年）399頁

〔寺井　昭仁〕

2 自己決定
──薬物規制

論題 大麻取締法は，大麻取扱者（都道府県知事の免許を受けた大麻栽培者および研究者）でない者が，大麻を所持，栽培等した場合には，5年以下の懲役に処すると規定している。

Yは，自己使用のため，大麻樹脂約4グラムを所持していたため，大麻取締法違反として起訴された（なお，Yは，大麻取締法違反の前科がない）。Yは，インターネットなどで，大麻の使用（摂取）は飲酒よりも危険性が小さいとか，アメリカのいくつかの州では大麻の所持や使用が合法化されたといった情報を得ており，大麻の所持等に刑罰（しかも懲役刑）を科す大麻取締法の規定を不合理なものと考えている。

大麻取締法の規定は，憲法に違反にするか。また，同法の規定は，Yに適用される限りで違憲か。

【関連条文】 憲法13条・14条1項・31条，大麻取締法24条の2第1号・3条1項

Ⅲ 実践編

双方の主張

合憲側

　大麻等の自己使用のための所持等を刑罰によって禁止する大麻取締法の規定は、合憲と考えます。

(1) 憲法13条違反について

　たしかに、憲法13条は、国民の私生活上の自由が国家権力の行使に対して保護されるべきことを規定しています（最大判昭和44・12・24）。しかし、その自由は、あらゆる生活領域に関する行為の自由（一般的自由説）を意味するものではなく、個人の人格的生存に不可欠な利益のみを保障するものです（人格的利益説）。大麻の使用は、精神的な興奮状態に至り、陶酔感等を得ることをもっぱらの目的とするものであり、個人の「人格的生存」、すなわち、個人の理性的熟慮によって選択された自律的な人生にとって不可欠な利益とは到底いえません。さらに、大麻の使用等が日本社会において歴史的に正当化されてきたとはいえないこと（歴史的正当性の欠如）、他人の基本権を侵害するおそれがあること（反公共性）からも、これを憲法上の自由として承認することはできません。以上の理由から、大麻を使用する自由は、そもそも憲法13条が保障する自由には含まれないと考えます。

　上述の一般的自由説は、あらゆる行為の自由を憲法上の権利ないし自由とみなすことで、表現の自由等を含む憲法上の権利そのものの価値を貶めるものであり（人権のインフレ化）、妥当ではありませんが、たとえ上記学説を採用するとしても、大麻の使用は、家族のあり方に関する選択のような、個人の人格的生存にかかわる重要な私的事項とはいえず、憲法上の権利としての重要性をもちません。したがって、大麻の使用等の制限は、公共の福祉に適合する限り当然に認められるのであり、①その制限の目的が

【人　権】2 自己決定 ― 薬物規制

正当なものであり，②その手段が同目的との関連で著しく不合理でない限りは，憲法上許容されると考えます（緩やかな審査）。

　①大麻の使用等を禁止する目的は，個人のみならず，社会全体の保健衛生，あるいは国民の生命・心身の安全に危険が及ぶことを防ぐ点にあるのであり，その正当性は十分認められます。②そして，精神異常誘発物質であるテトラヒドロカンナビノール（THC）を含有する大麻を摂取した場合，(a) 個人差が摂取時の気分や環境等によりその効果は異なるものの，比較的少量でも，視覚認識・時間感覚・距離感覚の変化，思考・感情の障害，音感の鋭敏化等精神機能に障害が起りうること，(b) そのため自動車の運転等が危険になること，(c) 大量摂取の場合には，通例，幻覚・錯覚・妄想等を主とする急性中毒症状が見られ（感受性が強い人の場合には，少量摂取でも同様の症状が起こう），時には，せん妄，見当識障害，著明な意識のくもり等の中毒性精神病の様相を呈すること，(d) 大麻には耐性と精神的依存性があること（また，より強い薬物への「入口（gateway）」になる），(e) 慢性的な人格障害として，自発性や意欲・気力の減退，生活の退嬰化が生じうることなどが認められます（東京高判昭和53・9・11〔以下，「昭和53年判決」と呼ぶ〕，名古屋高判平成12・8・1〔以下，「平成12年判決」と呼ぶ〕参照。公益財団法人麻薬・覚せい剤乱用防止センターのホームページには，現在でも，「大麻は……幻覚作用を持つ成分を含んでいるため，心身に悪影響を及ぼします」，「大麻を乱用すると，感覚が異常になり，幻覚・妄想やわけのわからない興奮状態に陥ったりします。乱用していると，無動機症候群といって，毎日ゴロゴロしていて何もやる気のない状態になったり，知的機能障害や大麻精神病に陥ったりします」，「また，乱用によって生殖器官に異常を起こすなど様々な身体障害を生じます」と記載されている。http://www.dapc.or.jp/info/qa/1.htm#5. (d) の入口論については，たとえば，最決昭和60・9・10〔上告理由参照。以下，「昭和60年最高裁決定上告理由」と呼ぶ〕，NHK2013年1月13日報道 http://www.nhk.or.jp/worl

dwave/marugoto/2013/01/0131.html〔以下,「NHK報道」と呼ぶ〕)。このような大麻の有害性に鑑みれば,大麻の使用等を禁止することに必要性・合理性は認められるのであり,それが上記目的との関連で著しく不合理とはいえないと考えられます。

(2) 憲法31条違反について

憲法31条の適正手続条項は,「罪刑の均衡」の原則を含みます。したがって,「刑罰規定が罪刑の均衡その他種々の観点からして著しく不合理なものであって,とうてい許容し難いものであるときは,違憲の判断を受けなければならない」と考えます(最大判昭和49・11・6)。大麻取締法の規定は,大麻の所持等について懲役刑を科すものですが(24条の2第1項),上述のような大麻の有害性に鑑みれば,選択刑として罰金刑を欠いているとしても,罪刑の均衡を失するものとはいえません。また,少量所持など有害性が低いとみられる場合もありますが,懲役刑の下限は1カ月であり,その刑期の幅が広いうえ,酌量減軽や(15日まで減軽可能)執行猶予制度の活用も可能であることからすれば,選択刑として罰金刑がないからといって,本件刑罰規定が憲法31条に反するとまではいえないと考えます。

(3) 憲法14条違反について

大麻と同様か,それ以上に心身に有害とされるアルコール飲料や煙草の所持・使用が一般に認められているのに,大麻の所持等が禁止・処罰されるのは法の下の平等を保障した憲法14条違反であるとの主張もありますが,(a) アルコール飲料・煙草と大麻とでは,それらの心身に及ぼす影響が異なるうえ,(b) 有害物に対する規制の内容・程度は,規制対象物の有害性の内容・程度だけでなく,「有害性の社会的認知度,規制対象物の文化的歴史的背景,その社会的効用の内容・程度,これらに対する国民の意識等を踏まえて検討されるべきものであるところ,アルコール飲料や煙草は,古くからその社会的効用が認められ,広く国民一般

【人　権】2 自己決定 ─ 薬物規制

に受け入れられて来たものであり、また、その摂取の心身に及ぼす影響についてもよく知られ、したがって過剰摂取等への対応も相応になされているのに対し、大麻についてはこれら事情が異なるのであるから、大麻に対する規制がアルコール飲料や煙草に対する規制と異なるからといって、これをもって直ちに不合理な差別であるとはいえない」と考えます（平成12年判決参照）。したがって、本法の規定は憲法14条に違反するものでもありません。

(4) 結　　論

以上のような理由から、大麻の使用等を、刑罰をもって禁ずる大麻取締法の規定は、憲法13条・14条・31条に違反しないと考えます。

違 憲 側

(1) 憲法13条の保護範囲

憲法13条の幸福追求権の保護範囲については、一般的自由説を採用するべきであると考えます。人格的利益説は、そこでいう「人格」が何を意味するのかが明確でないうえ、何が人格的生存にとって不可欠かを客観的に決することが難しく、俄かには賛同できません。幸福追求権は、個人が、その幸福追求にとって重要であると自らが認める行為を、公権力の介入・干渉なしに選択できるという自己決定権を広く保障していると考えるべきです。大麻には、人間の表面的意識をリラックスさせ、ストレスの多い日常生活に精神のくつろぎを与える効果があるのであり、その使用は、自己意識を解放・進化させたいという純粋な自己欲求にかかわります。したがって、大麻の使用等は上述の自己決定権によって手厚く保障されると考えるべきです。

また、大麻の使用は、「ありのままの自我、本性の発見の契機」となり、「禅の悟りの境地と同様のもの」に達する手助けともなるのであって（被告人の主張として、東京高判平成6・2・23）、人

Ⅲ　実践編

格的生存にとって不可欠な行為といえます。したがって，かりに人格的利益説を前提にするとしても，大麻の使用の自由は憲法上保障された権利と考えることができます。加えて，大麻は，繊維製品・紙・食料・燃料・医薬品・神具等の材料として，歴史上，日本人にとって非常に身近な存在だったのであり，大麻取締法(1948年)の成立以前には，これを取扱うことに何の罰則も存在していませんでした（麻農家の人々がタバコの代用品として使用したり，山岳信仰者が宗教的行為の一環として使用することもあったといいます。また，かつては，「印度大麻煙草」という名称で，喘息薬として一般の薬局でも販売されていました。たとえば，長吉秀夫『大麻入門』49～50頁，武田邦彦『大麻ヒステリー』98～116頁参照）。こうみると，大麻の使用に，合憲側が主張するような歴史的正当性の欠如や，反公共性を認めることもできません。

(2) **審査密度・基準**

以上のように，大麻の使用は，憲法上重要な権利として保障されると解すべきです。そうなれば，その制限は「原則」禁止されるのであり，「例外」としてそれが許されるためには，①制限する目的が重要で，②その手段が，かかる目的と事実上の実質的な関連性を有していなければなりません。また，かりにその関連性が認められるとしても，刑罰による制限は必要最小限度のものでなければなりませんし，憲法31条の趣旨からも，それは違法行為が帯びる違法性と均衡がとれたものでなければなりません（厳密な審査）。

①憲法は他者加害禁止原則を採用していますから，たとえ大麻の使用が本人を加害するとしても，(a) 本人利益の保護（パターナリスティックな自己加害禁止）は，上記権利の刑罰による禁止を正当化するに足りる重要な目的を構成しません。もっとも，(b) 他者，あるいは社会全体の保健衛生に対する危険を防止することは，重要な目的を構成するものと考えられます。

【人　権】2 自己決定 ─ 薬物規制

②しかし，ここで問題となるのは，大麻の有害性の証明です。かりにその有害性が明白に証明されないならば，その禁止は上記（b）目的と事実上の実質的関連性を有しないということになります。大麻の薬理的および社会的な有害性が明白に証明されず，その使用制限と上記（b）目的との実質的関連性（かかる制限が（b）目的の実現に果たす実質的な意義）が実証されないならば，「例外」としての制限が正当化されたとはいえません。この点，大麻の有害性は，「実は客観性のない神話であり，通常の大麻使用が個人的にも社会的にも害がないものであることは，1972年に出されたマリファナ及び薬物乱用に関する全米委員会の『マリファナ──誤解のきざし』と題する第1次報告書やその翌年に出された同第2次報告書等の権威ある資料によって次第に明らかにされてきた」といえます（昭和60年最高裁決定上告理由）。また，2012年に，アメリカのワシントン州とコロラド州が，大麻の所持および使用を合法化したという事実（NHK報道）や，オランダをはじめとする諸外国で，これを合法化・非犯罪化する動きがあること（長吉・前掲80〜88頁参照）は，大麻の使用等の禁止と（b）目的との間に実質的関連性を見出すことがもはや難しくなっていることを示しています。合憲側は，大麻の有害「神話」に基づく観念的・抽象的関連性を語るだけで，大麻使用禁止の具体的な正当化に失敗しているといわざるをえません（最大判昭和50・4・30〔薬事法違憲判決〕，最大判平成20・6・2〔国籍法違憲判決〕参照）。

　また，かりに大麻使用の有害性が認められるとしても，それは大量摂取のような例外的場合に限られます。それにもかかわらず，少量の自己使用の場合も含め，大麻の使用を全面的かつ一律に禁止する大麻取締法の規定は，必要最小限度の制限を超えています。さらに，本件規定は，違法性のきわめて低い使用行為にまで懲役刑を科すものであり，罪刑の均衡を失しています。

　かりに，本件規定に合憲的に適用される部分（本件規定によっ

Ⅲ 実践編

て処罰されるべき重大事案）があり，本件規定のすべてを違憲無効にすることが困難であるとしても，本件被告人（Y）のように，大麻取締法違反の前科のない者が，少量の大麻を所持していた場合についても刑罰を加えることができる旨を法定することは，(b) 目的を実現するための手段として，合理的にして必要最小限度の域を明らかに超えています。したがって，Yの行為に，本件規定が適用される限度において，本件規定は憲法13条および31条に違反するものと考えます（旭川地判昭和43・3・25）。

(3) **憲法14条違反**

憲法14条は，合理的な理由ないし根拠を欠いた差別的な取扱いを禁止するものです。この点，大麻に一定の有害性があることを認めるとしても，同様かそれ以上の有害性が認められる飲酒や喫煙については刑罰により禁止されていないことが問題となります（「アルコール，ニコチン等が常習的摂取によって強い精神的，身体的依存をひき起こし，肝臓や心臓に悪影響を与えあるいはガンの誘発物質となり，またアルコールが人を攻撃的にして暴力犯罪をひき起こしたりすることは今日の医学常識であり，その有害性は大麻よりはるかに大なるものがある」。昭和60年最高裁決定上告理由）。一定の有害性を含む嗜好品の取扱いを法的に区別する場合，その区別に「合理的な理由」が存することが求められますが，上述のような区別にそのような理由（たとえば，大麻使用の有害性と飲酒等の有害性との実質的相違）は認められません。したがって，大麻取締法によって大麻のみを取締の対象とし，しかも，上述のような厳しい刑罰を課することは，法の下の平等を規定した憲法14条に違反します。

(4) **結　論**

以上のような理由から，大麻の使用等を，刑罰をもって禁ずる大麻取締法の規定は，憲法13条・14条・31条に違反するものと考えます。また，本件規定を全部無効としないまでも，これをYの

【人　権】2　自己決定 ─── 薬物規制

行為に本件規定が適用される限度において，本件規定は憲法13条および31条に違反するものと考えます。

解　説

（1）問題の背景

　本書の編者から本件論題を提示されたとき，これは大変なことになったなと思った。それは，道徳的・倫理的に"あぶない"テーマだからではない。「幸福追求権」や「自己決定権」に関する議論は，一般には最も人気のあるテーマであるが，学問的には最もファンタジー性の強い難しいテーマだからである。実際のところ，憲法上の自己決定権を正面から認めた最高裁判例は存在せず，教科書などで「自己決定権」の判例として紹介されるエホバの輸血拒否事件最高裁判決（最判平成12・2・29）も，実際には，「患者が……自己の宗教上の信念に反するとして，輸血を伴う医療行為を拒否するとの明確の意思を有している場合，このような意思決定をする権利」という，相当に射程の絞られた「権利」を，民事上の人格権の一内容として「尊重され〔る〕」と述べたにとどまるのである。このことからも，最高裁が，「自己決定権」という包括的な権利を（「自己決定権」は，本来，包括的な幸福追求権から導出された「具体的権利」であるにもかかわらず，その輪郭は，なおきわめて包括的なのである），憲法上認める可能性は低い。裁判所が，激しい道徳的・倫理的な論争対象となっている利益を，民主主義ないし法律にも対抗しうる「憲法上の権利」として正面から承認することは現実的に難しいだろうから（女性の妊娠中絶の権利を「基本的権利」として認めた Roe v. Wade, 410 U.S. 113 (1973) と，その後の社会的混乱を思い出してほしい），最高裁が，もし自己決定権的な利益を憲法上認めるとしても，それは，射程が絞られ，かつ，社会において一定のコンセンサスが形成されているものに限られよう（以下，このような裁判所の苦心を「司法的ジレンマ」と呼ぶ）。その意味で，学問的には，幸福追求権

III　実践編

や自己決定権をカジュアルに語ることは難しいのである。

　しかも，大麻規制の合憲性にかかわる問題は，「大麻が……有害性がないとか有害性が極めて低いものであるとは認められないとした原判断〔大麻取締法違反により被告人を有罪とした判決〕は相当である」(傍点筆者)とした最高裁決定が昭和60年に出されていることもあり（前掲昭和60年最高裁決定），憲法的にはすでに決着済みと見られている感もあった。その意味でも，憲法のディベートのテーマとして，何を，どこまで書けるのか，非常に悩ましく感じたわけである。

　しかし，大麻の歴史，大麻の薬理的作用に関する最近の研究，大麻規制に関する最近の動き（違憲側主張でも触れたように，近年，大麻の所持・使用等を非犯罪化する国や州も出てきている），大麻規制を扱った従来の下級審判決などをつぶさにみていくと，本件論題は，今日改めてディベートするにふさわしい現代的なテーマのようにも思えてきた。また，最近の最高裁判決が，社会的事実の変化によって，かつて合憲としたものを違憲と判断するようになってきたこともあり（民法上の非嫡出子相続分区別を違憲とした最大決平成25・9・4参照），最高裁が一定の判断を下している大麻制限についても，現代的観点から論じ直す実益はあるように考えられる。さらに，後述するように，憲法13条の意味についても，新しい（しかし，実は歴史に根ざした）解釈——「違憲の強制からの自由」としての一般的自由（小山剛『「憲法上の権利」の作法［新版］』96頁）——が出てきていることもあり，学問的にも興味深い論争が期待できるように思われる。

（2）**基本的な戦略**

　本件論題についてディベートを行う際に，大麻の有害性をどのように評価するかが1つのポイントとなる。近年の科学的研究などによると，大麻がヘロインやコカインと同じぐらい危険で有害であると主張することは難しくなってきており（昭和53年判決も，現在で

【人　権】2 自己決定 ── 薬物規制

は，「大麻に従来考えられて来た程の強い有害性がないと認識されるに至った」と指摘している。無論，合憲側として，なお"有害性が強い"との主張を行う余地もあるが），現実には，(a)「大麻の少量の摂取が……当該個人及び社会に無害であるとまで断定するに足りる明白な根拠がない」(昭和53年判決。傍点筆者)，すなわち，無害かどうかがはっきりしない（有害である可能性もなくはない）と評価するか，(b) そのような有害性が認められない（少なくとも飲酒等と同程度の有害性しか認められない）と評価するのかで立場が分かれることになろう。

おそらく，(a) の立証はそれほど難しくない（上述の昭和60年最高裁決定も，基本的には (a) と同様の評価を行っているといえる）。しかし，(a) 評価を"落とし所"とする場合，違憲側は，その前提として，厳密な審査基準を設定しておく必要が出てくる。というのも，(a) 評価は，大麻の有害性を否定してはないため，かりに緩やかな審査を採用した場合，リスク予防的観点から，その規制を「著しく不合理」とまでは断じえないことになるからである（目的と手段との間に一応の関連性を見出すことができる）。逆に，厳密な審査基準を採用した場合には，「明白な根拠がない」ことは，目的＝手段との事実上の実質的関連性がない（関連性があるとしても，それは観念的・抽象的なものにすぎない）ということを意味するため，大麻禁止はこの基準をパスしないことになる。したがって，違憲側は，大麻を使用する自由を，何とか，憲法上重要な「権利」であると説得し，大麻取締法の規定が，同「権利」を厳しく制限しているということを論証する必要があるのである。

ただ，上述の司法的ジレンマからいっても，裁判所が，道徳的・倫理的評価の分かれる大麻の使用を，表現の自由などと肩を並べる真正の「憲法上の権利」として承認する可能性は，現実的には低いと解さざるをえない（教室でのディベートとしては盛り上がるかもしれないが）。また，従来の判例をみても，裁判所が，主観的な「自己決定権」を憲法上承認し，その一内容として大麻の使用を認める

III 実践編

可能性も決して高くないように思われる。しかし，近年，これまで学説上語られてきた「一般的自由」を，自己決定権のような主観的な「権利」としてではなく，憲法の客観法的側面に着目し（権利の範囲の側ではなく，国家の可動範囲の側に着目し），国家による恣意的で不必要な強制を受けない自由（違憲の強制からの自由）と捉える見解が有力化している（小山・前掲95〜96頁，宍戸常寿『憲法 解釈論の応用と展開』19頁，安西文雄＝巻美矢紀＝宍戸常寿『憲法学読本』85頁〔巻美矢紀〕。この説の要点が，「国家権力の活動範囲を公共の福祉と適合する範囲に抑える」ことにあると捉えれば，長谷部恭男『憲法［第5版］』143頁も同旨）。こうみると，大麻の使用を，このような意味における「一般的自由」として憲法上保護することは可能である（喫煙の自由を，このような「自由」として位置づけたと見られる判例に，最大判昭和45・9・16）。しかも，そもそも本件は刑罰規定が問題とされているから，憲法31条の観点からも，被規制利益の道徳的価値にかかわらず，刑罰が恣意的で不必要であってはならないのは当然だ，ということになろう。

しかし，大麻使用の自由を「一般的自由」として捉えた場合，その制限は，恣意的で，不必要でない限りは許容されることになるから，これに対する審査は，一般に緩やかなものとなる。したがって，違憲側が，「権利」論から，このような「自由」論にまで撤退することになった場合には，結局，上記（c）を主張しなければならないということになる。大麻が有害でないこと（少なくとも飲酒等と同レベルの有害性しかないこと）が証明されれば，これに対する刑罰はさすがに無効である。

（3）より深い議論？

これまで，大麻の有害性に関する科学的評価の変化を前提に，その違憲合憲を語ってきた。しかし，刑罰規定を支える「立法事実」として，このような（自然）科学的評価だけを捉えればよいのだろうか。実は，合憲側の主張において引用した猿払事件最高裁判決

【人　権】2　自己決定 ─── 薬物規制

は、「刑罰規定は、保護法益の性質、行為の態様・結果、刑罰を必要とする理由、刑罰を法定することによりもたらされる積極的・消極的な効果・影響などの諸々の要因を考慮しつつ、国民の法意識の反映として、国民の代表機関である国会により、歴史的、現実的な社会的基盤に立って具体的に決定されるものであ〔る〕」（傍点筆者）と述べていた。つまり、刑罰規定は、「国民の法意識」によっても支えられている、というのである。そうなると、たとえ有害性の科学的根拠が薄弱であっても、大麻に対して国民が現に有している「違法性」イメージが強ければ、大麻の使用等に対する刑罰は正当化されうることになる。

　たしかに、裁判所が、「国民の法意識」はほとんど変化していないのに、科学的根拠が失われたことだけを理由に大麻使用等に対する刑罰規定を無効とした場合、それへのバックラッシュが起こる可能性もある。そうすると、裁判所が、大麻に対する国民の──遅れた──「意識」を一定程度斟酌することは許されるし、またそうすべきなのかもしれない（このようにみると、本件論題は、裁判所の役割論にもかかわっている）。ところで、本件論題のディベートが面白いのは、同じ（一定の危険性を帯びた）嗜好品たる飲酒等は刑罰で規制されていないのに、なぜ大麻は規制されているのか、との説明が意外に難しいところにある。つまり、この「区別」を合理的に説明できるほど、両者に「科学的」な違いがあるのかが問題となるのである。しかし、現状においてはなお、飲酒に対する国民の「意識」と、大麻に対する国民の「意識」が異なっているとすれば、そのような区別も、あるいは正当化されるのかもしれない。このような問題についても、ぜひ取り組んでいただきたい。

───【応用的テーマ】───────────
　宗教的儀式のための大麻所持を処罰することは憲法20条に違反するか。
　歴史的に、大麻は、宗教的な儀式にも用いられてきた。そこで、あ

III 実践編

る宗教団体にとって、宗教的儀式を執り行うために大麻の使用等が不可欠である場合に、大麻取締法は、憲法20条とも抵触してくる。しかし、同法が、もともと宗教弾圧的な狙いや効果をもっていないとすれば、「大麻取締法の規定が憲法20条に違反するがゆえに無効」という法令違憲の主張は有効ではない。この場合は、宗教的儀式のための大麻所持に、大麻取締法の規定を適用すること、あるいは、このような真摯な目的から出た（信仰の核心とも関連する）大麻所持を処罰することの合憲性に照準すべきであろう。この点で、牧会活動事件判決（神戸簡裁判昭和50・2・20）や、表現の自由にかかわる事案ではあるが、「処罰」の合憲性に着目した審査を行った立川ビラ事件最高裁判決（最判平成20・4・11）の処理が参考になろう。

【参考(裁)判例・文献】

〈(裁)判例〉
・最大判昭和44・12・24刑集23巻12号1625頁
・最大判昭和45・9・16民集24巻10号1410頁
・最大判昭和49・11・6刑集28巻9号393頁
・最大判昭和50・4・30民集29巻4号572頁
・最決昭和60・9・10判時1165号183頁
・最判平成12・2・29民集54巻2号582頁
・最判平成20・4・11刑集62巻5号1217頁
・最大判平成20・6・24民集62巻6号1367頁
・最大決平成25・9・4判時2197号10頁
・東京高判昭和53・9・11判タ369号424頁
・東京高判平成6・2・23東京高等裁判所判決時報刑事45巻1〜12号7頁
・名古屋高判平成12・8・1高等裁判所刑事裁判速報集平成12年169頁
・旭川地判昭和43・3・25下刑集10巻3号293頁
・神戸簡裁判昭和50・2・20判時768号3頁

〈文献〉
・植村立郎『大麻取締法』（青林書院, 1983年）
・小山剛『「憲法上の権利」の作法［新版］』（尚学社, 2011年）
・宍戸常寿『憲法 解釈論の応用と展開』（日本評論社, 2011年）
・武田邦彦『大麻ヒステリー』（光文社新書, 2009年）
・長吉秀夫『大麻入門』（幻冬舎新書, 2009年）

【人　権】2 自己決定 ── 薬物規制

- 長谷部恭男『憲法［第5版］』(新世社, 2011年)
- 安西文雄 = 巻美矢紀 = 宍戸常寿『憲法学読本』(有斐閣, 2011年)
- 山本龍彦「自己決定権」辻村みよ子編『憲法基本判例』(尚学社, 2014年刊行予定)
- 吉岡一男「大麻の有害性を肯定して大麻取締法の違憲論を退けた最高裁決定」法学教室67号 (1986年)
- アンドルー・ワイル（名谷一郎訳）『ナチュラル・マインド』(草思社, 1977年)

〔山本　龍彦〕

【人　権】3 平等 ── 嫡出事項を戸籍に記載することの合憲性

3 平　　等
──嫡出事項を戸籍に記載することの合憲性

論題　出生届に「嫡出子又は嫡出でない子の別」という記載を求める戸籍法49条2項1号は憲法14条に違反するか。

　X_1（男）とX_2（女）は婚姻関係にはないが、長らく同棲生活を送っていた。同棲生活が10年目に入った際、両者の間に子供が生まれた。Xらは、子供の出生届を役所に提出する際、「嫡出子」か「嫡出でない子」という欄があることに気づいた（戸籍法49条2項1号）。しかし、このような記載は差別に当たると考え、「嫡出子」か「嫡出でない子」という欄には何も記入しないまま提出した。役所は形式に不備があることから、このままでは受理できないとして補正を求めた。Xらはしぶしぶこれを記入して出生届を提出したが、こうした記載を要求する戸籍法49条2項1号は差別規定であり、憲法14条に反すると考えている。
　戸籍法49条2項1号は憲法14条に違反するか。また、それを改廃しないことは立法の不作為にあたるか。

【関連条文】　憲法14条・24条、戸籍法49条2項1号、民法779条・790条

Ⅲ 実践編

双方の立論

合憲側

　出生届に嫡出子・非嫡出子の別を記載させることは，合憲と考えます。

(1) 区別の必要性と合憲性

　憲法24条は家族制度を念頭に置いていて，その具体的制度については法律に任せています。そのため，国会は家族制度の具体的内容を定めるにあたり，広範な裁量を有しているといえます。24条を受けて国会は民法で家族制度の内容を定め，法律婚主義を採用しています。この法律婚主義に基づき，民法は，嫡出子と嫡出でない子（以下，「非嫡出子」という）の区別があることを前提にした上で，子の認知と子の氏に関する規定を設けています（民法779条・790条）。このような法律婚主義を手続的に整備するものが戸籍です。戸籍は，親族法的身分関係を公証する公簿であり，戸籍法49条2項1号（以下，「本件区分規定」という）は，その正しい関係を公証するために「嫡出子又は嫡出でない子の別」を記載しています。つまり，本件区分規定は，民法の内容を実現するための手続的規定であって，実体法たる民法の内容が憲法14条に違反するものでない限り，手続法たる本件区分規定が違憲になることはありません。

　では，民法779条や790条は違憲といえるでしょうか。憲法24条は法律に家族制度の設計を委ねているのですから，国会には非嫡出子の取扱いに関する裁量があるといえます。したがって，少なくともその法的地位に著しく不合理な差別をもたらす場合でなければ違憲とはなりません。民法779条や790条は，単に非嫡出子の認知や氏について定めているだけで，その法的地位に大きな影響を及ぼしているわけではありませんから，違憲とはいえないで

【人　権】3 平等 ── 嫡出事項を戸籍に記載することの合憲性

しょう。逆に，これらの規定が違憲になってしまうと，民法の法律婚主義自体に見直しを迫ることになり，立法裁量を尊重しているとはいえなくなってしまいます。

(2) 差別意図の欠如と非嫡出子相続分違憲判決との相違

民法779条や790条が合憲であるにもかかわらず，本件区別規定は差別的意図に基づくから違憲ではないかという主張も考えられます。しかし，あくまで手続上必要だから区別しているだけで，そこに差別等の実体的意味が含まれているわけではないのです。実際，平成25年9月26日判決（最判平成25・9・26。以下，「非嫡戸籍訴訟」という）は，戸籍上の区別が差別にあたるとはいえないとしています。そもそも戸籍に非嫡出子と記載されることで，本人に不利益が生じるわけではありません。かりに非嫡出子という身分が明らかにされると実生活上不利益を被るおそれがあるとしても，戸籍を閲覧することができるのは原則として本人だけなので，そうした不利益が生じるとは予想されにくいのです。したがって，最高裁が判示するように，「**本件規定それ自体によって，嫡出でない子について嫡出子との間で子又はその父母の法的地位に差異がもたらされるものとはいえない**」のです。

これに対し，嫡出子と非嫡出子を相続分で差別することは最高裁によって違憲と判断されたことから（最大決平成25・9・4。以下，「非嫡相続訴訟②」という），本件規定も違憲であるとの主張も考えられるところです。しかし，それはまさに相続分という法的地位に関わる事項だったから違憲になったのであって，嫡出子と非嫡出子を分けることが違憲になったわけではないのです。最高裁は法律婚主義が問題だとしているわけでもないので，法律婚主義に基づき嫡出子と非嫡出子を形式上分けるために本件規定を設けることは判例法理に反するとはいえないでしょう。

それでも，区別の記載自体が差別的効果をもたらすという主張もあるでしょう。しかし，出生の届出は，子の出生の事実を報告

するものであって，その届出によって身分関係の発生等の法的効果を生じさせるものではないので，差別的効果をもたらすものでもないといえます。そして，非嫡出子の記載は戸籍事務処理の便宜に資するものであり，実務上の必要性もあるのです。

(3) 立法行為の合法性・合憲性

本件規定の内容が憲法に反していない以上，それを改廃することが要請されるとはいえないので，改廃しないという立法行為が国賠法1条1項の適用上違法となることはありません。そもそも，立法行為の国賠法上の違法性については，当該立法の内容に違憲のおそれがあるとしてもただちに違法となるわけではなく，立法の内容が憲法の一義的な文言に違反しているにもかかわらず国会があえて当該立法を行うというような場合でなければ，国家賠償法1条1項の規定の適用上違法の評価を受けることはありません（最判昭和60・11・21〔在宅投票制度違憲訴訟〕)。あるいは，在外邦人選挙権訴訟（最大判平成17・9・14）は，憲法上の権利を違法に侵害するものであることが明らかな場合や権利行使の機会を確保するために立法措置を執ることが必要不可欠であることが明らかであるにもかかわらず，国会が正当な理由なく長期にわたってこれを怠る場合に違法の評価を受けるとしています。両判決の趣旨としては，憲法の文言に明らかに反するような立法行為は許されないということを述べているわけです。

この点，本件規定の内容が憲法に反するものではない以上，国会議員が本件規定を改正して「嫡出子又は嫡出でない子の別」の記載を撤廃することが個別の国民との関係での職務上の法的義務を負うとはいえないでしょう。そもそも，本件規定は，国会が憲法によって付与された広範な裁量に基づくものであって，その改廃について法的義務を負うと考えられるような事態は想定できません。

【人　権】3 平等 ── 嫡出事項を戸籍に記載することの合憲性

(4) 結　　論
以上のような理由から，戸籍法49条2項1号は憲法14条に違反しないと考えます。

違憲側

出生届に嫡出子か否かの記載を求める戸籍法49条2項1号は，憲法14条に反し，違憲と考えます。

(1) 戸籍法49条2項1号の差別的意図と差別的効果
本件規定は非嫡出子に対する差別的表記を強制することから，憲法14条に違反するといえます。憲法24条は個人の尊重と両性の平等を理念として掲げ，戦前の家制度を解体しようとしました。嫡出子と非嫡出子とを分けることはこの家制度の名残であり，24条の趣旨に反するものといえます。

ましてや，戸籍にその区別を記載することは，非嫡出子に対する差別的意図を感じざるをえません。戸籍は，単に事実を記載するだけのものではなく，法的身分関係を表すものです。そのため，戸籍に記載する事項はたとえ事実関係にすぎないとしても法的意味を持つことになります。つまり，記載事項に差別的意図があったり，差別的効果をもたらすことがあったりすれば，それは平等違反になるのです。

本件規定に基づき戸籍に非嫡出子と記載することは，具体的な権利義務関係に変動を及ぼすことがないとしても，嫡出ではないことをあえて記載するわけなので，事実上のスティグマを押し付けるものではないでしょうか。つまり，嫡出子ではないという記載が，まるで正規の子供ではないというような烙印を押しつけているように感じられるのです。それは差別的意図があると考えられます。

また，戸籍は本人しか確認できないという原則があるとして

III 実践編

も，実際には興信所や法曹関係者を利用して確認されてしまうことがあります。そのとき，たとえば結婚相手が非嫡出子であることを理由に結婚を拒否するということだって考えられるのです。したがって，本件規定は差別的意図があるだけでなく，差別的効果をもたらすものでもあるのです。

なお，本来であれば，当該区別の大元になっている民法779条や790条も差別的規定であり違憲と考えられるところですが，これらの規定だけではただちに差別的意図や差別的効果をもたらすと断言できないので，本件ではこの区別を戸籍に記載することを要求する戸籍法の規定が違憲だと考えます。

(2) 非嫡出子相続分違憲判決との類似性

最高裁は平成25年に非嫡出子相続分差別規定（民法900条4号但書）を違憲と判断しました（非嫡相続訴訟②）。最高裁は，平成7年の決定（最大決平成7・7・5。以下，「非嫡相続訴訟①」という）において当該規定を合憲としていましたが，社会認識の変化を重視し，「子にとっては自ら選択ないし修正する余地のない事柄を理由としてその子に不利益を及ぼすことは許されず，子を個人として尊重し，その権利を保障すべきである」として違憲の判断を下したのです。この事案において，最高裁は子供を個人として尊重するためには自ら選択できない事柄を理由に不利益を課してはならないとしているのですから，相続分規定のみならず，戸籍上も差別することは許されないはずです。

これに対して，最高裁は非嫡戸籍訴訟において本件規定を合憲としているのだから，相続分の問題とは事案を異にするという反論がありうると思います。たしかに，最高裁は，「本件規定それ自体によって，嫡出でない子について嫡出子との間で子又はその父母の法的地位に差異がもたらされるものとはいえない」とし，「嫡出でない子」という表現も差別的取扱いとはいえないとして，本件規定を合憲としました。しかし，非嫡相続訴訟②の趣旨

【人　権】3 平等 ── 嫡出事項を戸籍に記載することの合憲性

は相続という具体的利益を損なうことは許されないとするにとどまるとは思えません。なぜなら，個人として尊重するために不利益を課してはならないとするのが最高裁決定の趣旨だからです。とすると，戸籍の記載は法的地位に関する差別的取扱いといえるのではないでしょうか。

(3) 立法行為の違法性・違憲性

本件規定の内容が違憲である以上，本件を改廃しないことは違法・違憲な立法行為であるといえます。立法行為が国賠法上違法といえるかどうかについては，在宅投票制度違憲訴訟が憲法の一義的文言に反することが明らかである場合という枠組を設定しており，憲法の文言を厳格に捉える傾向がありましたが，最近ではその射程が広がっています。在外邦人選挙権訴訟では，「立法の内容又は立法不作為が国民に憲法上保障されている権利を違法に侵害するものであることが明白な場合や，国民に憲法上保障されている権利行使の機会を確保するために所要の立法措置を執ることが必要不可欠であり，それが明白であるにもかかわらず，国会が正当な理由なく長期にわたってこれを怠る場合」に違法の評価を受けるとしています。これを本件規定にあてはめてみると，その内容は差別的規定であることが明らかであるといえるので，それを改廃しないことは違法な立法行為に当たるといえるでしょう。

また，非嫡戸籍訴訟において櫻井龍子裁判官の補足意見で，「嫡出でない子」という記載が戸籍事務処理上不可欠な記載ではないことから再検討の余地があると述べられていることからしても，立法に改廃が要請される事項といえるでしょう。

解　説

(1) 問題の背景

憲法14条は法の下の平等を定めている。とりわけ，14条後段は，

Ⅲ　実践編

「人種，信条，性別，社会的身分，又は門地」というカテゴリーを提示しながら差別を禁止しているので，主として自己の努力では変えられない事柄について差別することは許されないという趣旨がうかがえる。そうすると，嫡出子・非嫡出子の区分は，「出生」という，自らの力では如何ともし難い事柄に基づく法的地位の差別であり，14条に違反しているかのようにみえる。

　しかし，最高裁は非嫡相続訴訟①において非嫡出子の相続分を嫡出子の2分の1とする民法900条の規定を合憲とした。最高裁は，法定相続において非嫡出子相続分を嫡出子の2分の1としても，それは補充的に機能するにすぎず，相続に関する立法裁量の合理的限界を超えているとはいえないとした上で，民法が法律婚主義を採用していることからすれば，法律婚の尊重と非嫡出子の保護をはかる民法900条の規定は合理的理由があり，2分の1という手段も立法理由との関連で著しく不合理であるとはいえないとしたのである。だが，この判決が民法900条に対する憲法学からの批判を加速させ，さらに世界的にも非嫡出子の割合が増加傾向にあった【表3－1】。

　そのため，21世紀に入ると，非嫡出子の取扱いをめぐる問題が司法の舞台で再燃することになる。

（2）法の下の平等

　法の下の平等は，どのような場合であっても，あらゆる者をつねに等しく扱うべしと要求しているわけではない。憲法14条は，このような絶対的平等ではなく，合理的理由のある区別を許容する相対的平等を要請していると理解されている。そのため，嫡出子と非嫡出子を区別することに合理的理由があるかどうかが問題となる。

　合理的理由の有無を考えるにあたり，後段列挙事由に関わる事項であれば厳格審査または厳格な合理性の審査が妥当するという見解が有力である。それでは，非嫡出子は後段列挙事由に該当するだろうか。非嫡出子が後段列挙事由に含まれるとすれば，社会的身分が

【人　権】3 平等 ── 嫡出事項を戸籍に記載することの合憲性

【表3－1】　婚外子の推移

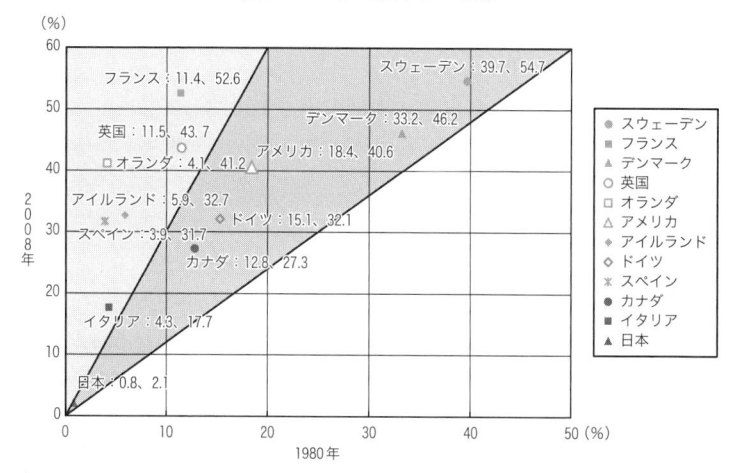

国	1980年	2008年
スウェーデン	39.7	54.7
フランス	11.4	52.6
デンマーク	33.2	46.2
英国	11.5	43.7
オランダ	4.1	41.2
アメリカ	18.4	40.6
アイルランド	5.9	32.7
ドイツ	15.1	32.1
スペイン	3.9	31.7
カナダ	12.8	27.3
イタリア	4.3	17.7
日本	0.8	2.1

資料：日本については，厚生労働省大臣官房統計情報部「人口動態統計」，その他の国については，アメリカ商務省「Statistical Abstract of the United States 2012」より厚生労働省政策統括官付政策評価官室作成
（注）　ドイツの1980年は1991年のデータである。
　　　2008年について，英国・アイルランドは2006年，カナダ・イタリアは2007年のデータである。
平成25年版厚生労働白書「世界各国の婚外子割合」
http://www.mhlw.go.jp/wp/hakusyo/kousei/13/dl/1-02-2.pdf

それに近いカテゴリーといえる。これに該当するという見解によれば，社会的身分とは，社会において継続的に占めている地位で，自分の力で変えることができず，それについてある種の社会的評価が伴っているものを指すと解した上で，非嫡出子はそれに該当するという。これに対し，非嫡出子は社会的身分に該当しないとする見解もあるが，後段列挙事由に当たらないとしても不合理な区別が許されるわけではない。後段列挙事由に該当しなくても，対象となる権利が重要であれば，それに応じて審査基準も厳しくなるという見解が有力である。また，権利の性質に関連して，差別された法的地位が憲法上の権利の行使にどの程度結びついているのか，そしてその事柄は自分の力で変えることができない属性か否かなどの点も重要

Ⅲ 実践編

な考慮要素となってくる。そのため，後段列挙事由該当性だけでなく，当該区分によってもたらされる不利益が何であるのかを見極める必要があろう。

この点につき，最高裁は後段列挙事由を例示的なものとしつつ，事柄の性質に応じた合理性的根拠があるか否かの判断を行う傾向にある（最大判昭和48・4・4〔尊属殺規定違憲判決〕）。もっとも，最高裁の合理性の判断方法は事案によって異なることから注意が必要である。たとえば，最高裁は尊属殺事件や非嫡相続訴訟①では，著しく不合理であるかどうかに言及しているが，非嫡相続訴訟②ではこの点に言及していない。また，非嫡相続訴訟①の時点では非嫡出子の相続分規定を合憲としたにもかかわらず，非嫡相続訴訟②の判断では判例変更をしないまま当該規定を違憲としており，判例の動向や判断枠組を考える必要がある。

(3) 最近の平等に関する判例法理
(i) 国籍法違憲判決と非嫡相続訴訟②

最高裁が非嫡出子の取扱いについて本格的に斬りこみはじめたのが，国籍法違憲判決（最大判平成20・6・4）であった。国籍法3条1項は，日本国民である父と日本国民でない母との間に出生した後に父から認知された子につき，父母の婚姻により嫡出子たる身分を取得した場合に限り日本国籍の取得を認めていた。そのため，婚姻を国籍取得の要件とすることが差別に当たらないかが問題となった。

最高裁は国籍という法的地位の重要性を踏まえながら合理性の有無を検討し，社会状況等の変化を理由に合理的理由のない差別規定になっているとして違憲の判断を下した。憲法10条が国籍については法律でこれを定めるとして，その内容を立法府に委ねているにもかかわらず，「立法府に与えられた上記のような裁量権を考慮しても，なおそのような区別をすることの立法目的に合理的な根拠が認められない場合，又はその具体的な区別と上記の立法目的との間に

【人　権】3 平等 ── 嫡出事項を戸籍に記載することの合憲性

合理的関連性が認められない場合には，当該区別は，合理的な理由のない差別として，同項に違反するものと解されることになる」として，社会変化を理由に違憲判断に踏み切ったことは大きな決断であった。

　非嫡相続訴訟②と国籍法違憲判決につき，両者を同一線上に語ることは相当の注意を要するが，国籍法違憲判決は司法が口を挟みにくい領域と考えられてきた非嫡出子の取扱いの問題についても違憲判断を下すことを後押しする役割を果たしていたように思われる。

　その結果，非嫡相続訴訟②で最高裁は，嫡出か否かの区別が重要な法的地位に関するもので，しかも自らの力では変えることができない点を重視し，社会の変化によってもはやその区分に合理性を見出すことができないとして違憲判断を下した。これらの判決は社会の変化を理由に規制の合理性を判断する手法（以下「社会変化の法理」という）を用いているが，この手法は，立法制定時の国会の裁量を認めつつ，その後の状況との関係で法令の合憲性を検討するものであり，立法裁量に対して一定の司法統制を試みるものといえる。

　そうすると，この流れにのって，同じく非嫡出子を区別している戸籍法49条2項1号の規定についても違憲と判断されるのではないかと推測しても，まったくの見当違いというわけではないだろう。とりわけ，国籍法違憲判決と非嫡相続訴訟②はともに社会状況の変化に言及しながら違憲判断を下していることから，社会変化の法理はここでも当てはまるように思えたからである。

（ⅱ）非嫡相続訴訟と非嫡戸籍訴訟

　しかしながら，非嫡戸籍訴訟は社会変化に言及することなく，戸籍法49条2項1号を合憲とした。判断の骨子としては，戸籍上に非嫡出子と記載することは，民法の法律婚主義に基づく身分上の差異を前提とする事務処理上の便宜のための区分であって，その規定自体によって法的地位に差異が生じるわけではなく，当該規定の区分は法令の表現の当否の問題にすぎないとした。簡潔にいえば，判決

III 実践編

は，戸籍上の記載は事務処理上の便宜という合理性があり，法的地位に差異をもたらすものではないことから合憲と判断したのである。

非嫡相続訴訟②との違いは法的地位に対するアプローチに帰着するといわざるをえない。相続事項は重要な法的地位に関する事項であるのに対し，戸籍記載は表現・用語上の問題にすぎず，事実上の問題にとどまるものであって，法的地位に差をもたらすわけではないと判断されたからである。非嫡相続訴訟②で法的地位が重視されたのは主として審査基準のレベルの問題であり，重大な平等への侵害があるという場面であったのに対し，非嫡戸籍訴訟で法的地位が取り上げられたのはそこに変動をもたらすものかどうかという場面であった。そのため，後者については，戸籍上の取扱いはそもそも事実上の問題なのだから，損害が発生しているわけではないとして，権利侵害が認めらなかったのである。

そうすると，国籍法違憲判決と非嫡相続訴訟②における判決文の見かけとは異なり，最高裁は社会の変化のみを中心に考えているのではなく，問題となっている権利の性質，審査基準，侵害の程度（侵害の強弱や事実上の損害か否かなど）についてもそれなりに考慮しているようにも思える。実は，この社会変化の法理は，司法が社会の変化を本当に読み取れるのか，またそれを基に立法事実の合理性を適切に判断できるのかという能力上の問題に加え，立法府との緊張を高めるという司法審査に内在する問題を抱える。というのも，国会が国民の現在意思の代表機関であるにもかかわらず，司法が真の現在意思を代弁するかのごとく振る舞うことは民主主義と緊張関係を高める結果になるからである。たとえ当該立法が過去に制定されたものであっても，それを改正しないという状態または選択は現在における立法府の意思の表出ということになり，司法がそれを覆すことは緊張関係をもたらす。民主的正当性の弱い司法が司法審査を行えるのは憲法がそれを認めているからであり，その拠りどころとなるのは憲法そのものであるとすれば，社会変化の法理を用

【人　権】3 平等 ── 嫡出事項を戸籍に記載することの合憲性

いる場合にも，権利や基準に関する憲法判断を行うことが要請されよう。

　それでは，最高裁が基準論や侵害論を重視する場合，本件のような事実上の問題に対して平等違反を問うことはできないのであろうか。この点につき，非嫡相続訴訟②が個人の尊厳を重視しながら違憲判断を導いたという点を重視するのであれば，戸籍への記載自体がある種のスティグマを押しつけることから，非嫡戸籍訴訟においても違憲とすべきであったという主張もできるように思われる。つまり，戸籍に非嫡出子と規定することは一見すると事実上の問題にすぎないが，実質的には差別的意図に満ちており，社会生活における差別的効果をもたらすのではないかということである。だが，かりにスティグマを押しつける要素があるとしても，戸籍は外部に容易にわかるようになっていないことから，差別的効果も発生するとは言い難い。だからこそ，最高裁は事実上の問題にすぎないとして片づけるだけでなく，わざわざこの点に言及したのだと考えられる。なお，区別自体の不合理性を問う場合，戸籍法上の区別だけでなく，民法上の区別をも問題視することにもなるので，争う対象の射程についても考えておく必要があろう。

---【応用的テーマ】---
　婚姻の際，夫婦の一方に氏の変更を求める民法750条および婚姻届においてその記載を求める戸籍法74条1号は，憲法13条，14条，24条1項・2項に反するか。
　民法750条は，「夫婦は，婚姻の際に定めるところに従い，夫又は妻の氏を称する。」とし，さらに民法739条1項は，婚姻が戸籍法の定めるところによる届出により効力を生ずるとしている。これを受けて，戸籍法74条1号は婚姻の届出において「夫婦が称する氏」を必要的記載事項としている。したがって，少なくとも公式上，夫婦は同一の氏を称することになっている。ただし，氏の選択は当事者の同意によって決められるため，一見すると憲法の自由や平等を侵害しているようにはみえない。

III 実践編

しかし、これまでの状況をみると、既婚者の9割以上が夫の氏を選択するという統計データがあることから、事実上夫の氏を選択することが強制されていると感じる人がいるかもしれない。また、自己の氏は社会生活において自己を同定するものであり、人格と密接に結び付くものであると考える人もいるだろう。すると、夫婦の一方に氏の変更を迫る民法750条および戸籍法74条1号は、個人の人格を保障する憲法13条、法の下の平等を要求する憲法14条、両性の本質的平等を定める憲法24条に反するおそれがでてくるので、これを検討する必要がある。

憲法24条のいう両性の本質的平等は、何よりもまず婚姻が当事者の自由な意思によるものであることを要請している。その一方で、具体的制度については立法府に委ねている。そのため、どのような婚姻制度を創設するかは立法府の裁量に委ねられるといえるが、まったく無制約な裁量があるわけではなく、当事者の意思決定を妨げたり、婚姻の要件として合理的理由のない条件をつけたりすることは許されない。

夫婦同姓は、法律婚主義を採用する際に必要な要件として設定されたと考えられるが、それが憲法13条、14条、24条を侵害している場合にはそれを正当化するような理由がなければならない。ただし、この問題について、民法750条および戸籍法74条1号を改廃しないことが問題であるとするのであれば、立法行為（立法不作為）の違法性が問題になることから、その判断枠組の中で合憲性を検討することになる。すなわち、在外邦人選挙権訴訟（最大判平成17・9・14）が判示したように、憲法上の権利を違法に侵害するものであることが明らかな場合や権利行使の機会を確保するために立法措置を執ることが必要不可欠であることが明らかであるにもかかわらず、国会が正当な理由なく長期にわたってこれを怠っているかどうかを判断することになる。

そうなると、夫婦別姓が憲法上の権利かどうかが重要なポイントになる。まず、夫婦別姓が憲法13条に基づく権利といえるかどうかについて考えてみよう。この点につき、夫婦別姓違憲訴訟の第一審（東京地判平成25・5・29）は、「氏名は、社会的にみれば、個人を他人から識別し特定する機能を有するものであるが、同時に、その個人からみれば、人が個人として尊重される基礎であり、その個人の人格の象徴

【人　権】3 平等 ── 嫡出事項を戸籍に記載することの合憲性

であって，人格権の一内容を構成する」としており，氏の選択が憲法13条の人格権に関わるものだとしている。しかし，その憲法上の保障が及ぶべき範囲が不明確であり，婚姻時に別姓を名乗る権利が憲法13条で保障されている権利に含まれるとはいえないとして訴えを退けている。

もし，夫婦別姓が憲法13条の保障する権利に該当しないとしても，夫婦同姓が憲法14条や24条の趣旨を損なう制度になっていないかどうかを考えなければならない。すなわち，憲法14条や24条の要請する両性の本質的平等に適った制度構築がなされているかどうかである。夫婦同姓の目的が法律婚主義の便宜に資するという理由であるとすれば，一応の合理性が推定される。これに対して，共働きの増加など社会状況の変化などから，夫婦別姓の方が社会生活を営みやすいということを理由に，夫婦別姓が現代的家族の生活実態に適っており，夫婦の実生活における利益の方が法律婚主義の便宜という利益に優先するとして，夫婦同姓は両性の本質的平等に寄与しない制度であるという主張もありうる。

しかし，民法750条および戸籍法74条1号はいずれかの氏を選ぶように強要しているわけではないので，憲法14条および24条が要請する両性の本質的平等を侵害しているとまではいえない。たとえ，社会生活上の不利益を受けることがあるとしても，通称として旧姓を名乗ることは可能であることから，権利侵害が発生しているとみなすことは難しいだろう。

【参考(裁)判例・文献】
〈(裁)判例〉
最大判昭和48・4・4刑集27巻3号265頁〔尊属殺違憲訴訟〕
最判昭和60・11・21民集39巻7号1512頁〔在宅投票制度違憲訴訟〕
最大決平成7・7・5民集49巻7号1789頁〔非嫡相続訴訟①〕
最大判平成17・9・14民集59巻7号2087頁〔在外邦人選挙権訴訟〕
最大判平成20・6・4民集62巻6号1367頁〔国籍法違憲判決〕
最大決平成25・9・4裁判所HP〔非嫡相続訴訟②〕
最判平成25・9・26裁判所HP〔非嫡戸籍訴訟〕

III 実践編

東京地判平成25・5・29判時2196号67頁,判タ1393号81頁〔夫婦別姓違憲訴訟〕

〈文献〉

- 淺野博宣「立法事実論の可能性」長谷部恭男ほか編『現代立憲主義の諸相』(有斐閣,2013年)432頁
- 蟻川恒正「婚外子法定相続分最高裁違憲決定を読む」法学教室397号(2013年)102頁
- 伊藤正春「時の判例」ジュリスト1460号(2013年)88頁
- 入井凡乃「立法者の予測と事後的是正義務」法学政治学論究96号(2013年)343頁
- 君塚正臣『性差別司法審査基準論』(信山社,1996年)
- 小林祐紀「立法判断の客観化に向けた法的アプローチ——目的手段審査における立法過程への着目——」法学政治学論究101号(2014年刊行予定)
- 櫻井智章「事情の変更による違憲判断について」甲南法学51巻4号(2011年)145頁
- 佐々木弘通「平等原則」『憲法学の現代的論点[第2版]』(有斐閣,2009年)327〜353頁
- 白水隆「憲法14条1項に列挙されていない事由と違憲審査に関する一考察」帝京法学29巻1号(2014年刊行予定)
- 戸松秀典『平等原則と司法審査』(有斐閣,1990年)
- 安西文雄「平等権論の問題点と課題」『憲法50年の人権と憲法裁判』(敬文堂,1997年)125頁
- 渡辺康行「平等原則のドグマーティク——判例法理の分析と再構築の可能性」立教法学82巻(2011年)1頁

〔大林 啓吾〕

4 思想・良心の自由
――「日の丸・君が代」訴訟

論題 公立学校の式典で国旗に向かって起立し国歌を斉唱することを命じる職務命令は，憲法19条に規定される思想・良心の自由を侵害するか。また，そのような職務命令違反を理由とする減給処分は適法か。

憲法19条は，思想・良心の自由を保障している。

Xは，A公立高等学校の教諭である。Xは，「『日の丸』や『君が代』は過去の日本の侵略戦争と結び付いている」として，卒業式で，国歌斉唱の際に国旗に向かって起立し国歌を斉唱すること（以下「起立斉唱行為」という）を拒否し，戒告処分を受けていた。同校の校長Yは，同じ年の入学式での起立斉唱行為をXに命じた（以下「本件職務命令」という）が，Xは，入学式当日，起立斉唱行為を再び拒否した。そこでYは，本件職務命令違反を理由に，過去に1度，Xに同様の理由による処分歴があることから，量定を加重して，Xに対して1カ月間，給与の10分の1を減ずる減給処分（以下「本件懲戒処分」という）をした。

本件職務命令は，Xの思想・良心の自由を侵害するか。また，本件職務命令に違反したという理由でXに対してなされた本件懲戒処分は適法か。

【関連条文】 憲法15条2項・19条，地方公務員法30条・32条・33条

Ⅲ 実践編

双方の立論

合憲・適法側

　本件職務命令は，思想・良心の自由を侵害せず，合憲と考えます。また本件懲戒処分は，適法と考えます。

　(1)　思想・良心の自由に関して

　Xの「『日の丸』や『君が代』は過去の日本の侵略戦争と結び付いている」とする考えは，「『日の丸』や『君が代』が戦前の軍国主義等との関係で一定の役割を果たしたとするX自身の歴史観ないし世界観から生ずる社会生活上ないし教育上の信念等ということができ」ます。

　しかし，「本件職務命令当時，公立高等学校の卒業式等の式典において，国旗としての『日の丸』の掲揚及び国歌としての『君が代』の斉唱が広く行われていたことは周知の事実で」す。このため，「学校の儀式的行事」における起立斉唱行為は，「一般的，客観的に見て」，「慣例上の儀礼的な所作としての性質」をもち，また外部からもそのように認識されると解されます。そうすると，起立斉唱行為は，Xの「歴史観ないし世界観を否定することと不可分に結び付くものとはいえ」ません。そして，それを求める本件職務命令は，Xの「歴史観ないし世界観それ自体を否定するもの」ではないと解されます。また，起立斉唱行為が「特定の思想又はこれに反する思想の表明として外部から認識される」とも考え難く，それが職務命令に従って行われた場合はなおのことであると思われます。したがいまして，本件職務命令は，「特定の思想を持つことを強制したり，これに反する思想を持つことを禁止したりするもの」とはいえませんし，「特定の思想の有無について告白することを強要するもの」でもありません。これらから，本件職務命令は，「個人の思想及び良心の自由を直ちに制約

【人　権】4 思想・良心の自由 ──「日の丸・君が代」訴訟

するもの」ではないと解されます。

　もっとも起立斉唱行為は,「教員が日常担当する教科や日常従事する事務の内容それ自体には含まれ」ません。また,「一般的,客観的に見て」,「国旗及び国歌に対する敬意の表明の要素を含」んでいます。したがいまして,自分の「歴史観ないし世界観との関係で否定的な評価の対象となる『日の丸』や『君が代』に対して敬意を表明」できないと考える人が「これらに対する敬意の表明の要素を含む行為を求められることは,その行為が個人の歴史観ないし世界観に反する特定の思想の表明に係る行為そのものではな」くても,「個人の歴史観ないし世界観に由来する行動(敬意の表明の拒否)と異なる外部的行為(敬意の表明の要素を含む行為)を求められることとな」るので,その人の「思想及び良心の自由についての間接的な制約となる」と解されます。

　「このような間接的な制約が許容されるか否かは,職務命令の目的及び内容並びに」当該外部的行動に課された「制限を介して生じる制約の態様等を総合的に較量して,当該職務命令に上記の制約を許容し得る程度の必要性及び合理性が認められるか否かという観点から判断す」べきです。

　以上を本件について見ると,以下のようになります。

　本件職務命令は,Xの「歴史観ないし世界観に由来する行動(敬意の表明の拒否)と異なる外部的行為」を求めるものであり,「その歴史観ないし世界観に由来する行動との相違を生じさせることとなる」限りで,Xの「思想及び良心の自由についての間接的な制約とな」ります。

　しかし,「学校の卒業式や入学式等という教育上の特に重要な節目となる儀式的行事においては,生徒等への配慮を含め,教育上の行事にふさわしい秩序を確保して式典の円滑な進行を図ることが必要で」す。これらの行事における国旗や国歌の扱いについては,法令等に根拠があります。また,「住民全体の奉仕者として法令等及び上司の職務上の命令に従って職務を遂行すべきこと

III 実践編

とされる地方公務員の地位の性質及びその職務の公共性（憲法15条2項，地方公務員法30条，32条）に鑑み」ると，「公立高等学校の教諭であるXは，法令等及び職務上の命令に従」って職務を遂行すべきです。この点，本件職務命令は，法令等の趣旨に沿うものであり，「地方公務員の地位の性質やその職務の公共性を踏まえ」，「生徒等への配慮を含め，教育上の行事にふさわしい秩序」を確保して「式典の円滑な進行を図る」ものです。

これらから，本件職務命令は，Xの「思想及び良心の自由についての間接的な制約とな」りますが，「職務命令の目的及び内容並びに」当該外部的行動に課された「制限を介して生ずる制約の態様等を総合的に較量すれば，上記の制約を許容し得る程度の必要性及び合理性が認められ」ます。

なお，ここまでの主張は，平成23年5月30日の最高裁判決の趣旨に沿います。

(2) 減給処分の適法性に関して

公務員に対する懲戒処分について，懲戒権者は，諸般の事情を考慮して決定する裁量権を有しており，社会観念上著しく妥当を欠き，裁量権を逸脱・濫用したと認められる場合に違法となります。

以上を本件について見ると，以下のようになります。

Xは，「児童，生徒，保護者及びその他学校関係者の面前で，公然と」起立斉唱行為を拒否し，そのことは，「児童，生徒の学習権を侵害すると同時に，式に参加した保護者，来賓その他の学校関係者に違和感ないし嫌悪感を生じさせ」，信用を失墜させた「重大な非違行為」といえます（ここまでの主張は，平成23年3月25日の東京高裁判決の趣旨に沿います）。Xが同様のことで懲戒処分の対象となったのは同年内に連続して今回で2度目であり，量定を加重されて減給処分とされるのもやむをえないと思われます。

【人　権】4 思想・良心の自由 ── 「日の丸・君が代」訴訟

　したがいまして，本件懲戒処分は，戒告処分を超えて減給処分とするものであっても，社会観念上著しく妥当を欠いて裁量を逸脱・濫用したとはいえず，適法と解されます。

　⑶　結　　論
　以上のような理由から，本件職務命令は，憲法19条に違反しないので，合憲と考えます。また，本件職務命令に違反したという理由でなされた本件懲戒処分は，裁量権の範囲内であり，適法と考えます。

違憲・違法側

　本件職務命令は，思想・良心の自由を侵害し，違憲と考えます。また，仮に本件職務命令が合憲であっても，本件懲戒処分は違法と考えます。

　⑴　思想・良心の自由に関して
　合憲・適法側も主張するように，Ｘの「『日の丸』や『君が代』は過去の日本の侵略戦争と結び付いている」とする考えは，「『日の丸』や『君が代』が戦前の軍国主義等との関係で一定の役割を果たしたとするＸ自身の歴史観ないし世界観から生ずる社会生活上ないし教育上の信念等ということができ」ます。ここまでは，平成23年5月30日の最高裁判決の趣旨でもあります。しかし「真の問題」は，本件職務命令がＸに「日の丸」や「『君が代』に対する否定的な評価』それ自体」を禁じたり，「一定の『歴史観ないし世界観』の有無についての告白を強要」したりすることになるかどうかではなく，本件職務命令によって，Ｘに対して，Ｘの「信条に照らしＸにとって極めて苦痛なこと」を強制することが許されるかどうかであると思われます。そうすると，Ｘの「歴史観ないし世界観」「に加えて更に」，「『君が代』の斉唱をめぐり，学校の入学式のような公的儀式の場で，公的機関が，参加

III 実践編

者にその意思に反してでも一律に行動すべく強制することに対する否定的評価（従って、また、このような行動に自分は参加してはならないという信念ないし信条）」が「重要」であると解されます。そして、「このような信念・信条」をもつ人に対して、公的儀式における斉唱を強制することは、その人の「信念・信条そのものに対する直接的抑圧とな」ります。

また公務員は、合憲・適法側も指摘する通り、「全体の奉仕者」です。しかし、だからといって、当然に、その基本的人権をどれだけ制限してもよいというわけではありません。本件職務命令についていえば、それによって達せられるとされる「公共の利益の具体的な内容」とは何かが問題です。その利益と、Xの「『思想及び良心』の保護の必要」との間で、「慎重な考量」がなされるべきです。

なお、ここまでの主張は、平成19年2月27日の最高裁判決の藤田宙靖裁判官の反対意見の趣旨でもあります。

以上を本件について見ると、以下のようになります。

本件職務命令によって達成される利益が入学式進行における「秩序・紀律」の維持や「（組織決定を遂行するための）校長の指揮権の確保」によって「子どもの教育を受ける利益」を達成しようとする公共の利益であるとしても、Xが起立斉唱しなかったことで、入学式進行における「秩序・規律」の維持がそれほど害されたわけではなく、それが入学式の参列者に「一種の違和感」を与えたとしても、Xの「思想及び良心」に対する制約を正当化するほどのものとも解されません。また、「校長の指揮権の確保」も、Xの人権に対する制約を正当化するほど重要であるとは思われません。

したがいまして、本件職務命令は、Xの思想・良心の自由についての直接的な制約であり、Xの思想・良心の自由とそれを制約することによって得られる公共の利益とを考量すれば、許容されないものと解されます。

【人　権】4　思想・良心の自由 ── 「日の丸・君が代」訴訟

　なお，ここまでの主張も，平成19年2月27日の最高裁判決の藤田宙靖裁判官の反対意見の趣旨に沿います。

(2)　減給処分の適法性に関して

　合憲・適法側も主張するように，公務員に対する懲戒処分について，懲戒権者は，諸般の事情を考慮して決定する裁量権を有しており，社会観念上著しく妥当を欠き，裁量権を逸脱・濫用したと認められる場合に違法となります。

　本件において，「諸般の事情」とは，次のようなものです。

　Ｘが起立斉唱行為を拒否したことで，「学校の儀式的行事としての式典の秩序や雰囲気」が「一定程度損な」われたことは否定できません。

　しかし，Ｘの「歴史観ないし世界観等に由来する『君が代』や『日の丸』に対する否定的評価等のゆえに」，Ｘに「本件職務命令により求められる行為と自らの歴史観ないし世界観等に由来する外部的行動とが相違する」に至ったと思われます。また，Ｘが起立斉唱行為を拒否したことは，「物理的に式次第の遂行を妨げ」なかった以上，「当該式典の進行に具体的にどの程度の支障や混乱をもたらしたか」を「客観的」に「評価」するのは難しいように思われます。

　このことからすると，「戒告を超えてより重い減給以上の処分を選択することについては，本件事案の性質等を踏まえた慎重な考慮が必要」と解されます。

　そうすると，減給処分は，「直接の給与上の不利益が及び」，「卒業式や入学式等の式典のたびに懲戒処分が累積して加重されると短期間で反復継続的に不利益が拡大していくこと等」から，「過去の非違行為による懲戒処分等の処分歴や不起立行為等の前後における態度等（以下，併せて「過去の処分歴等」という。）に鑑み，学校の規律や秩序の保持等の必要性と処分による不利益の内容との権衡の観点から当該処分を選択することの相当性を基礎付

ける具体的な事情が認められる場合」にのみ選択できると解されます。

なお，ここまでの主張は，平成24年1月16日の最高裁判決の趣旨でもあります。

以上を本件について見ると，以下のようになります。

Xの過去の懲戒処分の対象となった行為は，「積極的に式典の進行を妨害する行為ではなく」，1度にとどまるため，「過去の処分歴等」に特に加重を根拠付ける事情はないといえることからすると，減給処分を選択するほどの「具体的な事情」があったとはいえず，Xに対する減給処分は，その「期間の長短及び割合の多寡にかかわらず」，社会観念上著しく妥当を欠き，裁量権を逸脱・濫用したものであって違法であると解されます。

なお，ここまでの主張も，平成24年1月16日の最高裁判決の趣旨に沿います。

(3) 結　論

以上のような理由から，本件職務命令は，憲法19条に規定される思想・良心の自由を侵害し，違憲と考えます。また，仮に本件職務命令が合憲であっても，本件職務命令に違反したという理由でなされた本件懲戒処分は，裁量権の範囲を超え，違法と考えます。

解　説

(1) 問題の背景

入学式や卒業式が重要な学校行事であるということに異論はない。しかし，そこでふつうに行われている国旗の掲揚や国歌の斉唱については，異存のない人ばかりではない。

本章の論題のような事件のほか，「日の丸」の掲揚に反対する教師が入学式当日に掲揚された「日の丸」を引き降ろすなどし，懲戒処分や訓告の対象となったことが争われた事件もある。しかし本章

【人　権】4 思想・良心の自由 ── 「日の丸・君が代」訴訟

の論題では，そのような積極的な行為ではなく，起立斉唱行為を命じる職務命令に違反し，それを拒否するという消極的な行為が問題となっている。

　ところで，本章の論題については，思想・良心の自由の侵害の有無を軸とした合憲・適法側や違憲・違法側とは異なる接近法もある。例えば，音楽専科の教諭に対して入学式の「君が代」斉唱の際にピアノで伴奏すること（以下「ピアノ伴奏」という）を命じた職務命令の合憲性が問題となった事件（以下「ピアノ伴奏拒否事件」という。最判平成23・5・30）について，「ピアノ伴奏をしないという沈黙の自由（消極的表現の自由）としてではなくて，伴奏を拒絶することによって入学式における『君が代』斉唱に反対する意思を表明する積極的表現の自由として理解」し，表現の「内容を理由と」する「制約」であると考えたり（淺野博宣「判批」13頁），ピアノ伴奏を「意に反する苦役」からの自由を侵害するものとして憲法18条の観点から立論する方が思想・良心の自由の侵害を主張するよりもまだ「有利」であると考えたり（木村草太「表現内容規制と平等条項──自由権から〈差別されない権利〉へ」99頁注8）するものである。これらの主張は，ピアノ伴奏の拒否と起立斉唱行為の拒否が「日の丸」や「君が代」に対する否定的な評価を含む点では共通する限りで，本章の論題についてもあてはまる。より深く考察しようとするとき，調べてみてほしい。

（2）思想・良心の自由に関して
（ⅰ）思想・良心の自由の意義

　思想・良心（通説・判例では，この両者をとくに区別する必要はないとされる。芦部信喜〔高橋和之補訂〕『憲法［第5版］』147頁）の自由は，個人の内面的精神活動の自由（内心の自由）を保障しており，「人の精神活動の中核」（長谷部恭男『憲法［第5版］』182頁）を保障していると解されている。「国民がいかなる国家観，世界観，人生観をもとうとも，それが内心の領域にとどまる限りは絶対的に自由

Ⅲ 実践編

であ」るといわれるとおり，内心の自由は，ふつうの手段によっては国家権力が侵害することのできないものである（芦部・前掲147頁）。ところが，いったん思想や良心が内心を超えて外界での行動や表現にあらわれれば，この限りではない。思想・良心の自由が問題となるのは，専らこうした場面である。

この点，思想や良心が外部への表現の形をとる場合は表現の自由によって保障されるはずであるし，宗教的なものである場合は信教の自由で保障されるはずである。こう考えれば，そのほかの精神的自由を保障する諸規定が充実している限り，思想・良心の自由をそれらとは別個に保障する意義は乏しいように思われる。実際，思想・良心の自由がその他の精神的自由とは独立に保障されている例は，諸外国の憲法には「ほとんど見当たらない」ともいわれる。ではなぜ，日本国憲法は，思想・良心の自由をと・く・に保障したのであろうか。これについては，一般に，大日本帝国憲法のもとでは治安維持法の運用等において内心の自由そのものが侵害されることが少なからずあり，そうしたことを厳に禁ずる趣旨であると説明される（芦部・前掲146・147頁）。こうした経緯にも注意してほしい。

（ⅱ）判　　例

思想・良心の自由そのものが問題となる著名な事件には，本章の応用的テーマで扱う謝罪広告事件（最大判昭和31・7・4）や，入社試験の際に思想・信条に関する事項の申告を求めることが思想・良心の自由を侵害しないか争われた三菱樹脂事件（最大判昭和48・12・12）などがある。こうした事件では，思想・良心の自由の保護領域に関わる学説上の対立，すなわち，思想や良心を「信仰に準ずる世界観，主義，思想，主張を全人格的にもつこと」とみる「人格核心説」（限定説）と「世界観などに限らず事物に関する是非分別の判断を含む内心領域を広く包摂するとみる」「内心説」（広義説）（佐藤幸治『日本国憲法論』217頁）のどちらを裁判所は採用するのかが注目されるが，最高裁がどちらを採用しているかは，明らかとは

【人　権】4 思想・良心の自由 ── 「日の丸・君が代」訴訟

なっていない。

(ⅲ) 起立斉唱行為と思想・良心の自由

　本章の論題に関して，最高裁の結論に大きな影響を及ぼすのは，「歴史観ないし世界観」と起立斉唱行為との結び付きである。合憲・適法側の依拠した平成23年5月30日の最高裁判決の多数意見によれば，起立斉唱行為は，「一般的，客観的に見て」，「慣例上の儀礼的な所作」であり，「歴史観ないし世界観」の否定と「不可分に結び付くもの」ではない（なお同多数意見は，謝罪広告事件最高裁大法廷判決を引用している）。こうした判断の下，同多数意見は，問題となった公務員の表現活動に対する制約が間接的・付随的なものとされた猿払事件最高裁大法廷判決（最大判昭和49・11・6）を引用し，結論としては合憲とした。一般に，猿払事件最高裁大法廷判決では，緩やかな違憲審査の基準とされる「合理的関連性」の基準が用いられたとされている（芦部・前掲272・273頁）。こう見てくると，最高裁は，そもそも「歴史観ないし世界観」と起立斉唱行為との結び付きを弱いものと解したために，それを命じる職務命令は「思想及び良心の自由についての間接的な制約」であるとして，緩やかな違憲審査の基準を用いたように読める。

　これに対し，違憲・違法側が依拠するのは，平成19年2月27日の最高裁判決の藤田宙靖裁判官の反対意見である。同反対意見は，起立斉唱行為を拒否しなければならないという「信念ないし信条」そのものが問題となっていると主張する。だとすれば，本件職務命令が思想・良心の自由に対する「直接的」な制約となりうることは，既に違憲・違法側の主張で見たとおりである。

(ⅳ) 三段階審査理論の観点から

　判例の判断枠組みを読み解くのに，いわゆる「三段階審査理論」を用いた分析が試みられている。これによれば，判断枠組みは「保護領域・制約・正当化」の三段階に分節化される。この観点から平成23年5月30日の最高裁判決の多数意見を見ると，次のようである。

Ⅲ 実践編

まず, この多数意見では, 問題となっている「歴史観ないし世界観」が保護領域に入ることは比較的明確に示されている。しかし, その「歴史観ないし世界観に由来する行動」としての起立斉唱行為の拒否が保護領域に入るかどうかは不明確である。この点,「間接的な制約」が認められている限りにおいて, 起立斉唱行為の拒否も保護領域に入っていると読むこともできる。

次に, この多数意見では,「歴史観ないし世界観」から否定的に評価している国旗や国歌に敬意を表する要素を含む行為を求められることは「思想及び良心の自由」に対する「間接的な制約」となるとされている。この点, 多数の学説では, 本件のような職務命令は特定の「歴史観ないし世界観」をもつ教職員に対し, それに反する行為を強制する狙いをもつものなので, 直接的な制約であるともいわれる (渡辺康行「『日の丸・君が代訴訟』を振り返る——最高裁諸判決の意義と課題」113頁)。

最後に, この多数意見では, 職務命令の目的や内容, 当該外部的行動に課された制限を介して生じる制約の態様等を総合的に衡量して, 当該職務命令に上記の制約を許容しうる程度の必要性および合理性が認められるか否かにおいて判断すべきとされている。この点, このような比較衡量論について, 思想・良心の自由の重要性と本件職務命令が制約として有する実際上の重大性から, より厳格な審査の在り方が要求されるとする学説がある (渡辺・前掲113・114頁)。

(3) 職務命令の裁量審査
(ⅰ) 公務員に対する懲戒処分の裁量審査

本件職務命令が合憲でも, 本件懲戒処分が適法とは限らない。

合憲・適法側の主張は起立斉唱行為の拒否を理由とする懲戒処分を3回受けた後の停職処分を適法とした平成23年3月25日の東京高裁判決に依拠しており, 違憲・違法側の主張は, 起立斉唱行為の拒否を理由とする過去の1回の戒告処分を受けた後の減給処分につい

【人　権】4　思想・良心の自由 ── 「日の丸・君が代」訴訟

て違法とした平成24年１月16日の最高裁判決に依拠している（前者の事件と後者の事件の２件につき，同日に最高裁判決が下されている）。合憲・適法側としては，減給処分よりも重い停職処分を適法とした高裁判決に依拠することで，違憲・違法側としては，本件に近い事案の最高裁判決に依拠することで，それぞれ説得力をもたせようとしている。

　合憲・適法側および違憲・違法側に共通する，裁量審査の在り方について述べた部分は，いわゆる神戸税関事件最高裁判決（最判昭和52・12・20）の趣旨でもある。同判決において採用された裁量審査は，いわゆる踰越濫用型審査とされる。これについては，「社会観念」の内容が必ずしも明確ではなく，比例原則等が排除されることがあるという指摘がある（森稔樹「判批」168・169頁）。

　この点，平成23年３月25日の東京高裁判決においては，起立斉唱行為の拒否が「重大な非違行為」とされたことが，戒告処分を超える重い懲戒処分を適法なものとする根拠の１つとなっている。では，なぜ「重大な非違行為」といえるのか。その理由として同判決では，「起立斉唱行為の拒否が生徒の学習権を侵害するほか，式の参加者に違和感や嫌悪感を生じさせ，信用を失墜させる」旨が述べられているが，あまり詳細ではない。しかし，その上告審では，違憲・違法側の依拠した平成24年１月16日の最高裁判決と同様に，①「歴史観ないし世界観」から起立斉唱行為が拒否されたこと，②起立斉唱行為の拒否は，物理的に式典の進行を妨げるものではないため，具体的にどれだけ支障や混乱をもたらしたかを客観的に評価できないことの２点から，「慎重な考慮」が必要とされ，問題となった２つの停職処分のうち１つが実際に違法とされた（積極的に式典の進行を妨げる行為を含む本件起立斉唱行為の拒否の前後の「態度」等の「具体的事情」の有無が結論を分けた）。比較的詳細な裁量審査が行われたといえよう。

（ⅱ）裁量審査と人権

　こう見てくると，最高裁は，思想・良心の自由の保護領域にある

Ⅲ　実践編

「歴史観ないし世界観」と起立斉唱行為の拒否との結び付き，あるいは少なくとも思想・良心の自由との連関を重視しているように読める。このことは，思想・良心の自由との連関が裁量審査において「慎重な考慮」を要求する要因の1つとなることを示している。最高裁において，思想・良心の自由との連関はあくまで統制密度を深める要因の1つに過ぎないということが思想・良心の自由の「人権」としての本来的な役割とどこまで整合するのかはここでは措くとして，最高裁が「慎重な考慮」を踏まえた審査を行い，起立斉唱行為の拒否にとどまる消極的な行為については戒告処分を超えた懲戒処分を違法とする結論を導いたことに注目しておきたい。

【応用的テーマ】
謝罪広告命令は合憲か

謝罪広告命令事件（最大判昭和31・7・4）では，衆議院議員選挙の候補者について事実無根の汚職などを発表した対立候補者に対し，民法723条の「名誉を回復するのに適当な処分」として謝罪状の掲載などを裁判所が命じることが，思想・良心の自由を侵害するかどうかが争われた。

この事件の最高裁判決の多数意見は，「強制することが債務者の人格を無視し著しくその名誉を毀損し意思決定の自由乃至良心の自由を不当に制限することとなり，いわゆる強制執行に適さない場合に該当することもありうる」けれども，「単に事態の真相を告白し陳謝の意を表明するに止まる程度のもの」を裁判所が命じることは，思想・良心の自由を侵害することにはならないとした。

なぜ，「単に事態の真相を告白し陳謝の意を表明するのに止まる程度のもの」であれば，強制しても思想・良心の自由を侵害しないといえるのだろうか。この点，田中耕太郎裁判官の補足意見の次の箇所が興味深い。「謝罪広告においては，法はもちろんそれに道徳性（Moralität）が伴うことを求めるが，しかし道徳と異る法の性質から合法性（Legalität）即ち行為が内心の状態を離れて外部的に法の命ずるところに適合することを以て一応満足する」。つまり，裁判所の命じることのできる「謝罪」は，「内心の状態」を含まず，「外部的」な

【人　権】4 思想・良心の自由 ── 「日の丸・君が代」訴訟

ものにとどまることが示唆されている。
　謝罪広告命令事件最高裁判決は，ピアノ伴奏拒否事件最高裁判決や本章の論題の素材となった平成23年5月30日の最高裁判決で引用されている。このことの意味を考えながら，本章を振り返ってみてほしい。

【参考(裁)判例・文献】
〈(裁)判例〉
・最大判昭和31・7・4民集10巻7号785頁
・最大判昭和48・12・12民集27巻11号1536頁
・最大判昭和49・11・6刑集28巻9号393頁
・最判昭和52・12・20民集31巻7号1101頁
・最判平成19・2・27民集61巻1号291頁
・最判平成23・5・30民集65巻4号1780頁
・最判平成24・1・16判タ1370号80頁，同号93頁
・東京地判平成23・3・25判例地方自治356号56頁

〈文献〉
・淺野博宣「判批」平成19年度重要判例解説（2008年）12・13頁
・芦部信喜〔高橋和之補訂〕『憲法［第5版］』（岩波書店，2011年）
・金子正史「公務員の職務命令不服従をめぐる紛争」曽和俊文=金子正史編著『事例研究　行政法［第2版］』（日本評論社，2013年）304～317頁
・木村草太「表現内容規制と平等条項──自由権から〈差別されない権利〉へ」ジュリスト1400号（2010年）96～102頁
・駒村圭吾「インターミッション2──国旗国歌起立斉唱事件を素材に」同『憲法訴訟の現代的転回──憲法的論証を求めて』（日本評論社，2013年）143～156頁
・佐藤幸治『日本国憲法論』（成文堂，2011年）
・宍戸常寿「裁量論と人権論」公法研究第71号（2009年）100～111頁
・長谷部恭男『憲法［第5版］』（新世社，2011年）
・森稔樹「判批」宇賀克也ほか編『行政判例百選Ⅰ［第6版］』（有斐閣，2012年）168・169頁
・森英明「判解」法曹時報61巻11号（2009年）3548～3577頁
・渡辺康行「憲法判例の動き」平成23年度重要判例解説（2012年）2～7頁

III 実践編

- 渡辺康行「『日の丸・君が代訴訟』を振り返る――最高裁判決の意義と課題」論究ジュリスト1号（2012年）108～117頁
- 渡辺康行「教育の自由　授業内容を理由とする教員への文書訓告事件」木下智史ほか編著『事例研究 憲法［第2版］』（日本評論社，2013年）163～184頁
- 亘理格「行政裁量の法的統制」芝池義一ほか編『行政法の争点［第3版］』（有斐閣，2004年）116～119頁

〔栗田　佳泰〕

5 表現の自由 ①
―― わいせつ物頒布罪

論題 わいせつ物頒布罪を定める刑法175条は，憲法21条に違反するか。

著名な写真家Y₁は，肉体，性，裸体という人間の存在の根元にかかわる事象をテーマとする作品を発表し，写真による現代美術の第一人者として美術評論家から高い評価を得ていた。出版社を営むY₂の求めに応じて，Y₁は，ポートレイト，花，男性及び女性のヌード等の写真を幅広く収録する写真集を刊行した。全体で384頁に及ぶ写真集のうち，男性性器を直接的，具体的に写し，これを画面の中央に目立つように配置した写真が19頁に及び掲載されていたため，Y₁，Y₂両名は，刑法175条のわいせつ物頒布罪で起訴された。

Y₁，Y₂の表現活動を規制する刑法175条は，憲法に違反するか。

【関連条文】 憲法21条1項，刑法175条

Ⅲ 実践編

双方の立論

合 憲 側

　わいせつ物頒布罪を規定する刑法175条は，合憲と考えます。

(1) 刑法175条の保護法益とわいせつの定義

　刑法175条は性風俗・性道徳の維持を目的として，わいせつ物の頒布・販売等を全面的に禁止しています。この目的は正当な公共の利益として是認されます。この目的に照らせば，最高裁判所がチャタレイ事件（最大判昭和32・3・13）において定義した次のような「わいせつ」概念も，受け入れることができるでしょう。すなわち，①徒らに性欲を興奮または刺戟し，②普通人の正常な性的羞恥心を害し，③善良な性的道義観念に反するという3要件を満たすものが「わいせつ」となります。

　もっとも，この定義は非常に抽象的ですので，文書等がこの定義に該当するかどうかを判断するための具体的な方法を考えておく必要があります。この点について，チャタレイ事件最高裁判決は次のような考え方を示しており，参考になります。「わいせつ」に該当するかどうかは，社会通念にしたがって判断する。そのうえで，第1に，この社会通念は，社会に現に存在しているコンセンサスという意味での記述的概念ではなく，裁判官が規範的に判断すべきものである，第2に，芸術性の高い作品であっても，わいせつ文書に該当しうる。さらに，チャタレイ事件最高裁判決は，わいせつ文書該当性の判断を文書全体ではなく，個別の問題箇所に注目して判断している（個別的考察方法）との特徴を有しています。

(2) 判例の流れ

　もちろん，以上の判断枠組みですと，芸術性の高い作品が広く制約されてしまう恐れがあります。ただし，「わいせつ」の定義

【人　権】5　表現の自由 ① ── わいせつ物頒布罪

を維持しつつも，チャタレイ事件最高裁判決の判断枠組みを軌道修正したその後の判例に依拠すれば，芸術性の高い作品が刑法175条により不当に処罰の対象となることは避けられるのではないかと思います。

たとえば，「悪徳の栄え」事件最高裁判決（最大判昭和44・10・15）は，文書のわいせつ性の判断は，個別的考察方法ではなく，文書全体との関連において判断するという全体的考察方法の方向を示しています。これは，チャタレイ事件最高裁判決の判断方法を修正したものといえるでしょう。また，「四畳半襖の下張」事件最高裁判決（最判昭和55・11・28）は，「わいせつ」の定義を満たすかどうかは，「当該文書の性に関する露骨で詳細な描写叙述の程度とその手法，右描写叙述の文書全体に占める比重，文書に表現された思想等と右描写叙述との関連性，文書の構成や展開，さらには芸術性・思想性等による性的刺激の緩和の程度，これらの観点から該文書を全体としてみたときに，主として，読者の好色的興味にうったえるものと認められるか否かなどの諸点を検討することが必要であり，これらの事情を総合し，その時代の健全な社会通念に照らして」判断するという総合考慮の手法を示唆しています。これは，チャタレイ事件最高裁判決の第1の判断方法を後退させたものと評価できます。

このように全体的考察方法を前提にして，総合考慮の手法を採用しますと，本問題のような事例は刑法175条の処罰を免れるのではないかと思います。なぜなら，男性性器を直接的，具体的に写し，これを画面の中央に目立つように配置した写真は，384頁に及ぶ写真集において19頁を占めるにすぎず，しかも写真集の高い芸術性が認められているからです。こうした結論の妥当性をも考えますと，刑法175条を違憲とする必要はないと思います。

(3)　低価値表現と定義づけ衡量

以上，主に判例に依拠して，刑法175条の合憲性について見て

Ⅲ 実践編

きました。次に，表現の自由の理論の側から，この問題を考えてみたいと思います。

　一般に，わいせつは，名誉毀損などと同様，「低価値表現」として位置づけられています。低価値表現とは，表現の内容上の価値というよりも表現内容がもたらす社会的害悪に着目した表現類型であるといえます。

　この考え方の背景には，社会的害悪をもたらす表現内容は憲法上保護されないとの前提があります。こうした前提に立ちますと，社会的害悪を及ぼす表現と本来許されるべき表現との境界を明確に画定する必要があります。しかし，このような境界の線引きの判断には困難が伴うため，本来許されるべき表現も控えるという萎縮効果が生ずる恐れがあります。そこで萎縮効果を防ぐ目的で，表現の自由の価値に比重をおいて，社会的害悪との衡量をはかりながらこの社会的害悪を及ぼす表現類型の定義を厳格に絞りこむ「定義づけ衡量」が学説上，提案されています。「低価値表現」とは憲法上保護されないものの，それを守るために憲法上の保護が手段的に及んでいる表現類型を意味することになります（高橋和之『立憲主義と日本国憲法［第3版］』，宍戸常寿『憲法 解釈論の応用と展開』）。

　この「定義づけ衡量」の結果，まさしく刑法175条が処罰の対象となる「わいせつ」概念が絞り込まれることになるわけですが，では，いかなる「わいせつ」が処罰されるべきでしょうか。民主政に資するという表現の自由の公共的な価値に比重を置きつつ，性風俗を害する性表現の類型を絞り込みますと，いわゆるハードコア・ポルノのみが刑法175条の「わいせつ」に該当する，逆に言いますと，憲法21条の保護の範囲外であると考えられます。ここでいうハードコア・ポルノとは，ビニール本事件（最判昭和58・3・8）の伊藤正己裁判官補足意見に従いますと，次のように定義されます。「性器または性交を具体的に露骨かつ詳細な方法で描写し，その文書図画を全体としてみたとき，その支

【人　権】5 表現の自由 ① ── わいせつ物頒布罪

配的効果がもっぱら受け手の好色的興味に感覚的官能的に訴えるもので，その時代の社会通念によっていやらしいと評価されるもの」です。そして，この定義に該当する性表現は，憲法21条に違反することなく，刑法175条の処罰の対象となります。本問題の写真集は，「もっぱら受け手の好色的興味に感覚的官能的に訴えるもの」とはいえず，やはり刑法175条の処罰の適用の対象ではありません。

(4) 結　論

以上のように，刑法175条を限定的に解釈することにより，同条は合憲であると考えます。

違憲側

わいせつ物頒布罪を規定する刑法175条は，違憲と考えます。

(1) 表現内容規制

刑法175条のわいせつ物頒布罪は，表現内容規制に該当します。表現内容規制は，非常に重要な規制根拠が存在しない限り，憲法上，正当化されえません。その理由は，表現の自由の保障の根拠から明らかとなります。

表現の自由の保障の意義は，「自己実現」の価値と「自己統治」の価値に求められます。前者は，「個人が言論活動を通じて自己の人格を発展させるという，個人的な価値」，後者は「言論活動によって国民が政治的意思決定に関与するという，民主政に資する社会的な価値」を意味しています。加えて，自由に自分の意見を表明し，それぞれ競い合うことにより，人間は真理に到達できるという「思想の自由市場」論も表現の自由の保障根拠として挙げることができます。

以上の保障理由からしますと，表現内容規制は，次のような問題点を含んでいます。第1に，表現内容規制は，「誤った思想」

Ⅲ 実践編

の抑止という許されない動機に基づく規制である恐れが強いといえます。この種の規制は，いかなる世界観・思想を抱き，いかなる考え方に基づいて生きるかは，各個人が選択すべきことがらであるという個人の自律（自己実現）を否定してしまいます。また，政府は反対の思想を抑圧する誘惑に駆られることにより，表現の自由の「自己統治」の価値を損なう恐れがあるといえます。第2に，表現内容規制は，「伝達的効果」（＝表現者の発言内容に対する受け手の反応）を理由として，特定のメッセージを制限するものです。この規制は，受け手の自律的判断を奪う恐れがあります。第3に，表現内容規制は，表現内容を差別して，民主主義社会の存立に不可欠な公的討論を歪めてしまう，つまり思想の自由市場を歪曲してしまう恐れがあります（芦部信喜『憲法学Ⅲ 人権各論(1)』，宍戸・前掲）。

(2) 刑法175条の規制根拠

このように，表現内容規制は表現の自由の保障の意義を全面的に否定してしまう恐れがあるため，ごく例外的な場合にしか，憲法上正当化されえません。それでは，わいせつという性表現の内容を規制する刑法175条は，その例外的な場合として合憲といえるのでしょうか。ここでは，刑法175条が重要な規制根拠を有しているのかが，まず問われる必要があるように思われます。

この点について，［合憲側］は，判例に依拠しつつ，性風俗・性道徳の維持を挙げております。しかし，かりに，ある性表現が性道徳の観点から非難に値するとしても，それを法律で禁止することは，道徳と法の峻別という近代法の大原則に反することになるのではないでしょうか。この意味で，［合憲側］の議論は，説得性を欠いています。

刑法175条の規制根拠として，性風俗・性道徳の維持以外にも，学説上，さまざまな利益が指摘されています。たとえば，①性犯罪の増加を防ぐため，②見たくない人の見ない自由を守るた

【人　権】5 表現の自由 ① ── わいせつ物頒布罪

め，③青少年の健全な育成を保護するため，などです。しかし，これらも，表現の自由の価値に照らせば，重要な規制根拠とは言えないと思います。

　まず，①性犯罪の増加を防ぐためという利益について，それを実証する科学的なデータは存在していません。次に，②の見たくない人の見ない自由を守るためという利益について，これは一見したところ正当な規制根拠であるように思われます。しかし，なぜ，性表現を見たい人の見る自由よりも，見たくない人の見ない自由を上位に置くべきであるのか，説明がなされていません。最後に，③の青少年の健全な育成という利益に関して，この議論は，青少年には性表現を理解するための分別が備わっていないことを前提にしています。しかし，ある学説が指摘しているように，この種の考え方は，分別がなければ大人でも自己決定をさせなくてもよいとの議論につながる恐れがあります。分別能力の問題と自己決定の承認は，別の事柄であるはずです。そうであるのならば，青少年を自律的個人として扱っていない刑法175条の正当性は疑問となります（棟居快行『憲法学の発想1』）。

　［合憲側］は，わいせつ物を，それがもたらす社会的害悪に着目して，「低価値表現」として位置づけていますけれども，以上の検討からすると，わいせつ物による社会的害悪は根拠の薄いものであることが分かります。したがって，刑法175条は，表現の自由の規制を正当化するほどの重要な規制根拠を有していません。

(3) 結　　論

　以上により，刑法175条は憲法21条に違反すると考えます。

Ⅲ　実践編

解　説

（1）問題の背景

　一般に，刑法175条が処罰の対象とする「わいせつ」は，名誉毀損表現などと同様，「低価値表現」として位置づけられてきた。「低価値表現」とは，［合憲側］が指摘しているように，表現の内容上の価値というよりも表現内容がもたらす社会的害悪に着目した表現類型であるといえる。したがって，そこでいう社会的害悪を突き止めることが重要となる。

　もっとも，日本国憲法が制定されてからしばらくの間，刑法175条の規制は当然視されてきた。刑法175条は，表現の自由にとって重要な問題を提起せず，刑法解釈の問題として処理されてきた（佐々木弘通「判批」）。チャタレイ事件最高裁判決の「わいせつ」の定義も，戦前以来の判例を踏襲するものである。しかし，わいせつ頒布罪は，社会通念に挑戦する先鋭的な芸術や思想を，多数派の「不快」という感情に依拠しつつ取り締まる機能をも担いうる「言論規制」の側面を有している。したがって，表現の自由の保障の意義に照らして，「わいせつ」がもたらすという社会的害悪を慎重に見極める必要がある。

（2）裁判所の考え方

　この問題に対する裁判所の考え方について，前述の通り，チャタレイ事件最高裁判決は，性風俗・性道徳の維持という観点から刑法175条の合憲性を前提にしたうえで，もっぱら刑法解釈の問題として「わいせつ」事件を処理している。その際，「わいせつ」の定義は，①徒らに性欲を興奮または刺戟し，②普通人の正常な性的羞恥心を害し，③善良な性的道義観念に反するという3要件を満たすものとされている。もっとも，その後の判決は，［合憲側］の論述にもあるように，全体的考察方法と総合考慮の手法を採用することにより，芸術性・思想性のある性表現を不当に処罰の対象としないよ

【人　権】5 表現の自由 ① ── わいせつ物頒布罪

うに注意を払っている。本問が参考にした第 2 次メイプルソープ事件判決（最判平成20・2・19）も，税関検査の事例ではあるものの，こうした手法を用いることにより，文書のわいせつ性を否定している。

　ただし，「悪徳の栄え」事件最高裁判決が採用した全体的考察方法は，あくまで問題の部分に焦点を当ててわいせつ性を検討することに拘っている点で，不十分であるとの指摘が学説によりなされている（佐々木・前掲）。全体的考察方法を徹底させて，［合憲側］の指摘するチャタレイ事件最高裁判決の第 2 の判断方法（＝芸術性の高い作品であっても，わいせつ文書に該当しうるとの見解）をさらに後退させるためには，「悪徳の栄え」事件第一審判決（東京地判昭和37・10・16）のいわゆる「読後感」アプローチが優れているといえる。この考え方は，わいせつ文書に該当するかどうかの判断は，平均人を基準とすることを前提にする。そのうえで，平均的な読書の仕方は通読であると指摘する。そして，通読後の「読後感」において「個々の記載が持つ過度の性的刺戟が軽減または消失することなく，読後にまで残るような文書こそ，猥褻文書というべきである」という。逆に言うならば，平均的読者の読後感において芸術的思想的メッセージが心に残るとすれば，徒らに性欲を興奮または刺戟するというわいせつの要件の 1 つを満たさないことになる（棟居快行「わいせつ表現の概念」棟居快行＝工藤達朗＝小山剛編『プロセス演習憲法［第 4 版］』）。

　なお，最高裁のわいせつ概念を前提にしつつ，芸術性・思想性のある性表現を刑法175条の処罰の対象から外す考え方として，以上の読後感アプローチの他に，「悪徳の栄え」事件最高裁判決に付随する反対意見の中で主張された「相対的わいせつ」概念という見解がある。この見解は，読後感アプローチが平均人の心理状態に着目するのとは異なり，問題の文書の社会的価値に狙いを定めるものである。「相対的わいせつ」概念に対しては，芸術性・思想性という社会的価値の判断は裁判所の職責ではないとの批判がなされてい

Ⅲ 実践編

る。しかし,「相対的わいせつ」概念を,表現の受け手である国民の知る権利の観点から根拠づけようとする色川幸太郎裁判官の反対意見は,表現の自由論にとって重要な意義を有している。

　この反対意見に注目して学説も指摘するように,わいせつ物頒布罪のような表現行為の規制は,形式的には送り手の行為の制約に向けられているが,その前提として,当該表現内容が受け手に対して与える反社会的な効果を踏まえており,受け手に当該文書を読むべきではないとの規制意思を内包している。しかし,そこでいう反社会的な効果は,抽象化,定型化されたものとして措定されてきたきらいがあった。そうしたなか,文書中に含まれる社会的価値を読み,かつ知ろうとする受け手の利益(＝国民の知る権利)を主張することは,従来,抽象的・定型的に把握してきた受け手への影響を,可能な限り経験的実証的に捉えなおすことをも要請しているのである(奥平康弘『表現の自由Ⅱ』)。結局のところ,この視点は,本節の冒頭で述べたように,表現の自由の保障の意義に照らして,「わいせつ」がもたらすという社会的害悪を慎重に見極める作業,すなわち,刑法解釈の問題としてではなく憲法問題として把握しなおすことへと帰着する。

(3) 刑法175条の合憲性

　表現の自由の保障根拠,そこから導き出される表現内容規制の原則禁止については,[違憲側]の主張する通りである(なお,表現の自由の保障根拠それぞれの体系的理解については,次章の「解説」を参照)。とりわけ,国民の知る権利の観点からは,「伝達的効果」を理由として行う表現内容規制の問題点が浮き彫りとなる。

　それでは,わいせつが及ぼすという社会的害悪は,表現内容規制を例外的に正当化しうるほど重大なものであろうか。これを慎重に検討するならば,ここでも[違憲側]が主張するように,そのいずれも表現内容規制を正当化するものではないといえよう。したがって,刑法175条は憲法21条に違反すると結論づけられる。

【人　権】5 表現の自由① ── わいせつ物頒布罪

　他方で，学説上，［違憲側］と同様の判断枠組みを採用したうえで，②見たくない人の見ない自由を守る，③青少年の健全な育成を保護するという利益を重視する見解もある。ただし，この見解に立ったとしても，このような利益は，性表現の時・場所・方法を規制すれば実現されるため，刑法175条のように一律的に表現内容を規制するのは広範にすぎると指摘されている。また，最近のフェミニズム法学の影響を受けて，わいせつ表現は，女性の個人の尊厳を損なうため，刑法175条は合憲であると把握する見解もある。この考え方に依拠すれば，女性を男性の性欲の対象として扱う「わいせつ」表現は，女性の個人の尊厳を傷つける社会的に有害なものとして憲法上保護されない「低価値表現」として位置づけられよう。そのうえで，［合憲側］の主張するように，ハードコア・ポルノのみを刑法175条の処罰の対象として絞り込むことも可能であるように思われる。

---【応用的テーマ】---

児童ポルノ漫画規制は合憲か。

　わいせつ表現に該当しない，いわゆる「児童ポルノ」は，刑法175条の適用は受けないものの，「児童買春，児童ポルノに係る行為等の処罰及び児童の保護等に関する法律」（児童ポルノ法）による規制の対象とされている。しかし，児童ポルノ法は，画，アニメ，CG等で製造した疑似的な児童のポルノを処罰の対象とはしていない。こうした法状況は，国際社会の水準から著しく立ち遅れているとも指摘されてはいるが，かりに日本においても擬似的な児童ポルノが法律により禁止された場合，その合憲性が問題となろう。

　この問題を考える際には，まず，わいせつ表現と「児童ポルノ」の関係を，子どもの権利（プライバシー権など）の尊重の観点から整理しておく必要がある（児童ポルノ法における「児童ポルノ」の定義については，同法2条3項を参照）。そのうえで，擬似的な児童ポルノにまで規制を及ぼすことは，表現の自由の趣旨から許されないと考えるべきであるのか，それとも，あくまで子ども権利の尊重の立場にたって，

III 実践編

> たとえば実在する子どもをモデルとして作成されたものの禁止は合憲であると考えるべきであるのか，検討する必要がある（なお，「非実在青少年」概念を用いていた2010年の東京都青少年保護育成条例の改正案とそれをめぐる反対論をも参照のこと）。

【参考判例・文献】

〈判例〉
・最大判昭和32・3・13刑集11巻3号997頁
・最大判昭和44・10・15刑集23巻10号1239頁
・最判昭和55・11・28刑集34巻6号433頁
・最判昭和58・3・8刑集37巻2号15頁
・最判平成20・2・19民集62巻2号445頁
・東京地判昭和37・10・16判時318号3頁

〈文献〉
・芦部信喜『憲法学Ⅲ 人権各論（1）』（有斐閣，1998年）404頁
・奥平康弘『表現の自由Ⅱ』（有斐閣，1983年）290～296頁
・佐々木弘通「判批」堀部政男＝長谷部恭男編『メディア判例百選』（2005年）114～115頁
・宍戸常寿『憲法 解釈論の応用と展開』（日本評論社，2011年）29頁，132頁
・高橋和之『立憲主義と日本国憲法［第3版］』（有斐閣，2013年）210頁
・棟居快行『憲法学の発想1』（信山社，1998年）19～24頁
・棟居快行「わいせつ表現の概念」棟居快行＝工藤達朗＝小山剛編『プロセス演習憲法［第4版］』（信山社，2011年）86～99頁

〔西土 彰一郎〕

6 表現の自由 ②
——メディア規制法

論題 少年法61条に違反して少年犯罪の実名報道を行ったマスメディアに対し，少年は損害賠償を請求できるか。

少年法61条は，「家庭裁判所の審判に付された少年」または「少年のとき犯した罪により公訴を提起された者」については，「氏名，年齢，職業，住居，容ぼう等によりその者が当該事件の本人であることを推知することができるような記事又は写真を新聞紙その他の出版物に掲載してはならない」と規定している。

19歳であるＸは，人通りの多い商店街で刃物を振り回し，たまたま通りかかった幼女を殺害したため，殺人罪などで逮捕・起訴された。Ｙ社の発行する週刊誌は，この事件を扱う記事のなかで，Ｘの生い立ちや家族関係に関する記述のみならず，Ｘの氏名・住所，そして中学校の卒業アルバムの顔写真をも掲載した。

Ｘは，Ｙ社に対して不法行為を理由とする損害賠償を請求しようと考えている。この請求は認められるべきか。

【関連条文】 憲法13条・21条，少年法61条

III 実践編

双方の主張

肯 定 側

　少年Xは，雑誌社Yに対して損害賠償を請求できると考えます。

　(1) 名誉権，プライバシー権，肖像権

　少年であろうと成年であろうと関係なく，犯罪被疑者とされた者は，マスメディアによりこの事実をみだりに公表されない権利，あるいは法的保護に値する利益を有しています。この点について，まず，本件記事の内容に即して考えてみたいと思います。

　最初に，本件の記事は，Xの実名を挙げたうえでXが犯罪被疑者であるという事実を報道しています。この報道は，人がその品性，徳行，名声，信用等の人格的価値について社会から受ける客観的な評価（＝社会的評価）を享受する権利である名誉権を侵害しています。次に，本件記事において，Xの生い立ちや家族関係に関する記述があります。こうした記述は，「宴のあと」事件東京地裁が指摘する（イ）私事性，（ロ）秘匿性，（ハ）非公知性のいずれも満たすため，私生活をみだりに公開されない権利として定義されるプライバシー権を損なうものと考えられます（東京地判昭和39・9・28）。最後に，本件記事はXの顔写真を掲載しています。こうした無断掲載は，自己の容ぼう等をみだりに公表されない人格的権利としての肖像権を侵害するものでしょう。あるいは，この種の掲載はXの精神的な平穏を害するため，こうした不利益を受けない法的保護に値する利益を損なうものといえるかもしれません。

　以上のように，本件の記事は，いずれも憲法13条により保障されているXの名誉権，プライバシー権，そして肖像権等の人格権を侵害しています。もちろん，Yは憲法21条で保障されている

【人　権】6 表現の自由 ② ── メディア規制法

表現の自由，報道の自由を有していますので，Xの権利・利益とYの権利・利益を調整した結果，Yは不法行為責任を免れるとの結論に至ることも考えられます。この調整の仕方として，たとえば名誉権と表現の自由・報道の自由の対立の場合には，次のような枠組みが判例上，確立しています。すなわち，事実の摘示により，ある者の社会的評価が低下したとしても，当該表現の①事実の公共性，②目的の公益性，③事実の真実性が証明された場合，また③が証明されなくても表現行為者がそれを信ずるについて相当の理由がある場合には，名誉毀損に基づく不法行為責任が免れることになります。また，プライバシー権と表現の自由・報道の自由の対立の調整として，判例は「プライバシーの侵害については，その事実を公表されない法的利益とこれを公表する理由とを比較衡量し，前者が後者に優越する場合に不法行為が成立する」との利益衡量論を採用しています（最判平成15・3・14）。ただし，具体的な利益衡量のあり方としては，学説が指摘するように，民主政にとっての表現の自由の重要性に照らして，公共の利害に関する事実の報道については，表現活動がもつ公共性を上回るようなプライバシーの利益があるかどうかを見定める必要があるかもしれません。いわゆる肖像権と表現の自由・報道の自由の対立の調整の仕方も，このプライバシー権をめぐる利益衡量論を採用すればよいかと思います。

(2) 「実名で報道されない権利」

さて，このような調整を経た結果，Yの表現の自由がXの名誉権，プライバシー権，肖像権に優位する，したがってYの不法行為責任は生じないと結論づけることができるかもしれません。Xが成年であるならば，このような結論を肯定することはできます。しかし，本件のXは未成年であることに考えを及ぼすべきです。少年の人格権とマスメディアの表現の自由・報道の自由を調整する際には，少年の将来の更生という刑事政策上の社会

Ⅲ 実践編

的な利益をも考慮する必要があります。

　少年法61条は，立法者による以上の調整の結果として，推知報道を例外なく禁止する規定であるといえます。少年法は，少年の健全な育成を目的としており（1条），この観点から少年の将来の更生に重点を置くさまざまな規定を設けています。推知報道を禁止する少年法61条は，この刑事政策上の社会的な価値を考慮しながら，名誉権，プライバシー権，肖像権といった少年の人格権の保障の程度を，「実名で報道されない権利」へと高めて保護する規定であると位置づけられます。すなわち，この規定は，一般には名誉権，プライバシー権，肖像権などの人格権から派性する「実名で報道されないという人格的利益」を，少年との関係では「実名で報道されない権利」へと高めたものであり，この権利は，実名や顔写真等を用いて少年を特定する記事は，少年の将来の更生を阻害するために常に許されないとの法命題を定めるものであると考えられます。見方を変えますと，少年法61条によって禁止されている推知報道は，先ほどの一般的な判断枠組みにおける「公共性」を満たさないために，少年の名誉権，プライバシー権，肖像権を不当に侵害したと構成できるかもしれません，いずれにせよ，推知報道を行ったYの不法行為責任は免れないと結論づけることができます。

(3) 結　論

　以上のような理由から，少年Xは雑誌社Yに対して不法行為に基づく損害賠償を請求できると考えます。

否定側

少年Xは，雑誌社Yに対して損害賠償を請求できないと考えます。

【人　権】6 表現の自由 ② ── メディア規制法

(1) 表現の自由の意義

　表現の自由・報道の自由と名誉権，プライバシー権，肖像権の対立の調整の仕方については，［肯定側］の指摘する通りであり，異存はありません。しかし，少年法61条を根拠にして，絶対的な保障といえるほどにまで未成年者の「実名で報道されない権利」を主張することは，マスメディアの報道の自由を過度に規制するものであり，認めることはできません。

　名誉権，プライバシー権，肖像権は，人格権として個人的な価値を保護するものです。これに対して表現の自由は，「個人が言論活動を通じて自己の人格を発展させるという個人的な価値」のみならず，「言論活動によって国民が政治的意思決定に関与するという民主政に資する社会的な価値」をも有しています。憲法が保障する権利は，個人的な価値，社会的な価値のいずれかと結び付いていますが，表現の自由はこの両者と深く結合している点に特徴があるといえます（高橋和之『立憲主義と日本国憲法［第3版］』）。この観点から人権体系における表現の自由の「優越的地位」が語られることになります。とりわけ，報道機関の報道の自由は，最高裁判所が指摘するように，「民主主義社会において，国民が国政に関与するにつき，重要な判断の資料を提供し，国民の『知る権利』に奉仕するものである」（最大決昭和44・11・26）といえます。したがって，人格権や他の社会的利益と対立したとしても，国民の知る権利という社会的な価値の実現が要請される場合には，報道の自由が優先されるべきであると考えられます。

(2) 少年法61条の解釈

　このことは，少年事件の報道についても妥当します。確かに，少年側は，将来の更生という社会的な価値をも根拠にして，少年法61条上，「実名で報道されない」権利を有しているのかもしれません。しかし，たとえそうであったとしても，この権利を理由として推知報道を一律に禁止することは，国民の知る権利への奉

Ⅲ 実践編

仕という同じく社会的な価値を有している報道機関の報道の自由を一方的に制約するものであり，認めることはできません。たとえば，少年の年齢などを考えて，少年事件が実質的には成人の犯罪と同視できる場合や，社会的関心の高い事件の場合には，少年の更生よりも国民の知る権利の実現を優先する，すなわち，少年法61条の適用を除外するという限定的な解釈を施すべきかと思います。

また，そもそも少年法61条は少年の「実名で報道されない権利」を付与するものではないと考えることができますし，その方が説得的であるように思います。現在の少年法が制定されたとき，憲法21条との関係で旧少年法74条の報道禁止規定にあった罰則が削除された経緯を考えますと，少年法61条は，推知報道の禁止の遵守をマスメディアの自主規制に委ねた訓示規定であると解釈すべきです。この意味でも，マスメディアの報道の自由との関係で，少年法61条が優先するとの理解は，適切ではありません。

以上のように考えますと，マスメディアの報道の自由と少年の「実名で報道されない」利益の対立は，表現の自由と人格権（名誉権，プライバシー権，肖像権など）を調整するための一般的な判断枠組みで解決されるべきです。この観点から，本件を見ておきたいと思います。

(3) 表現の自由と人格権の調整

［肯定側］の指摘するように，本件の推知報道は名誉権，プライバシー権，そして肖像権を侵害しているといえます。問題は，マスメディアの側に不法行為責任を免れる事情があるかです。

まず，本件事件は，幼児が路上で殺害されるという悪質重大な事件であり，社会一般に大きな不安と衝撃を与えうるものであるといえます。社会一般の者も，いかなる人物がこのような犯罪を犯し，どのような事情からこれを犯すに至ったのか強い関心があるものと考えられますので，本件記事は社会的に正当な関心事で

【人　権】6　表現の自由 ② ── メディア規制法

あったと認められます。

これを前提に，名誉権侵害について考えてみますと，以上のように強い社会的関心がある場合には，報道目的の公益性もほぼ自動的に認められるように思われます。また，本件事実は「真実」でありますから，Yは名誉毀損に基づく不法行為責任を免れることになります。

プライバシー権侵害と肖像権侵害についても，本件記事は社会的に正当な関心事であるわけですから，それを上回るような利益があるかどうか，逆にいうと，表現内容・方法が社会的に正当な関心事を満たすのに必要性・相当性があるのかどうかに即して判断したいと思います。この観点からしますと，先ほど述べましたように，本件事件の重大性を踏まえますと，犯罪事実のみならず，被疑者の特定も社会の重要な関心事であるといえます。そして，Xの生い立ちと家族関係に関する記述，Xの顔写真の掲載は，誰が，いかなる事情により重大な犯罪を犯すに至ったかというこの社会的関心事を満たす上で必要性・相当性があると考えられますので，Yはプライバシー権と肖像権との関係でも不法行為責任を免れることになります。

(4)　結　　論

以上のような理由から，少年Xは雑誌社Yに対して不法行為に基づく損害賠償を請求できないと考えます。

解　説

(1) 問題の背景

一般に，成年による重大犯罪については，マスメディアは犯罪事実とならんで，被疑者の氏名，住所，さらには写真等も掲載して報道する。これに対して少年事件の場合には，少年法61条が「家庭裁判所の審判に付された少年又は少年のとき犯した罪により公訴を提起された者については，氏名，年齢，職業，住居，容ぼう等により

Ⅲ 実践編

その者が当該事件の本人であることを推知することができるような記事又は写真を新聞紙その他の出版物に掲載してはならない」と定めていることにより，マスメディアは，原則として匿名報道を行っている。

もっとも，近年，少年事件の凶悪化が問題になるにおよび，社会の耳目を集めた重大な少年事件については，少年法61条違反を知りつつも，敢えて推知報道に踏み切る出版社も現れている。1985年に両親を殺害した16歳の少年の顔写真，1997年に神戸市須磨区小学生殺人事件の少年の顔写真をそれぞれ「フォーカス」誌に掲載した新潮社が，その例として挙げられる。また，本問の基礎となった堺市通り魔殺人事件においても，同じく新潮社の発行する「新潮45」は，少年被疑者の顔写真を掲載して問題となった（1998年）。

このような場合，少年被疑者は，雑誌社等に対して不法行為に基づく損害賠償を請求できるのであろうか（なお，少年法61条には罰則規定がない）。この問題を検討する際には，一方で，マスメディアの表現の自由，報道の自由の意義，他方で少年法61条の趣旨，その基礎にあると考えられる憲法上の価値をそれぞれ把握しておく必要がある。そのうえで，少年法61条が不当な「メディア規制」法となっていないか，慎重に考察しなければならない。

なお，少年法61条の推知報道の禁止の対象は，前述の通り，「家庭裁判所の審判に付された少年又は少年のときに犯した罪により公訴を提起された者」としているにもかかわらず，マスメディアは，逮捕段階での少年被疑者の推知報道を自主規制している。さらに，少年法61条は推知報道の禁止を「出版物」に限定しているものの，放送等も推知報道を自主規制している状況にある。こうしたマスメディアの自主規制のあり方，少年法61条による表現の自由・報道の自由の萎縮効果も，憲法論を展開するうえで念頭に置いておく必要があろう。

【人　権】6 表現の自由② ── メディア規制法

（2）マスメディアの表現の自由

　［否定側］が指摘しているように、表現の自由の保障の意義は、「自己実現」の価値と「自己統治」の価値に求められる。とりわけ、「民主政に資する社会的な価値」を意味する後者に力点を置いて、日本国憲法の人権体系における表現の自由の「優越的地位」が言及されることもある。

　表現行為に対する法的規制は、少年の更生といった何らかの社会的な価値を目的とすることが多い。しかし、表現の自由は民主政の維持という他の社会的な価値よりも優越している価値を担っている。したがって、表現行為に対する規制は、原則として許されない。

　このことは、マスメディアの表現の自由、報道の自由について強く当てはまる。［否定側］で触れられている通り、博多駅事件最高裁決定は、マスメディアの報道の自由を国民の知る権利の観点から根拠づけているからである。マスメディアの報道の自由については、自然人の表現の自由以上に、国民の知る権利への奉仕という社会的な価値が前面に出されている。この意味で、メディア規制立法は、ひとりマスメディアの個別的な利益の追求に枠をはめるだけではないことに注意する必要がある。

（3）少年側の利益
（ⅰ）人　格　権

　もちろん、マスメディアの表現の自由・報道の自由の規制は原則許されないのであって、例外はある。たとえば、マスメディアの行き過ぎた取材活動や報道により侵害される名誉権、プライバシー権、肖像権といった人格権（憲法13条）の保護という観点からの規制である。少年側の利益も、こうした人格権により根拠づけられる可能性がある。問題は、どのような場合に、人格権保護を名目として例外的に表現行為を規制できるか、その調整の仕方である。

　第1に、名誉権について、他人の社会的評価（＝名誉）を下げる

Ⅲ 実践編

表現行為は，不法行為上の名誉毀損の構成要件に該当する（なお，刑法230条1項は，公然と事実を摘示して人の社会的評価を下げる表現行為を名誉毀損罪として処罰の対象としている）。しかし，これを広く認めるならば，表現行為に萎縮効果が生ずるおそれがあるため，刑法230条の2に倣い，判例上，①事実の公共性，②目的の公益性，③事実の真実性の証明の三要件を満たせば，さらに③に関しては，真実の証明は簡単ではなく，その失敗をおそれてさらに表現行為が萎縮してしまうこともありうるとの考慮により，真実と信ずるにつき相当の理由がある場合にも，不法行為責任は免れるとしている（最判昭和41・6・23）。

①から③の要件が導き出された根拠を，表現の自由の価値の観点をも踏まえて考えてみると，①は，民主政および国民の知る権利への奉仕という表現の自由，報道の自由の社会的な価値を反映させたものであることが分かる。これに対して③は，そもそも虚偽である社会的評価は名誉権として保護に値しないとの配慮がある。問題は，②の主観的要件である。表現の自由の受け手からすれば，公共の利害に関する情報が流通していることが重要であり，表現者の意図は問題ではないからである。また，この主観的要件を表現行為者が証明することは困難であろう。したがって，解釈論として，①があれば②の存在を推定すべきであるとの主張がなされている（高橋和之「インターネット上の名誉毀損と表現の自由」）（なお，公務員又は公選による公務員の候補者に関する事実に係る場合には，②が存在しているとみなしている，刑法230条の2第3項を参照）。

以上の判断枠組みを踏まえて，冒頭の問題を考えてみると，［否定側］が述べるように，本件の記事は①から③の要件を満たすため，Yの不法行為責任は否定される。ただし，ここで立ち止まって考えてみると，被疑者とされ，公訴を提起されたという事実がその者の名誉ないし信用にかかわるから，みだりに公表されないことにつき法的保護に値する利益が認められるという命題は再検討を要しよう。この命題は，無罪の推定が働くことを理由に，実名報道が当

【人　権】6 表現の自由 ② ── メディア規制法

人の社会的評価を低落させるという考えに基づいており、［肯定側］、［否定側］のいずれも前提にしている。しかし、無罪の推定は実名報道にもかかわらず働くはずであり、社会の側が被疑者段階での実名報道で当人の社会的評価を下げることこそが問題であるとの指摘も学説上、なされている（棟居快行「出版・表現の自由とプライバシー」）。そうであるならば、実名報道は、名誉毀損の構成要件にそもそも該当しないと捉えるべきであろう（なお、刑法230条の2第2項は、「公訴が提起されるに至っていない人の犯罪行為に関する事実は、公共の利害に関する事実とみなす」と規定している）。

　第2に、プライバシー権と肖像権の意義、表現の自由との調整の仕方についても、［肯定側］が指摘する通りである。ここでも、要点は「公共の利害」の存在であり、その重要度に応じて、実名報道の必要性・相当性をきめ細かに判断しなければならない。この点で、［否定側］が主張するように、Xの生い立ちや家族関係に関する記述、Xの顔写真の掲載は、誰が、いかなる事情により重大な犯罪を犯すに至ったかというこの社会的関心事を満たすうえで必要性・相当性があると考えられ、Yはプライバシー権と肖像権との関係でも不法行為責任を免れると結論づけることもできよう。しかし、顔写真掲載に関しては、本件記事において、それによる少年の特定がなかったとしても、その記事内容の価値に変化が生じるものとはいえず、さらに用いられた写真が少年の中学卒業時のアルバム写真であり、犯行時よりかなり以前のものであることからすると、この種の写真を掲載する「必要性」があったか疑問であるともいえる。この限りで、［否定側］の立論に依拠したとしても、Yの不法行為責任を認めることはできよう。

（ⅱ）「実名で報道されない権利」

　［肯定側］と［否定側］の立論の分かれ目は、少年法61条を根拠に、少年の「実名で報道されない権利」を承認するか否かにある。結論をまず述べておくならば、［肯定側］の論理には難点が含まれている。

III 実践編

　確かに，一般的に考えて，名誉権，プライバシー権，肖像権などの人格権から「実名で報道されないという人格的利益」が派性し，少年法61条はこの利益を少年の「実名で報道されない権利」へと高めたものであると構成することは，説得的であるようにみえる。しかし，少年法61条の文言が推知報道の禁止に一切の例外を認めていないことと相俟って，少年の「実名で報道されない権利」を常にマスメディアの表現の自由，報道の自由に優先すると把握することは，後者の自由の意義を軽視するものである。この点について，［肯定側］は，少年法61条によって禁止されている推知報道は，そもそも「公共性」を満たしていないと考えているようである。しかし，学説の指摘があるように実名報道が公共の利害に関係しているか否かは，当該報道ないし報道内容の客観的性格にもっぱら依存しており，少年法の規定によって当然に決まるものではない。［肯定側］の立論は，法律で決めてあれば自動的に表現の自由の制約が正当化される，といっているに等しいもの，換言すれば，少年法61条によって答えを先取りされたものである（棟居・前掲）。

　不当前提を回避するためには，少年法61条の制度趣旨に立ち返ったうえで，それがマスメディアの表現の自由，報道の自由を制約しうるほどの保護法益を有しているのか精査する必要がある。その結果，少年法61条はこの種の保護法益を有しているのか疑問となる。なぜなら，学説の指摘するように，少年法61条の制度趣旨を「少年の更生」に求めた場合，それは成人の犯罪者にもいえ，さらに刑に服して前科の段階になって犯罪報道を抑制すれば足りるからである（棟居・前掲）。

　以上のように考えると，少年法61条を訓示規定であると解釈し，マスメディアがこれに違反したとしても，不法行為責任を負わないとする［否定側］の立論に一日の長があるともいえよう。しかし，これに対しても，マスメディアの自主規制に法が口を出すことは背理であるとの批判がある。この批判に立ったうえで，少年法61条の趣旨を「少年の家族の平穏な家庭生活を保護するもの」として再構

【人　権】6 表現の自由② ── メディア規制法

成することにより、未成年であれば実名・写真などの報道を一律に禁止するという少年法61条は表現の自由を過度に制約するものではないと結論づける見解も出されている（棟居・前掲）。結論としては、［肯定側］のように、Yの不法行為責任を追及することも可能であろう。

(ⅲ) 判例の動向

少年法61条をめぐっては、本問が参考にした堺通り魔殺人事件訴訟において、基本的に第一審の大阪地裁（大阪地判平成11・6・9）は［肯定側］、控訴審の大阪高裁（大阪高判平成12・2・29）は［否定側］の論理に依拠している。もっとも、大阪地裁は、［肯定側］とは異なり、少年の推知報道が例外なく少年に対する不法行為を構成するとまでは理解しえないと指摘している。それでも、「成人の場合と異なり、本人であることが分かるような方法により報道することが、少年の有する利益の保護や少年の更生といった優越的な利益を上廻るような特段の公益上の必要性を図る目的があったか否か、手段・方法が右目的からみてやむを得ないと認められることが立証されない以上、その公表は不法行為を構成」すると述べていることから、大阪地裁も少年法61条により原則として推知報道の公共の利害を否定するという答えの先取りを犯しているといえる。

19歳の少年グループにより引き起こされた「長良川リンチ殺人事件」裁判の係属中に、仮名等により被告人らの法廷の様子などを伝える記事を週刊誌が掲載した事件において、最高裁は、次のような判断を示した（最判平成15・3・14）。①少年法61条の禁止する推知報道かどうかは、不特定多数の一般人が当該事件の本人であると推知できるかを基準とすべきである。本件の仮名はそれに該当せず、少年法61条に違反しない。②名誉毀損、プライバシー侵害の「不法行為が成立するか否かは、被侵害利益ごとに違法性阻却事由の有無等を審理し、個別具体的に判断すべき」である。このように最高裁は、少年法61条の禁止する推知報道の範囲を限定して、報道の自由に配慮してはいるものの、少年法61条それ自体の合憲性については

Ⅲ 実践編

判断していない。

―【応用的テーマ】――――
国家機密とメディアの自由

マスメディアの報道・取材の自由は，個人の名誉権やプライバシー権のみならず，国家機密の保護とも対立する。国民が知り得ない国家機密を公共的討議にさらすことは，マスメディアの重要な役割の1つである。アメリカ合衆国においてマスメディアの自由を支える国民の知る権利論が主張された背景には，国家機密の増加に対抗するためであったとの指摘もある。そうであるならば，マスメディアはどこまで国家機密に接近できるかを考えることは，マスメディアの自由の本質を把握するうえで不可欠である。

日本においても，日米地位協定の実施に伴う刑事特別法，日米相互防衛援助協定等に伴う秘密保護法，国家公務員法，自衛隊法などにより国家機密の保護が図られ，最近でもいわゆる特定秘密保護法が成立した。外務省沖縄密約事件最高裁決定（最決昭和53・5・31）は，取材の自由に対する「十分な尊重」と国家機密取材に対する配慮から，一定の秘密漏示のそそのかしはジャーナリストの正当業務行為として違法性が阻却されるとの判断を示した。特定秘密保護法制がこうした取材活動を困難にさせないのか，「国民の知る権利」の観点から批判的に検討される必要がある。

【参考(裁)判例・文献】
〈(裁)判例〉
・大阪地判平成11・6・9判時1679号54頁
・大阪高判平成12・2・29判時1710号121頁
・最判昭和41・6・23民集20巻5号1118頁
・最大決昭和44・11・26刑集23巻11号1490頁
・最判平成15・3・14民集57巻3号229頁
・東京地判昭和39・9・28下民集15巻9号2317頁
〈文献〉
・髙橋和之「インターネット上の名誉毀損と表現の自由」髙橋和之＝松

【人　権】6 表現の自由② ── メディア規制法

　井茂記 = 鈴木秀美編『インターネットと法 [第4版]』(有斐閣, 2010年) 53〜66頁
・高橋和之『立憲主義と日本国憲法 [第3版]』(有斐閣, 2013年) 194頁
・棟居快行「出版・表現の自由とプライバシー」青弓社編集部編『プライバシーと出版・報道の自由』(青弓社, 2001年) 106〜112頁

〔西土 彰一郎〕

【人　権】7 信教の自由・政教分離 ── 被災地域での宗教施設への援助

7 信教の自由・政教分離
──被災地域での宗教施設への援助

論題　災害で失われた宗教施設の再建のために公金を支出することは，憲法20条1項後段・3項，89条に規定される政教分離原則に違反するか。

　憲法20条1項後段は，国による宗教団体に対する特権の付与を，同条3項は国及びその機関による宗教的活動を，89条は宗教上の組織や団体に対する公金の支出をそれぞれ禁止しており，これらは政教分離原則を規定している。

　X市にあるA神社は大規模な災害によって滅失した。地域住民も被災し，私的な支援を待つだけでは再建の見通しが立たない。A神社では，初詣で，夏祭り及び秋祭りという年3回の祭事が行われており，とりわけ夏祭りに併催される花火大会は有名で，地域の観光資源となっている。そこでX市は，A神社の再建を支援するために公金を支出した（以下「本件行為」という）。なお，A神社の建物等の所有者は神社付近の住民らで構成される町内会であるが，その管理運営は町内会に包摂される氏子集団（以下「本件氏子集団」という）によって行われている。また，A神社に常駐の宮司はおらず，祭事の際には別の神社から宮司を呼んでいる。

　本件行為は，政教分離原則に違反するか。

【関連条文】　憲法20条1項後段・3項，89条

III 実践編

双方の立論

合憲側

本件行為は、政教分離原則に違反せず、合憲と考えます。

(1) 政教分離原則の意義

「政教分離原則は、いわゆる制度的保障の規定であ」り、「信教の自由そのものを直接保障するものではなく、国家と宗教との分離を制度として保障することにより、間接的に信教の自由の保障を確保しようとするもの」です。「宗教は、信仰という個人の内心的な事象としての側面を有するにとどまらず、同時に極めて多方面にわたる外部的な社会事象としての側面を伴うのが」ふつうですから、「この側面においては、教育、福祉、文化、民俗風習など広汎な場面で社会生活と接することにな」るので、「国家が、社会生活に規制を加え、あるいは教育、福祉、文化などに関する助成、援助等の諸施策を実施する」とき、「宗教とのかかわり合い」を避けられないことがあります。したがいまして、「政教分離原則は、国家が宗教的に中立であることを要求するもの」ではあるものの、「国家が宗教とのかかわり合いをもつことを全く許さないとするものではなく、宗教とのかかわり合いをもたらす行為の目的及び効果にかんがみ、そのかかわり合いが」「社会的・文化的諸条件」「に照らし相当とされる限度を超え」る場合に、当該行為を許さないものであると解すべきです。

なお、ここまでの主張は、昭和52年7月13日の最高裁大法廷判決（津地鎮祭事件最高裁判決）の趣旨でもあります。

(2) 憲法20条3項に関して

憲法20条3項によって禁止されている「宗教的活動」は、前述したところからすると、「国及びその機関の活動で宗教とのかかわり合いをもつすべての行為を指すものではなく」、その「かか

【人　権】7 信教の自由・政教分離 ── 被災地域での宗教施設への援助

わり合い」が「相当とされる限度を超えるものに限られ」,「当該行為の目的が宗教的意義をもち，その効果が宗教に対する援助，助長，促進又は圧迫，干渉等になるような行為」をいうと解すべきです。どのような行為が禁止されているかは，「当該行為の外形的側面のみにとらわれることなく，当該行為の行われる場所，当該行為に対する一般人の宗教的評価，当該行為者が当該行為を行うについての意図，目的及び宗教的意識の有無，程度，当該行為の一般人に与える効果，影響等，諸般の事情を考慮し，社会通念に従」って，「客観的に判断」すべきです。

なお，ここまでの主張は，昭和52年7月13日の最高裁大法廷判決の趣旨でもあります。

また，近年の最高裁判決には，地方公共団体の長が祭事に関する諸事業の奉賛を目的とする団体の発会式に出席して祝辞を述べた行為について，宗教とのかかわり合いをもつとしつつも，「事業自体が観光振興的な意義を相応に有する」ことなどを考慮して，「特定の宗教に対する援助，助長，促進になるような効果」を否定するものがあります（最判平成22・7・22〔白山比咩神社大祭奉賛会事件最高裁判決〕）。

以上を本件について見ると，以下のようになります。

本件行為について，神道の宗教施設である神社の再建の支援という点で，宗教とのかかわり合いは否定できません。しかし，A神社の観光資源としての価値に着目し，地域の復興支援の一環として行われたものであって，その目的は専ら世俗的です。また，一般人の意識においても，X市は神道を特別扱いしようとしたのではなく，A神社の観光資源としての価値を回復し，もって地域の復興を支援しようとしたと評価されるように思われます。これらから，本件行為は，宗教とのかかわり合いは否定できないものの，その目的は専ら世俗的なものであって，その効果は神道を援助，助長，促進し又は他の宗教に圧迫，干渉を加えるものとは認められないので，憲法20条3項で禁止されている「宗教的活動」

Ⅲ 実践編

には当たりません。

(3) 憲法20条1項後段・89条に関して

憲法20条1項後段にいう「宗教団体」，憲法89条にいう「宗教上の組織若しくは団体」とは，「宗教と何らかのかかわり合いのある行為を行っている組織や団体のすべてを意味する」わけではありません。「国家が当該組織ないし団体に特権を付与したり，また，当該組織ないし団体の使用，便益，若しくは維持のため，公金その他の公の財産を支出し又はその利用に供したりすることが，特定の宗教に対する援助，助長，促進又は圧迫，干渉等になり，憲法上の政教分離原則に反すると解されるものをいう」と解すべきです。言い換えれば，「特定の宗教の信仰，礼拝又は普及等の宗教的活動を行うことを本来の目的とする組織ないし団体を指す」と解すべきです。

なお，ここまでの主張は，平成5年2月16日の最高裁判決（箕面忠魂碑・慰霊祭訴訟最高裁判決）の趣旨でもあります。

以上を本件について見ると，以下のようになります。

年3回行われる祭事は，神道の方式にのっとって行われており，宗教上の祭祀であるといえます。しかし，地域の伝統的行事としての性格から，地域住民の交流を活発にするという世俗的意義が強いです。また本件氏子集団は，宗教法人法所定の宗教法人ではなく，年3回の祭事のために寄附を集め，宮司を手配するなどしかしていません。さらに，氏子の範囲は明確ではなく，実態としては，町内会の中で地域の伝統行事である祭事や神社の管理運営を割り当てられたことをもって本件氏子集団が特定されるといえ，町内会とは別の社会的な実在とはいえません。町内会は，地域的な共同活動を専ら目的とし，宗教的活動をその本来の目的とするものではありません。したがいまして，その一部にすぎない本件氏子集団は，憲法20条1項後段にいう「宗教団体」および憲法89条にいう「宗教上の組織若しくは団体」のどちらにも当た

【人　権】7 信教の自由・政教分離 ── 被災地域での宗教施設への援助

らないということができます。

(4) 結　　論

以上のような理由から，本件行為は，憲法20条1項後段・3項，89条に違反しないと考えます。

違憲側

本件行為は，政教分離原則に違反し，違憲と考えます。

(1) 政教分離原則の意義

「憲法が単に『信教の自由の保障』に止まらず」，「政教分離原則を徹底する規定を置いたのは」，大日本帝国憲法が，「信教の自由を保障しながら，神社神道につき財政的支援を含めて事実上国教的取扱いをなし，それに相反する活動をしていると治安当局が認めた多数の宗教団体に対しては厳しい取締まり，禁圧が加えられたという，歴史的な背景」があるからです。このことからすると，「政教分離原則は，本来，厳格に適用され」るべきです。

ただし，「雛祭や七夕祭，地域の盆踊り」のような，「宗教的な起源を有してはいるものの，今日では宗教的な要素がほとんどなく，地域の習俗，年中行事として行われているような場合にまで」政教分離原則は適用されません。

また，国家と宗教とのかかわり合いについては，国家が「宗教上の行事等への参加や宗教団体への財政的な出捐等の行為を含む何らかの積極的な関与をなす場合と」，国家の「土地や施設に，歴史的な経緯等から宗教的な施設等が存置されているのを除去しないという不作為を含む消極的な関与に止まるに過ぎない場合」の2つに場合分けすべきです。

前者においては，「社会的影響」が大きいことなどから政教分離原則を厳格に適用すべきです。

Ⅲ　実践編

しかし後者においては,「社会的に何らかの影響をもたらすとは認め難」く,それだけで政教分離原則に違反するとして違憲とすべきではありません。

なお,ここまでの主張は,平成22年1月20日の最高裁大法廷判決(空知太神社事件第一次上告審判決)の田原睦夫裁判官の補足意見の趣旨でもあります。

(2)　憲法20条3項に関して

憲法20条3項によって禁止されている「宗教的活動」は,合憲側も主張するように,「国及びその機関の活動で宗教とのかかわり合いをもつすべての行為を指すものではなく」,その「かかわり合い」が「相当とされる限度を超えるものに限られ」,「当該行為の目的が宗教的意義をもち,その効果が宗教に対する援助,助長,促進又は圧迫,干渉等になるような行為」をいうと解すべきです。どのような行為が禁止されているかは,「当該行為の外形的側面のみにとらわれることなく,当該行為の行われる場所,当該行為に対する一般人の宗教的評価,当該行為者が当該行為を行うについての意図,目的及び宗教的意識の有無,程度,当該行為の一般人に与える効果,影響等,諸般の事情を考慮し,社会通念に従」って,「客観的に判断」すべきです。

なお,ここまでの主張は,昭和52年7月13日の最高裁大法廷判決の趣旨でもあります。

以上を本件について見ると,以下のようになります。

本件行為は,A神社という神道の宗教施設の再建を支援するために直接的に資金を提供するものであり,特定の宗教に対する便宜供与そのものであって,非宗教的な習俗的行事ともいえず,宗教とのかかわり合いを否定できません。また本件行為は,上記の性質から,国家が特定の宗教に対して積極的に関与したものといえ,政教分離原則は厳格に適用されます。本件行為は,たとえA神社の観光資源としての価値の回復という目的があったとしても,

【人　権】7 信教の自由・政教分離 ── 被災地域での宗教施設への援助

一般人に対して特定の宗教への関心を呼び起こすものであり、社会的な影響は少なくありません。これらから、本件行為は憲法20条3項にいう「宗教的活動」に当たります。

(3) 憲法20条1項後段・89条に関して

憲法89条の趣旨は、「国家が宗教的に中立であることを要求するいわゆる政教分離の原則を、公の財産の利用提供等の財政的な側面において徹底させるところにあり、憲法20条1項後段の規定する宗教団体に対する特権の付与の禁止を財政面からも確保し、信教の自由の保障を一層確実なものにしようと」するものであると解されます。「しかし、国家と宗教とのかかわり合いには種々の形態があり、およそ国又は地方公共団体が宗教との一切の関係を持つことが許されないというものでは」ありません。「憲法89条も、公の財産の利用提供等における宗教とのかかわり合いが、我が国の社会的、文化的諸条件に照らし、信教の自由の保障の確保という制度の根本目的との関係で相当とされる限度を超えるものと認められる場合に、これを許さない」ものと解すべきです。

国家が宗教施設の再建を支援するために公金を支出することは、「当該宗教的施設を設置する宗教団体等に対する便宜供与として、憲法89条との抵触が問題となる行為である」と解されます。もっとも、宗教的「施設の性格や来歴」、再建支援に至る「経緯、利用の態様等には様々なものがあり得」ます。「例えば、一般的には宗教的施設としての性格を有する施設であっても、同時に歴史的、文化財的な建造物として保護の対象となるものであったり、観光資源、国際親善、地域の親睦の場などといった他の意義を有していたりすること」があります。「これらの事情のいかんは」、当該行為が、「一般人の目から見て特定の宗教に対する援助等と評価されるか否かに影響するものと考えられる」ので、「政教分離原則との関係を考えるに当たっても、重要な考慮要素とされるべき」です。

Ⅲ　実践編

そうすると，国家が宗教施設の再建を支援するために公金を支出することが「信教の自由の保障の確保という制度の根本目的との関係で相当とされる限度を超えて憲法89条に違反するか否かを判断するに当たっては，当該宗教的施設の性格」，再建支援に「至った経緯」，「態様，これらに対する一般人の評価等，諸般の事情を考慮し，社会通念に照らして総合的に判断すべき」です。

なお，ここまでの主張は，平成22年1月20日の最高裁大法廷判決の趣旨に沿います。

以上を本件について見ると，以下のようになります。

年3回行われる祭事は，地域の伝統的行事として地域の親睦などの意義を有するとしても，神道の方式にのっとって行われているので，宗教的意義の希薄な単なる世俗的行事にすぎないとはいえません。そうである以上，これらの祭事を行う本件氏子集団は，憲法89条にいう「宗教上の組織若しくは団体」に当たります。そうするとX市は，本件行為によって，本件氏子集団がA神社を利用して宗教的活動を行うことを容易にしているといえます。また，本件行為に，たとえA神社の観光資源としての価値を回復する目的があったとしても，一般人の目からは，X市が特定の宗教に対して特別の便益を提供し，これを援助していると評価されると思われます。これらから，本件行為は，X市とA神社ないし神道とのかかわり合いが社会的・文化的諸条件に照らし信教の自由の保障の確保という制度の根本目的との関係で相当とされる限度を超えるものとして，憲法89条の禁止する公の財産の利用提供に当たり，ひいては憲法20条1項後段の禁止する宗教団体に対する特権の付与に当たると解されます。

(4)　結　　論

以上のような理由から，本件行為は，憲法20条1項後段・3項，89条に違反すると考えます。

【人　権】7　信教の自由・政教分離 ── 被災地域での宗教施設への援助

解　説

（1）問題の背景

「災害で失われた宗教施設」。この表現から，東日本大震災を想起した読者は少なくないだろう。東日本大震災の被災者のなかには宗教施設に避難した人もいる。ボランティア活動の拠点となった宗教施設もある。これらの宗教施設が果たした役割は決して小さくない。大規模な災害が発生したとき，支援の手を差し伸べるのは公的な主体だけではない。また，被災者にとっては支援の手が誰のものなのかよりも，その迅速性や内容の方が重要だろう。地方公共団体と地域の宗教関係者が連携するならば，より多くの被災者により速くより適切な支援が行えるだろう（稲場圭信「震災復興に宗教は何ができたのか」稲場圭信＝黒崎浩行編著『震災復興と宗教』25～28，33・34頁）。その一方で，こうした支援を布教の機会としてしか見ない一部の宗教関係者の存在も指摘されている（高橋和義「キリスト教の活動」稲場＝黒崎・前掲110・111頁，岡尾将秀ほか「阪神・淡路大震災における心のケア」稲場＝黒崎・前掲237～242頁）。政教分離原則の下，公的な主体と宗教関係者は連携した支援を行えるのか，行えないのか。この問題をきちんと論じるには，憲法学のみならず，宗教学や社会学等の学際的な議論の積み重ねが必要だろう。この点，本章の論題が扱うのは，憲法学上の問題に限定される。

もっとも本章の論題は，こうした宗教施設が地域において果たしうる役割をどのように評価すべきかという問題と，本来，無関係ではありえない。それにもかかわらず，この問題について，合憲側も違憲側もほとんど触れていない。実際，宗教施設が「地域の親睦の場」でありうることは，空知太神社事件第一次上告審判決の多数意見において言及されつつも，当該事案に即して具体的に検討されることはなく，その結論に実質的な影響を与えることはなかった。とはいえ，同判決の甲斐中辰夫ら4裁判官の意見においては，十分に考慮して審理を尽くすべきことの1つであることが示唆されてい

Ⅲ 実践編

る。このように，この問題に対する最高裁の立場は不明瞭である。それにもかかわらず，この問題について議論することは，災害からの復興支援に関する法整備の観点からは重要であると思われる。この点，「地域の共同施設の再建を図ることは，被災者救済のためにも必要であって，地域の共同施設の中で寺社だけがカテゴリカルに公的支援の対象から排除されるのは，寺社だけが公的支援の対象に据えられるのと同様，一般人の目から見て不自然」（松本和彦「判批」119頁）であるという指摘は，注目に値する。このような指摘は，判例の立場だけでなく，判例よりも政教分離原則を厳格に解釈・適用しようとする立場（後述）とも，平等原則の観点から整合しうる。

本章の論題としては扱わなかったが，以上の論点についても留意してほしい。

（2）政教分離原則に関して
（i）制度的保障

政教分離原則とは，一般に，「いわゆる制度的保障」だとされる。すなわち，信教の自由を直接的に保障するものではなく，「権利・自由の保障と密接に結び合って一定の『制度』を保障する」（芦部信喜〔高橋和之補訂〕『憲法［第5版］』86頁，以下「芦部・前掲①」とする）ものであると解されている。この点，津地鎮祭事件控訴審判決（名古屋高判昭和46・5・14）と最高裁判決は，同様に「制度的保障」ということばを用いつつも，名古屋高裁は「国の宗教に対する根本的な政治姿勢に関する原理であ」り，「まさに信教の自由をより具体的に実現せしめる現実的手段であ」るとしたのに対して，最高裁は「間接的に信教の自由を保障しようとする規定」であるとしたのは，その結論の違いとあいまって対照的である。控訴審判決の方を支持する有力な学説もある（芦部信喜『憲法学Ⅲ 人権各論（1）増補版』148～150頁，以下「芦部・前掲②」とする）。

【人　権】7 信教の自由・政教分離 ── 被災地域での宗教施設への援助

(ⅱ) 政教分離原則の意義

　合憲側も違憲側も，著名な最高裁判決の多数意見や補足意見，意見に立脚している。政教分離原則の意義については，両者共に津地鎮祭事件最高裁判決の多数意見に依拠している。もっとも合憲側は，同判決の多数意見をほぼそのまま引用しているのに対して，違憲側は，同判決の多数意見を前提としつつ，空知太神社事件第一次上告審判決の田原睦夫裁判官の補足意見を加味している。その理由は，同補足意見が「国家と宗教とのかかわり合い」について，積極的な関与と消極的な関与に分けて詳細に論じており，問題となっている作為あるいは不作為が積極的な関与である限りで違憲の主張を支持しやすいからである。このように，合憲側も違憲側も政教分離原則の意義について基本的に同様の立場に立つのは，「最高裁判例においては，国家と宗教とのかかわり合いが信教の自由の保障の確保という制度の根本目的との関係で，いかなる場合にいかなる限度で許されないこととなるかについて，我が国の社会的，文化的諸条件に照らし相当とされる限度を超えるものと認められる場合にこれを許さないとするものであると解する立場が一貫して採用されている」（清野正彦「判解」1914頁）からである。

　こうした判例の立場よりも，政教分離原則を厳格に解釈・適用しようとする立場もある。例えば，津地鎮祭事件最高裁判決の藤林益三ら5裁判官の反対意見は，政教分離原則は「国家と宗教との徹底的な分離」をいうと解し，同判決の「多数意見のいう国家と宗教とのかかわり合いとはどのような趣旨であるのか必ずしも明確でないばかりでなく，そのかかわり合いが相当とされる限度を超えるものと認められる場合とはどのような場合であるのかもあいまい」で，「国家と宗教との結びつきを容易に許し」てしまうことになりかねないと主張する。もっとも，同判決の多数意見のいう「宗教とのかかわり合い」を避けられない国家の諸施策については，「平等の原則等憲法上の要請に基づいて許される場合」もあるとされる。こうした立場に親和的な学説も有力である（芦部・前掲②148～150頁）。

Ⅲ 実践編

　これらの判例や学説を踏まえながら，政教分離原則をどのように解すべきかについて，議論してみよう。

（3）目的効果基準について
（i）判　例

　議論の方向性としては，合憲側は，合憲判決である津地鎮祭事件や箕面忠魂碑・慰霊祭訴訟，白山比咩神社大祭奉賛会事件最高裁判決との類似性を指摘していき，違憲側は，違憲判決である愛媛県玉串料訴訟（最大判平成9・4・2）や空知太神社事件第一次上告審判決との類似性を指摘していくことになろう。

　ところで，空知太神社事件は，少し風変わりである。それまで最高裁は，政教分離原則違反が問題となる事件で，いわゆる目的効果基準を用いてきた。すなわち，津地鎮祭事件最高裁判決のいう，当該行為の「目的が宗教的意義をもち，その効果が宗教に対する援助，助長，促進又は圧迫，干渉等にな」れば違憲とするという基準である。これは，専ら，憲法20条3項によって禁止される「宗教的活動」に該当するか否かを判断する基準として用いられた。また，愛媛玉串料訴訟最高裁判決では，憲法89条の解釈においても用いられうることが示されていた。このため，空知太神社事件第一次上告審判決が出るまでは，憲法20条3項と憲法89条（および憲法20条1項後段）の適用場面の区別はあいまいであった。実際，空知太神社事件控訴審判決（札幌高判平成19・6・26）は，憲法20条3項を用いている。ところが，同事件第一次上告審判決は，憲法20条3項を用いなかった。この点，同判決の藤田宙靖裁判官の補足意見によれば，目的効果基準は，「『宗教性』と『世俗性』とが同居しておりその優劣が微妙であるときに，そのどちらを重視するかの決定に際して」機能するとされる。また，担当調査官の解説によれば，当該事案が憲法89条の「宗教上の組織若しくは団体」や憲法20条1項後段の「宗教団体」に当たると判断された団体に対して宗教的活動をしやすくするような行為が問題となっているものであるため，憲法89

【人　権】7 信教の自由・政教分離 ── 被災地域での宗教施設への援助

条ならびに憲法20条1項後段を適用することが「事案に即」すとされる。なお同解説によれば，憲法20条3項を用いることも当該行為の「作為的側面」に着目すれば可能であったが，このことは結論に影響を及ぼさない，ともされている（清野・前掲1919・1920頁）。

　空知太神社事件第一次上告審判決以降だと，白山比咩神社大祭奉賛会事件最高裁判決で目的効果基準は用いられており，事案の相違が適用条文を分けるとみることはできそうである。どのような理解が説得的か，議論してみよう。

（ⅱ）批　　判

　判例のいう目的効果基準については，由来とされるアメリカの判例とは異なり，各要件を個別的に検討する手法が採られていないため，「国家と宗教とのゆるやかな分離を是認することになる可能性があ」り妥当でないとする有力な批判が展開されている（芦部・前掲①156～159頁）。政教分離原則違反が問題となる事件を審査する際にはどのような基準が妥当か，議論してみよう。

（4）憲法89条と憲法20条1項後段に関して

　前述した担当調査官の解説の枠組みによれば，本章の論題は憲法89条と憲法20条1項後段が問題となる場面であるように見える。すなわち本章の論題においては，本件行為は本件氏子集団に対してA神社を利用して神道の宗教的活動を容易にしており，町内会あるいは氏子集団の「宗教上の組織若しくは団体」あるいは「宗教団体」該当性が問題となる。空知太神社事件第一次上告審判決の多数意見に立脚した違憲側の主張は，それを肯定している。これに対し，合憲側の主張は，宗教団体としての性格が否定される町内会と本件氏子集団は実質的には一体であると認定しており，同判決とは異なる判断を行っている。どちらの認定が妥当か，議論してみよう。

　また実際の事案では，支援の金額や祭事の観光資源としての価値，地域との密着の度合いも問題となりうるだろう。

Ⅲ 実践編

---【応用的テーマ】---

宗教学校への援助は可能か

既に触れているように,判例の立場からは,宗教団体によって設立された学校に,そのほかの私立学校と同様の公的支援を行うことは,平等原則にかなうものとして許容されると考えられる。

私立学校への助成が正当とされる背景には,公的な主体だけでは,十分な数の学校を運営することができないという実情がある。ただし,公的な支援を受けるためには,その公共性が明確にされている必要がある。実際,私立学校法は,憲法89条との関連で私立学校への助成の合憲性を明確にするために制定された側面もあったという(文部省『学制百年史』〔帝国地方行政学会,1972年〕814頁)。また,私学助成を受けるためには,私立学校振興助成法の規律に服さなければならない。宗教団体によって設立された学校も同様である。

もちろん,こうした助成は,コントロールが的確でなければ,単なるばらまきに堕するし,それが宗教団体の設立した学校に対して無制限に行われるならば,容易に国家と宗教との距離は接近するだろう。そのような緊張関係があることを念頭において,私立学校への助成の在り方を考えていく必要がある。

【参考(裁)判例・文献】

〈(裁)判例〉
・最大判昭和52・7・13民集31巻4号533頁
・最判平成5・2・16民集47巻3号1687頁
・最大判平成9・4・2民集51巻4号1673頁
・最大判平成22・1・20民集64巻1号1頁
・最判平成22・7・22判タ1330号81頁
・名古屋高判昭和46・5・14民集31巻4号616頁
・札幌高判平成19・6・26民集64巻1号119頁

〈文献〉
・芦部信喜『憲法学Ⅲ 人権各論(1)増補版』(有斐閣,2000年)
・芦部信喜〔高橋和之補訂〕『憲法[第5版]』(岩波書店,2011年)
・稲場圭信=黒崎浩行編『震災復興と宗教』(明石書店,2013年)
・清野正彦「判解」法曹時報63巻8号(2011年)1895〜1966頁

【人　権】7 信教の自由・政教分離 ── 被災地域での宗教施設への援助

・松本和彦「判批」法学教室393号（2013年）118・119頁
・横田守弘「政教分離　市有地贈与事件」木下智史ほか編著『事例研究憲法［第2版］』（日本評論社，2013年）70〜90頁

〔栗田　佳泰〕

8 経済的自由
―― ダンスさせ営業規制

論題 店で客にダンスをさせる営業に許可制を設け，許可要件として一定のフロアの広さの確保や，営業時間の制限を求めることは，憲法22条1項に違反するか。

風営法（風俗営業等の規制及び業務の適正化等に関する法律）は，店で客にダンスをさせる営業（ダンスさせ営業）について許可制を設け，許可要件として一定のフロアの広さを確保すること（66平米以上）や，営業時間の制限（深夜0時，遅くとも1時まで）を求めている。

Xは，店で客にダンスをさせる営業をしたいものの，自身の有する物件のフロアの広さは50平米しかなく許可が通らないことが見込まれるほか，実際に営業ができたとしても営業時間の制限を受けたのでは一定の収入が確保できないと考えている。さらにそもそもなぜこのような営業に許可が必要なのかという点を含め，風営法による規制に不満を持っている。Xの不満の原因となっている上記のような諸規制（許可制の導入，フロアの広さ規制，営業時間の制限）は，憲法22条1項に違反するか。

【関連条文】 憲法22条1項，風営法1条～4条・12条・13条

Ⅲ 実践編

双方の立論

合憲側

　風営法に基づくダンスをさせる営業に対する諸規制（許可制の導入，フロアの広さ規制，営業時間の制限）は，憲法22条1項に反せず，合憲と考えます。

(1) 憲法22条1項の意義

　憲法22条1項は，人々の職業選択の自由や営業の自由を保障してますが，これらの権利は，およそ無制約に保障されるとはいえません。判例（最大判昭和50・4・30，以下，薬事法判決）もいうように，職業とは「その性質上，社会的相互関連性が大きいものであるから，職業の自由は，それ以外の憲法の保障する自由，殊にいわゆる精神的自由に比較して，公権力による規制の要請がつよ」いといえます。同条文が「公共の福祉に反しない限り」と示したのもその趣旨です。そこで規制目的による違いはあるものの，職業の継続や遂行に対して国家が一定の義務を課したり，その態様について規制をしたりすることは一般的に認められるといえます。

　そうした規制のあり方について検討を加えるのは，一義的には立法府ですから，規制の目的が公共の福祉に認められるとなれば，その規制措置の具体的内容，必要性等に関して立法府が合理的に判断して制定した以上，その判断は立法政策上の問題として尊重すべきといえます。

(2) 規制目的について

　以上から，本件の規制が許されるかどうかを考えるにあたっては，まずその規制目的が正当化されるかどうかという点が重要になります。かつてダンスホールなどは売春などの不健全な行為を勧誘する場として考えられていたことから，本件の規制には，そ

【人　権】8 経済的自由 ── ダンスさせ営業規制

れを防ぐ目的があったようです。こうした行為が安易に起きないようにするという目的は、現在でも正当化できます。

また現在では、ダンスホールが、かつてのような売春の温床となるといったことが仮に考えられなくなっているとしても、いわゆるクラブ等の客にダンスをさせる営業施設が、青少年の遊行のたまり場になり、青少年の健全育成に有害であること、また麻薬取引の温床になったり、客が店の外で騒ぐなど近隣住民に迷惑をかけるようなことがあると考えると、それらを取締るという目的は正当化できます。

(3) 許可制について

以上のように規制目的が正当化であるとして、その営業に許可制を取り入れることも正当化できます。判例（薬事法判決）では「自由な職業活動が社会公共に対してもたらす弊害を防止するための消極的、警察的措置である場合には、許可制に比べて職業の自由に対するよりゆるやかな制限である職業活動の内容及び態様に対する規制によっては」、規制の「目的を十分に達成することができないと認められることを要する」としております。本件の営業規制も、消極的、警察的措置であると考えられるので、そうした要件に当てはまるかどうかが問題です。

これについては、すでに述べたように規制目的は重要であり、十分な施設を構えていないことで以上の弊害が生じることを防止することは必要であり、そのための最低要件を満たした業者に営業を許可するシステムは、それ自体合理的であると考えます。

(4) フロアの広さや営業時間の規制について

また許可要件として、一定以上のフロア面積の広さを要求したり、営業時間を規制することも正当化されます。前者については、あまり狭い場所ですと、人々が密着しやすく不健全な性的雰囲気を醸し出す可能性が強まるといえます。後者については、あまり深夜遅くまで営業をすると性的な雰囲気を醸し出しやすくな

Ⅲ 実践編

るのに加え,様々な犯罪が夜に行われるのと同様に犯罪誘発性が高まること,あるいは深夜の騒音などが起きます。これらを防ぐことは重要といえます。

(5) 結　論

以上のような理由から,風営法に基づくダンスをさせる営業に対する諸規制(許可制の導入,フロアの広さ規制,営業時間の制限)は,憲法22条1項に反せず,合憲であると考えます。

違 憲 側

風営法に基づくダンスをさせる営業に対する諸規制(許可制の導入,フロアの広さ規制,営業時間の制限)は,違憲と考えます。

(1) 憲法22条1項の意義

合憲側主張が言うように,憲法22条1項に定める職業選択の自由は,たしかに無制約であるわけではありません。しかし判例(薬事法判決)にもあるように,職業活動とは,そもそも「個人の人格的価値とも不可分の関連を有するもの」であることから,職業をめぐっては「職業の開始,継続,廃止において自由であるばかりでなく,選択した職業の遂行自体」,「原則として自由であることが要請される」ことを忘れてはなりません。特に職業の開始に対する規制は職業の選択自体を許さない可能性を持つので,強い制約となることを踏まえる必要があります。

さらに職業選択の自由をめぐっては,その規制目的いかんにより規制の合憲性審査の度合いを変化させるべきとする考え方も伝統的に主張されております。それは,国の社会政策や経済政策といった積極目的の場合の規制よりも,社会生活の安全の保障や維持といった消極目的の場合の規制のほうが,より厳しい基準での違憲審査を経なければならないという,いわゆる規制目的二分論です。本件の規制は,一般的にこの後者の消極目的規制ですか

【人　権】8 経済的自由 ── ダンスさせ営業規制

ら，規制に関する違憲推定が働きやすいものと考えなければなりません。具体的には，その目的の必要性・合理性が満たされていなければならず，またその目的を達成できる，より緩やかな規制手段の有無が，立法事実に基づき審査されなければなりません。

(2) 規制目的について

合憲側主張が言うように，本件の規制目的は，売春などの不健全な行為を勧誘する場としての（男女がペアになって社交ダンスを行うような）ダンスホール規制であったということができそうです。しかし現在の人々の生活習慣では，社交ダンスを通じて男女が出会い，それにより売春を誘発するといった事情がただちに観念できるとは思いません。時代と娯楽が変化したなかで，そうした規制目的は，その規制ができた当初の立法事実が現在では消滅しており，すでに規制の必要性がなくなっています。

また，現在ではダンス営業の場が，青少年の遊行のたまり場になって青少年の健全育成のために有害であるとか，麻薬取引の温床になるとか，あるいは客が店の外で騒ぐなど近隣住民に迷惑をかけるようなことがあるので，それらを防止するために規制するという目的があるとの主張がなされますが，これら自体を防止することは否定されないとしても，職業が制約されていることを考えるならば慎重な審査が必要です。特にこうした規制目的は，法律ができた当初にはなく，後づけされた可能性が否定できない，ということを考えるべきでしょう。

(3) 許可制について

本件規制は，立法事実が現状ではなくなっていることや，目的自体を慎重に吟味しなければならないといえます。もっとも，仮にそうした規制目的を正当化できたとしても，職業選択の自由の権利性を考えれば，その目的を達成するための手段としては，他の代わりうる手段，あるいは，より制限的でない手段が求められることになるでしょう。

Ⅲ 実践編

　この点，売春防止，青少年保護，麻薬防止，騒音防止，どの点をとってみても他の法令によって事後的に取り締まりを行うなどしており，営業の許可制という手法を取らなくても十分目的を達成する方法が確保されております。営業者もまた，そうしたことが起きないようにするための営業努力を当然に行うと思います。何かあれば警察に通報するなどして健全な店舗経営を目指すでしょう。以上から，許可制という手法がただちに必要なものとは観念できないものと思われます。

(4)　フロアの広さや営業時間の規制について

　営業規制をめぐっては，許可制の採用以外にも，許可を満たす条件等が正当なものかどうかを審査できるというのが最高裁の見解です。そこで営業条件の違憲性を検討します。

　まず，フロア面積の規制についてです。これをめぐっては，一定の広さを確保しなければ，人々が密接し，いかがわしい雰囲気を醸し出すといった主張がなされることがあります。しかし，それはフロア面積が広いか狭いかで決まるのではなく，一定の広さにどれだけの人が集まるのかという密度で決定されます。また，こうしたフロア面積の規制は，結果的には資金や十分な場所を確保している営業者にしかダンス営業の機会を与えなくなるという効果をもたらします。ですから面積規制は，特定の裕福な人々への許可の付与となるという効果を与え，そうでない人の営業をできなくするという事態を引き起こします。

　また営業時間の規制については，さまざまな業種についての深夜営業が一般的でなかった昔であれば，そうした規制の不当性が浮かび上がることが少なかったのかもしれません。しかし現在では人々の生活様式も変化し，飲食店やカラオケ等の娯楽施設といった様々な業種が深夜営業を行っています。そのなかでダンスさせ営業だけが深夜営業を許可を取ってもできないとなれば，他の娯楽施設との差別的取り扱いが著しいものになります。また，

【人　権】8 経済的自由 ── ダンスさせ営業規制

営業時間が短く設定されるため,「もうけ」が少なく, 営業が成立しないという懸念も生じます。

以上のようなことから, これらの営業条件の設定には憲法上問題があります。

(5) 結　論

以上のような理由から, 風営法に基づくダンスをさせる営業に対する諸規制（許可制の導入, フロアの広さ規制, 営業時間の制限）は, 憲法22条1項に反し, 違憲であると考えます。

解　説

（1）問題の背景

世の中には様々な職業がある。各自が望む職業に就くことは本来的には自由であるが, 実際に一定の職業に就くためには様々な要件が課される。そこで, それら要件が人々の自由を不当に制限してしまうときがあるのではないかという問題が生じる。

本章の事例では,「風営法」という法律の下, 客にダンスをさせる営業の許可制が採られている。またこの営業形態は, 深夜は12時まで（地域によっては深夜1時まで）しか営業をできなかったり, フロア面積の広さの条件が課されていたりする（その他風営法には, 照度の規制（同14条）や振動規制（同15条）がある）。だが, 単なる飲食業であれば, 風営法に基づく許可制や営業時間の規制などは設定されていない。ではなぜ, ダンスをさせる営業形態にはそうした規制があるのか, あるいはそれは不当ではないか, といったことがここでは問題となる。

店において客にお酒などを飲ませながら, そこで流される音楽などにあわせて, 体を揺らすなどのダンスを楽しませる営業形態として, 例えば若者が集う,「クラブ」といったものがある。こうしたクラブ経営には, 上記のように風営法上の許可が必要となるが, 近年に至るまでは, そうした許可を得ることなく事実上営業をし, 黙

149

III 実践編

認されていたところもある。ところが近年，クラブにおいて麻薬取引や暴行事件が起きたりしているということが報道され，警察も取り締まりを強化してきている。実際に，これまで無許可営業をしてきた経営者が逮捕されるといった事件が起きている。

「無許可営業なのだから，許可をとって営業すればよいのであって，つかまってもしかたないのではないか？」といった意見もあるかもしれない。しかし，この問題では「そもそもそうした営業形態になぜ許可制が必要なのか？」という大前提を考えてみる必要がある。あわせて許可があっても営業時間は最大で深夜1時までとなると，営業的に一定の「もうけ」を確保できないといった問題も生じる。さらには，広さの規制により，そもそも許可を採りたくてもとれないといった事情も登場する。

（2）職業選択の自由
（ⅰ）保障の意義

以上のような営業に対する規制を考えるとき，これを憲法上の権利に対する抵触の問題と捉える場合の1つの視点が，職業選択の自由（憲法22条1項）である。かつて人々の職業は，その生まれや階層によって厳しく限定され，必ずしも自由ではなかった。そこで憲法は，その選択や遂行が自由にできるようにした。

職業選択の自由は，一般的に経済的自由の保障と認識され，精神的自由との対比で見られる。そしていわゆる「二重の基準論」に基づくならば，精神的自由に比べて経済的自由に関する法規制は，その違憲性を獲得する審査基準がより緩和される，といった理解が示されている。もっとも，人々の職業は営利目的で行われるだけではなく，個人の人格的生存の確立にも深く関わる。その側面を重視するならば，精神的自由との比較で端的に規制が緩やかになるといった理解を簡単に導くことはできないという考え方も成立する。

（ⅱ）職業に対する規制の態様

職業に関する規制としては，（Ⅰ）「選択」自体を規制するもの

【人　権】8 経済的自由 ── ダンスさせ営業規制

【表8-1】様々な職業規制の態様

職業「選択」の制約	（a）国家による完全な禁止 ・国家の独占営業のため（かつての郵便事業など） ・道徳的見地（売春の防止など）
	（b）一部の企業に独占的に認めてそれ以外は禁止 ・かつてのガスや電気事業など
	（c）許可制による制約 ・財政目的（酒類販売など） ・人々の生命・安全・道徳目的飲食店（古物商，風俗営業など） ・経済政策目的
	（d）許可要件による制約 ・適正配置・距離制限
	（e）医者や弁護士といった専門的職業のための資格制
職業「遂行」の制約	（a）風俗営業の営業時間規制や有害図書の販売規制
	（b）適切な競争原理を促す政策目的規制

松井茂記『日本国憲法［第3版］』（有斐閣，2007年）579～582頁を参考に作成。

と，（Ⅱ）「遂行」の態様を規制するものとが考えられる。こうした規制は，（Ⅰ）の場合ではそもそも営業自体をできなくなることからも，（Ⅱ）の場合よりも，人々にとっての規制としては厳しいものとなる。そこで，その規制が正当化されるかどうかは，より厳しく判断していかなければならない。

(ⅲ) 規制目的の多様性

　職業に対する制約がなぜ行われるのか。その目的は，多様に設定される。なかでもこれまでの憲法学で注目されてきたのが，警察（消極）目的と福祉（積極）目的との違いである。このうち警察（消極）目的とは，人々の生命や安全の保持といった，いわゆる治安維持などのためのものである。他方，福祉（積極）目的とは，人々の

III 実践編

貧富の格差などがなくなるよう，社会保障などを充実させていくためのものである。

こうした2つの考え方が出てきたのは，歴史的な経過によるところが大きい。すなわち国家は当初，人々の生命や安全の保持にあまり介入しないことが「自由」の確保にとって重要なことと考えられ，そうした規制の憲法適合性を考えるには審査な姿勢が必要であるとの考え方があった。他方で，自由放任主義は「貧乏の自由」をも生み出すことになり，人々が最低限度の生活を送れるよう国家がもっと介入すべき場合があるのではないかとの考え方が登場した。いわゆる「福祉国家」の考え方である。そこで福祉に関する経済政策を行うために国家が人々の経済的自由を制約する場合は，憲法適合性を緩やかに審査してよいと考えるようになった（いわゆる規制目的二分論）。

しかし近年では，①法律による自由の規制目的には消極目的や積極目的とは異なるものも他にあるのではないか（例えば財政目的など），②1つの法規制のなかには目的が複合的に絡み合うものもあるのではないか，③そもそもなぜこの2つの目的の区分で審査の方法を変える必要があるのか，といった疑問も登場している。

（3）憲法判例の動向
（ⅰ）従来の判例

本章で扱う風営法におけるダンス営業規制に関して，これまで特に注目された判例はない。風営業に関する営業時間の設定をめぐっては，（旧）風俗営業等取締法第3条に基づく東京都風俗営業等取締法施行条例第22条（営業時間の制限）の合憲性を判断した大法廷判決が存在する（最大判昭和37・4・4）が，本判決は，その規制がなぜ必要なのかをほとんど論じておらず，現在の憲法論との関係では議論が粗雑である。

そこで別の判例に目を向けると，注目されるのが（双方の立論に登場した）薬事法判決である。この判決では，薬局の設置に許可制

【人　権】8　経済的自由 ── ダンスさせ営業規制

を敷き，設置の場所として他の既存の薬局との距離を一定に保つべきとする距離制限が設けられている薬事法の諸規定が，憲法22条1項に違反しないかどうかが問題となった。最高裁は，薬事法におけるこれらの規制については，職業の「選択」そのものを規制していることや，これらの規制が原則的には消極目的であることを前提として次のような判断を行なった。すなわち，まず薬事法が薬局の設置に許可制を設けていることは合憲とする。もっとも，その合憲判断にあたっては「消極的，警察的措置である場合には，許可制に比べて職業の自由に対するよりゆるやかな制限である職業活動の内容及び態様に対する規制によっては……目的を十分に達成することができないと認められることを要するもの，というべきである」ということを適切に審査することが要求される。他方で同判決は，距離制限を設けた点を違憲と判断した。ここでは，「競争の激化－経営の不安定－法規違反という因果関係に立つ不良医薬品の供給の危険が，薬局の段階において，相当程度の規模で発生する可能性があるとすることは，単なる観念上の想定にすぎず，確実な根拠に基づく合理的な判断とは認めがたいといわなければならない」として，薬局の距離制限を合理化できないとしたのである。このように営業規制をめぐっては，規制を合理する適切な理由が必要となってくる。

(ⅱ) ダンス営業規制の考え方

そこでダンス規制も次のように考えることができる。まず，営業の許可制の合憲性を考えるにあたっては，以上の薬事法判決のように，許可制ではない，より緩やかな方法で同様の効果を達成できる手法はないのかどうかを検討しなければならない。また営業に関する面積要件については，一定の面積が確保されなければ一切営業ができないわけであるから，職業の「選択」を規制し，また深夜営業規制については，職業の「遂行」を規制することになる。こうした諸要件をめぐっては，それらにより目的達成が確実になることを示さないとならない。もっとも，面積要件1つをとってみても，意外とその規制手段が適格なのかは不明である。例えば，面積の狭い場

III 実践編

所では人が密接して，男女の享楽的な雰囲気が過度に醸し出される可能性があるから，面積は一定以上なければいけないなどとされるが，面積が広いところでもたくさんの人が集まれば密集するのであり，狭いからいけないというのは道理がないのではないか。

【資料】 風俗営業等の規制及び業務の適正化等に関する法律
　　　　（抄）（昭和23年7月11日法律第122号）

第1条（目的）　この法律は，善良の風俗と清浄な風俗環境を保持し，及び少年の健全な育成に障害を及ぼす行為を防止するため，風俗営業及び性風俗関連特殊営業等について，営業時間，営業区域等を制限し，及び年少者をこれらの営業所に立ち入らせること等を規制するとともに，風俗営業の健全化に資するため，その業務の適正化を促進する等の措置を講ずることを目的とする。

第2条（用語の意義）　この法律において「風俗営業」とは，次の各号のいずれかに該当する営業をいう。
　一　キヤバレーその他設備を設けて客にダンスをさせ，かつ，客の接待をして客に飲食をさせる営業
　三　ナイトクラブその他設備を設けて客にダンスをさせ，かつ，客に飲食をさせる営業（第1号に該当する営業を除く。）
　四　ダンスホールその他設備を設けて客にダンスをさせる営業（第1号若しくは前号に該当する営業又は客にダンスを教授するための営業のうちダンスを教授する者（政令で定めるダンスの教授に関する講習を受けその課程を修了した者その他ダンスを正規に教授する能力を有する者として政令で定める者に限る。）が客にダンスを教授する場合にのみ客にダンスをさせる営業を除く。）
　2～11　（省略）
第3条（営業の許可）　風俗営業を営もうとする者は，風俗営業

の種別……に応じて，営業所ごとに，当該営業所の所在地を管轄する都道府県公安委員会……の許可を受けなければならない。

2　（省略）

第4条（許可の基準）

1　（省略）

2　公安委員会は，前条第1項の許可の申請に係る営業所につき次の各号のいずれかに該当する事由があるときは，許可をしてはならない。

　一　営業所の構造又は設備……が風俗営業の種別に応じて国家公安委員会規則で定める技術上の基準に適合しないとき。

　二〜三　（省略）

第12条（構造及び設備の維持）　風俗営業者は，営業所の構造及び設備を，第4条第2項第1号の技術上の基準に適合するように維持しなければならない。

第13条（営業時間の制限）　風俗営業者は，午前零時（都道府県が習俗的行事その他の特別な事情のある日として条例で定める日にあつては当該事情のある地域として当該条例で定める地域内は午前零時以後において当該条例で定める時，当該条例で定める日以外の日にあつては午前1時まで風俗営業を営むことが許容される特別な事情のある地域として政令で定める基準に従い都道府県の条例で定める地域内に限り午前1時）から日出時までの時間においては，その営業を営んではならない。

2　都道府県は，善良の風俗若しくは清浄な風俗環境を害する行為又は少年の健全な育成に障害を及ぼす行為を防止するため必要があるときは，前項の規定によるほか，政令で定める基準に従い条例で定めるところにより，地域を定めて，風俗営業の営業時間を制限することができる。

Ⅲ　実践編

(ⅲ) その他の要素

　以上の他，ダンス営業規制の場合には次の2点もきちんと考える必要があろう。

　まずは，本件規制がそもそも非常に昔に制定されていて，今でもその規制の意義が同じかどうかという問題である。違憲側主張にも出てきているように，ダンス営業を風営法で規制した当初の理由は，かつて社交ダンスの場が男女の出会いの場として機能しており，売春などの温床になっていたという社会背景があったからである。しかし現在の社交ダンスの場やクラブ営業の場は，そうした当初の立法目的を支えるような事実（立法事実）が失われている可能性が高い。そのような中で現在でも規制が変わらず行われることにいかなる道理があるのかを考えてみる必要がある。

　次に，ダンス規制の場合には，「ダンス」そのものが表現の自由にも関わる可能性がある点である。本章ではダンス営業規制の問題を憲法22条1項の観点から考えてきた。しかし，ダンス自体，あるいはダンスとセットになった音楽文化は，「表現活動」とも捉えることが可能である。そのように考えるならば，本件のようなダンス営業規制は，表現にかかわる営業形態を規制することになり，クラブ音楽とクラブ経営の場とは，映画と映画館のような関係性をも有することになる。そのような場合，本件規制を表現の自由に対する規制の観点から考えることも必要になる可能性がある。

【応用的テーマ】

インターネットでの薬の販売を可能にすべきか。

　2008年の薬事法の改正により，市販の一般用医薬品は，「第一種医薬品」，「第二種医薬品」，「第三種医薬品」に区分された。前者のほうが薬の成分としては強力なものが含まれている。これらに関して法律では，厚生労働省令で定めるところにより，第一種は薬剤師に販売させること，第二種と第三種は薬剤師または登録販売者に販売させることなどを盛り込んでいた。このことに関して厚生労働省は，同法施行規則（省令）により，第一種と第二種の医薬品については，郵便等で

【人　権】8 経済的自由 — ダンスさせ営業規制

の販売はできないようにした。

　このことに関してインターネットで第一種，第二種の医薬品を販売したいと考える業者が，こうした規制は憲法22条1項の職業選択の自由の侵害となるとして無効を訴えたところ，東京高判平成24年4月26日（判夕1381号105頁）は，法律の定める範囲を超えた内容の省令を定めたということで同施行規則に基づく規制を違法とした。もっともこのことは，法律で直に規制をすることを否定しているわけではないので，法律での規制をすべきという意見も根強い。

　現在では多くの市販の一般医薬品がネットでも買えるようにはなっているが，まだ販売規制がみられる。特に第一種・第二種医薬品のネットでの販売が否定的に捉えられているのは，薬剤師などの説明がなくこれらの薬が売られてしまうと，医薬品摂取による健康被害が起きたりするのを防げないのではないか，といった懸念があるからである。しかし他方では，市販の一般医薬品にはそのようなリスクは非常に少なく，また，説明を受ける手段はきちんとあるはずなのにもかかわらずネットで売ってはいけないのはなぜか，といった反発がある。

【参考（裁）判例・文献】
〈(裁)判例〉
・最大判昭和37・4・4刑集16巻4号377頁
・最大判昭和50・4・30民集29巻4号572頁
〈文献〉
・新井誠「風営法におけるダンス営業規制の合憲性について」広島法科大学院論集10号（2014年）
・蔭山信『注解風営法（Ⅰ）（Ⅱ）』（東京法令，2008年）
・磯部涼編『踊ってはいけない国，日本』（河出書房新社，2012年）
・磯部涼編『踊ってはいけない国で，踊り続けるために』（河出書房新社，2013年）
・永井良和『風俗営業取締り』（講談社，2002年）

〔新井　誠〕

【人　権】9 生存権 ── 生活保護費削減の合憲性

9 生 存 権
―― 生活保護費削減の合憲性

論題　生活保護費を10％削減することは憲法25条に違反するか

　201×年1月，政府は，生活保護の生活扶助基準を3年間で総額700億円削減するとの閣議決定を行い，翌年の予算案に削減を盛り込んだ。生活保護法が制定された1950年以来，生活保護基準が引き下げられたのは，2003年度（0.9％削減）と2004年度（0.2％削減）の2回あるが，今回の削減は最大で10％削減であり，過去最大幅となる。その主な理由としては，物価下落が進んだ結果，子育て世帯などで生活保護のうち生活費に充てる「生活扶助」が，保護を受けていない低所得世帯の生活費の水準を上回る「逆転現象」が生じていることが挙げられている。政府は社会保障審議会の諮問機関である生活保護基準部会の報告を基に検討を行い，報告において最大10％程度の逆転現象が認められると記載されていたことから，引き下げを行うことになった。

　201×年5月，厚生労働省は保護基準の改定を行い，翌月から引き下げを始め，同年12月までに最大で10％引き下げるように各地方公共団体に通知した。東京都に住むX（40歳）は，精神疾患により働くことができず，病弱の妻と子供2人で月約22万円の生活保護費を受給してきたが，区により8月に1万円減額され，12月には2万2千円減額された。

　厚生労働大臣が保護基準の改定により生活保護費を最大10％削減することはXの生存権を侵害しないか。

【関連条文】　憲法25条・27条，生活保護法8条・56条

Ⅲ 実践編

双方の立論

合憲側

　生活保護費を10％削減するという厚生労働大臣の保護基準の改定は，合憲と考えます。

(1) 「健康で文化的な最低限度の生活」の内容

　憲法25条は健康で文化的な最低限度の生活を保障するように規定していますが，このような社会権の具体的実現方法については，国は大きな裁量を有します。そもそも25条は最低限度の生活について具体的な内容を規定していないので，国会や行政が具体的内容を決めざるをえないともいえます。

　最高裁も，「最低限度の生活は，抽象的かつ相対的な概念であって，その時々における経済的・社会的条件，一般的な国民生活の状況等との相関関係において判断決定されるべきものであり，これを保護基準において具体化するに当たっては，国の財政事情を含めた多方面にわたる複雑多様な，しかも高度の専門技術的な考察とそれに基づいた政策的判断を必要とするものである」（最判平成24・4・2〔老齢加算廃止事件最高裁判決〕）としています。

　そこで国は生活保護法を制定し，最低限度の生活を保障してきました。何が最低限度の生活なのかについては社会状況や被保護者の事情に応じて変わるため，生活保護法8条は厚生労働大臣が必要な事情を考慮して生活保護費の基準を設定するように規定しています。このように，生活保護法は生活保護基準の設定を厚生労働大臣の裁量に委ねており，今回の改定も法律に基づくものであるといえます。

(2) 生活保護費10％削減の合理性

　生活保護法8条2項は，基準について「必要な事情を考慮した

【人　権】9 生存権 ── 生活保護費削減の合憲性

最低限度の生活の需要を満たすに十分なものであつて，且つ，これをこえないものでなければならない」と規定しているので，厚生労働大臣の定める基準は最低限度を下回ってはいけないが，上回ってもいけないことになっています。したがって，今回の保護基準の改定は法律の要請に基づくものであり，状況に応じて基準を引き下げることも合法的な行為なのです。10％という減額が最低限の生活を下回るかのように感じている人もいるかもしれませんが，それはあくまであるべき水準に戻しただけあり，しかも受給者の生活に配慮すべく段階的に減額しています。

　また，今回の改定は物価下落に伴う最低賃金との逆転現象に対応するために，基準の引き下げに踏み切ったものです。物価下落により，低所得者層と比べて，特に人数の多い生活保護世帯の支給金額が高くなる傾向にあり，これを是正する必要がでてきたからです。このような是正は憲法27条の要請でもあります。27条は勤労に関する権利義務を定めているので，最低賃金よりも高く生活保護水準を設定することは労働者の意欲をそぎ，27条の趣旨を損ねてしまうおそれがあるのです。このように，今回の保護基準の改定には十分な合理性があるといえます。

(3) 厚生労働大臣の裁量の合憲性

　保護基準の改定に合理性がある以上，そこに違法性・違憲性はありません。最高裁は，最低限度の判断につき，「何が健康で文化的最低限度の生活であるかの認定判断は，いちおう，厚生大臣（当時）の合目的的な裁量に委されており，その判断は，当不当の問題として政府の政治責任が問われることはあつても，直ちに違法の問題を生ずることはない。」（最大判昭和42・5・24〔朝日訴訟〕）とし，厚生労働大臣の裁量を広く認めています。そして，「現実の生活条件を無視して著しく低い基準を設定する等憲法および生活保護法の趣旨・目的に反し，法律によって与えられた裁量権の限界をこえた場合または裁量権を濫用した場合」に限り違

Ⅲ 実践編

法になるとしているので，多少の増減は裁量の範囲内のことなのです。そのため，10％程度の減額は裁量の範囲内であり，しかも合理的理由もあるので裁量を逸脱濫用しているとはいえません。

なお，生活保護法56条は不利益変更の禁止を定めていますが，この規定は不利益変更が行われる場合には正式な変更がなされるまで被保護者の法的地位を保護するというものであって，本件のように保護基準自体が改定される場合を規律対象とするものではありません（老齢加算廃止事件最高裁判決）。そのため，本件には生活保護法56条は適用されないものといえます。

(4) 結　　論

以上のような理由から，生活保護費を10％削減するという厚生労働大臣の保護基準の改定は，憲法25条に違反しないと考えます。

違憲側

生活保護費を10％削減するという厚生労働大臣の保護基準の改定は，憲法25条に反し，違憲と考えます。

(1) 生存権と生活保護

憲法25条は，国民が最低限度の生活をしていけるように保障した規定で，国家が最低限度の生活水準の確保に努めるべきことを定めたものです。この規定を具体化したのが，生活保護法であり，国民が最低限の生活を送れるように，生活に困窮する者に対して生活保護費を支給する制度を創設しています。本法1条は，憲法25条の理念に基づいて制定されたことを明言しているので，国民は最低限度の生活を送る権利が憲法および法律によって保障されています。

生活保護費については，厚生労働大臣の定める保護基準に基づき，各地方自治体が具体的な金額を決定することになっていま

【人　権】9 生存権 ── 生活保護費削減の合憲性

す。そのため，この制度では保護基準の設定が重要であり，その基準は憲法25条の趣旨に適うように解釈・運用されることが要請されます。そこで，生活保護法8条は，厚生労働大臣に対し，要保護者の年齢別，性別，世帯構成別，所在地域別その他保護の種類に応じて必要な事情を考慮して決めなければならないとしています。何が最低限度の生活であるかの判断は厚生労働大臣の裁量に委ねられているといえますが，その判断に裁量の逸脱・濫用がある場合には違法となります。つまり，あまりに最低限度の生活とかけ離れた基準や著しく不合理な理由に基づく減額は許されないのです。

(2) 生活保護費10％削減の不合理性

今回，物価下落による生活保護を受けない者との逆転現象を理由に，生活保護費を下げるための基準改定が行われましたが，それには合理的理由があるとはいえません。物価下落という要素を考慮することには合理性があるといえるでしょうが，生活保護を受けていない者との比較をすることは他事考慮ではないでしょうか。憲法25条が要求する最低限度の生活保障は，それ自体客観的に決めることができるはずであり，生活保護を受けていない者と比べる必要はありません。憲法27条を持ち出すのであれば，最低賃金の方を上げればいいのです。もちろん，厚生労働大臣は様々な事情を考慮することができますが，このような考慮要素は本来考慮してはならない事項を考慮しているといえます。実際，生活保護法8条2項にもこのような考慮要素は列挙されておらず，その他の事情にも該当しないといえます。

また，生活保護法8条2項が基準について「必要な事情を考慮した最低限度の生活の需要を満たすに十分なものであつて，且つ，これをこえないものでなければならない」と規定しているのは，最低ラインの確保を第一次的目的とし，その上で必要以上の金額を設定してはならないということを意味しているものです。

Ⅲ 実践編

つまり、下回ってはならないという要請と上回ってはならないという要請を同一レベルで考えているのではなく、あくまで最低ラインの確保を最重要視しています。この2つを同一視してしまうと、今回のような10％減額がまかり通ってしまうのであり、法令解釈の点においても本件改定は誤りがあるといえます。

(3) 裁量の逸脱・濫用

本件では、生活保護費の10％減額が行われましたが、それは生活保護受給者に対して大きな影響を及ぼすものであり、憲法25条の趣旨からしても、本件改定については厚生労働大臣の判断に裁量の逸脱・濫用がなかったかどうかをきちんとチェックする必要があります。

憲法25条の生存権は生活保護法によって具体化されていますが、それでもなお25条は固有の意味を持っています。生活保護法が憲法25条の趣旨に適うように運用されることを要求するという意義があるのです。生活保護法は憲法に適合する形で適用されなければならないのであって、25条の趣旨を没却してしまうような適用は許されません。何が最低限なのかについて厚生労働大臣に裁量が認められるとしても、厚生労働大臣の設定する保護基準は生活保護費に直結するものなので、場合によっては裁量の逸脱・濫用について厳しくチェックする必要があります。たとえば、その決定プロセスに瑕疵があったり、無関係な理由を基に基準を変更したりするような場合には、最低限度の決定としてふさわしくないのですから、裁量の逸脱・濫用となる可能性が高くなるわけです。本件では、最低賃金との比較という他事考慮を行っているので、裁量の逸脱・濫用にあたると考えます。

この点に関連して、生活保護法56条は正当な理由のない不利益変更を禁止しています。この規定は、いわゆる制度後退禁止原則を法律レベルで明確化したものであり、生活保護制度全般にわたって妥当するものと考えられます。そのため、それは基準の改

【人　権】9 生存権 ─── 生活保護費削減の合憲性

定をも対象とするものであり（福岡高判平成22・6・14〔老齢加算廃止事件控訴審判決〕），本件基準の改定には先述の通り合理的理由がないので違法になります。

　また，今回の基準改定は10％減額するということなので，これまでの減額改定と比べても最大幅の減額であり，このような減額は生活保護を受けている者の生活に大きな影響を与えます。そもそも数か月の間に10％減額を要求することは激変緩和措置が十分でなく，生活保護受給者に大きなダメージを与えるものであり，憲法25条の最低限度の生活保障を侵害しているといえるでしょう。

⑷　結　　論

　以上のような理由から，生活保護費を10％削減するという厚生労働大臣の保護基準の改定は，憲法25条に反すると考えます。

解　説

（1）問題の背景

　21世紀以降，生活保護受給者の数が増加傾向にあり，2013年には215万人を超えたと報告されている【表9－1】。こうした状況の是非についてはさておき，この仕組みを整える上で，憲法25条と生活保護法が果たした役割は大きい。憲法25条によって生存権が保障され，それを実現すべく生活保護法が制定されることで，最低限度の生活が保障されるようになった。

　ところが，生活保護の対象が増え始めると，ぎりぎりの生活を営んでいる労働者との関係で問題視されるようになる。高齢や身体障害などの理由により働けない者はともかく，一見すると働けるように見える者が生活保護を受給している状況を見ると，日々の生活を送るのが精いっぱいな労働者の目には不公平なように映るからである。ましてや，最低賃金以上の金額が生活保護によって保障されている場合には，ますます労働者の不満は募ることになる。そこで，

Ⅲ 実践編

【表9-1】生活保護受給率の推移

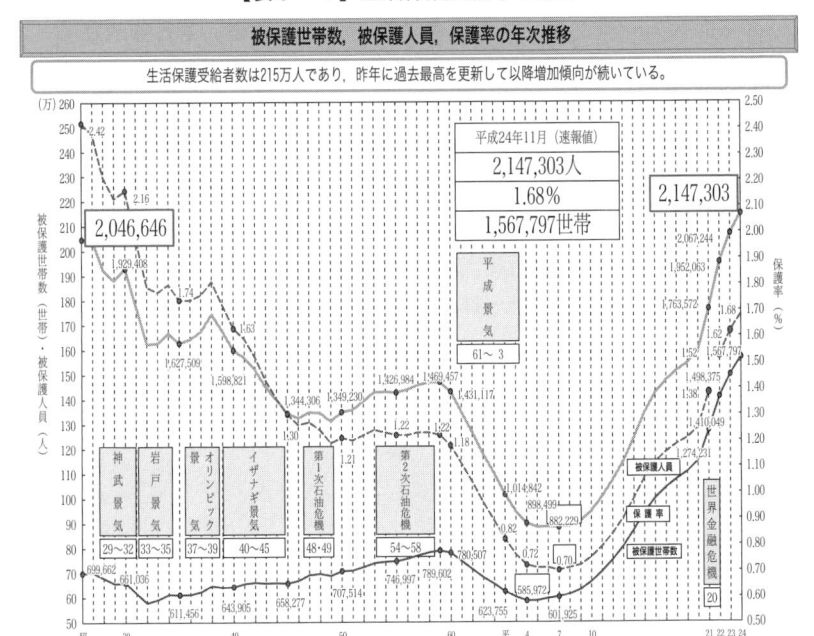

被保護世帯数,被保護人員,保護率の年次推移

生活保護受給者数は215万人であり,昨年に過去最高を更新して以降増加傾向が続いている。

資料:被保護者調査より保護課にて作成(平成24年3月以前の数値は福祉行政報告例)
『全国厚生労働関係部局長会議資料(厚生分科会)』より
http://www.mhlw.go.jp/topics/2013/02/dl/tp0215-07-01p.pdf

設問のように,政府が逆転現象を是正するために生活保護の減額を決定し,それに伴って保護基準が改定された場合に,受給者の生存権を侵害しないかどうかが問題となる。

(2) 生 存 権

生存権は国に対して最低限度の生活を送るための社会給付を求める権利である。そのため,自由権等と異なり,ただちに具体的権利として行使できるか否かについては学説上の争いがあった。すなわち,国の政策的指針を示したにすぎないとするプログラム規定説,

【人　権】9 生存権 ── 生活保護費削減の合憲性

　国民に具体的な権利を保障したものとする具体的権利説，国に立法や予算等を通じて実現すべき法的義務を課したものとする抽象的権利説という3つの学説である。しかし，1950年に生活保護法が制定されると，最低限度の生活を送る権利が保障されるに至り，抽象的権利説が現状に即した学説となった。

　もっとも，最低限度の生活の内容については立法府の裁量に任せられる部分が大きい。なぜなら，生存権の実現は様々な段階において立法裁量が強く働くからである。まず，生存権は受益権的性格を有する。最低限度の生活保障に関するデフォルトの設定は法律によって制定するほかなく，その第一次的判断は立法府に委ねられる。つぎに，最低限度の生活保障の内容である。憲法は何が最低限度なのかを明確に定めているわけではないので，どう見ても最低限度とはいえないような場合を除き，原則として立法府がその内容を形成することになる。したがって，生活保護法が最低限度の生活についてよほど不合理な決め方を定めていない限り，それが違憲となることはない。また，生活保護制度は他の社会福祉制度とリンクすることがあるため，その相関関係またはその総合調整を行うことがある。このとき，他の法律によって，不合理な給付条件を付けたり，基準額に大きな影響をもたらしたりする場合にはその合憲性が問われることになるが，その場合でも立法裁量が強く働く可能性がある（最大判昭和57・7・7〔堀木訴訟〕）。

　このように，生存権は，立法裁量に委ねられる側面が強いが，具体化立法を待つ段階からその内容や運用を問う段階に移行していることを踏まえると，立法裁量の問題は主として他の制度との連関の問題であるといえる。加えて，具体的運用が問題であるとすれば，それはもはや立法裁量の問題というよりも，行政裁量の問題である。とりわけ，生存権関連の規定は具体的内容を行政の判断に委ねる規定が多いことから，生存権の主戦場は行政裁量統制に移りつつある。

Ⅲ 実践編

(3) 生存権の意義と判例の展開

(ⅰ) 行政裁量統制と憲法

　生活保護法8条は、厚生労働大臣が要保護者の年齢別、性別、世帯構成別、所在地域別その他保護の種類に応じて必要な事情を考慮して生活保護基準の設定を行うとしている。そのため、厚生労働大臣が保護基準の設定につき、裁量を有する制度枠組となっている。どこまで裁量を有するかにつき、最高裁は、「健康で文化的な最低限度の生活なるものは、抽象的な相対的概念であり、その具体的内容は、文化の発達、国民経済の進展に伴って向上するのはもとより、多数の不確定的要素を綜合考量してはじめて決定できるものである。したがつて、何が健康で文化的な最低限度の生活であるかの認定判断は、いちおう、厚生大臣の合目的的な裁量に委されて」（最大判昭和42・5・24〔朝日訴訟〕）いるとしている。そのため、原則として厚生労働大臣の判断には裁量が認められ、「現実の生活条件を無視して著しく低い基準を設定する等憲法および生活保護法の趣旨・目的に反し」（最大判昭和42・5・24〔朝日訴訟〕）た場合に、裁量権の逸脱・濫用になるとしている。

　もっとも、その後、最高裁は老齢加算廃止事件においてより詳しい説明をしている。老齢加算廃止事件最高裁判決は、堀木訴訟を引用しながら「最低限度の生活は、抽象的かつ相対的な概念であって、その時々における経済的・社会的条件、一般的な国民生活の状況等との相関関係において判断決定されるべきものであり、これを保護基準において具体化するに当たっては、国の財政事情を含めた多方面にわたる複雑多様な、しかも高度の専門技術的な考察とそれに基づいた政策的判断を必要とするものである」とした上で、その判断に至る過程に裁量の逸脱・濫用がないかどうかを審査するとした。この判決は、堀木訴訟が裁量について述べた箇所は立法裁量に関する部分であったにもかかわらず、行政裁量の問題としてほぼ同旨の内容を述べている。最低限度の生活に関する立法裁量と行政裁量の異同についてはなお検討の余地が残るが、いずれにせよ、裁量

【人　権】9 生存権 ── 生活保護費削減の合憲性

の逸脱・濫用をどのようにチェックしていくかが重要な点となる。

　この点につき最近の学説は制度後退禁止原則や憲法的要素を加味した行政裁量統制を提唱する傾向にある。制度後退禁止原則は、いったん創設した生活保護制度を後退させることは原則として許されないと考えるものである。ただし、憲法25条からどのように制度後退禁止原則を導き出すのかについては論者によって違いがあり、そのような原則を打ち立てられるかどうかについては検討の余地がある。また、この原則が成り立ちうるとしても、具体的にどのような後退が許されないのか、あるいは政府側はどの程度正当化の論証が必要になるのかなどが必ずしも明確ではないため、そうした詰めの作業も必要となってこよう。

　行政裁量を統制する議論は、生活保護法は憲法の趣旨にそって解釈・適用されなければならないことから、生活保護法の重要な部分を取り出して、そこに憲法の趣旨を読み込ませ、行政裁量を統制しようという試みである。あるいは、実質的判断が困難であることを前提とし、判断過程統制を試みるというアプローチもある。実際、老齢加算廃止事件最高裁判決では、そうした方法で判断が行われている。

　このように、憲法25条の趣旨に照らして、行政裁量の統制を試みるアプローチが花盛りになっているが、なぜ最近になって司法による行政の裁量統制が要請されているのかについて、その理由を考えておく必要がある。それは、行政国家と法の支配に関連する。福祉社会は、行政に対して様々なサービスを要請する以上、行政は肥大化するいっぽうである。そうなると、行政が市民生活に与える影響が強まるため、法的統制をかけておかなければならない。このとき、法律によって事前に統制をかけておく方法と、裁判によって事後に統制をかける方法とがある。これらは車の両輪と同じであり、法の支配において両方とも必要な事項であるが、細部にわたって法律で規律することは行政サービスの効率化の上でも困難である。とりわけ、福祉受給のような行政サービスは市民生活を左右するもの

III 実践編

であることから，ある程度柔軟に対応する必要がある。そのため，ある程度行政の裁量を認めた上で，裁量の逸脱・濫用があった場合には事後的審査によって行政判断の正当性を担保していくしかない。司法による行政裁量統制が行われてこそ，行政国家型憲法秩序が形成されていくのである。

(ⅱ) 減額決定についての裁量統制

本問のような減額決定については，老齢加算廃止訴訟が参考になる。最高裁は，減額決定と減額に至るプロセスに関して裁量の逸脱・濫用の有無を判断した。まず，生活保護法56条の不利益変更については基準改定による減額は対象としないとした上で，減額決定については判断過程を中心に統計等の客観的な数値との合理的関連性や専門的知見との整合性について審査し，減額に至るプロセスについては生活への影響を中心に審査した。

本問では，物価変動に伴う逆転現象を理由に基準を改定しているが，その判断過程に問題がないかが審査されることになる。保護基準の改定は専門機関の判断を尊重していることから，判断過程そのものには裁量の逸脱・濫用はないようにみえる。ただし，生活保護費の基準を決める際に最低賃金を考慮することが妥当かどうかは検討の余地があるかもしれない。

また，適切な激変緩和措置が行われたかどうかも問われる。政策変更は利害関係者への影響が強いことから，半年という期間で10%減額することの妥当性が問われることになろう。

【応用的テーマ】

生活保護受給者がギャンブル行為をすることを禁止し，当該行為に従事しているところを発見された場合は次回保護費を10%減額するという条例を制定した場合の憲法問題を論ぜよ。

近年，膨らみ続ける生活保護費に対しては受給者の生活実態を細かく把握すべきであるとの意見も聞かれるところである。そうした中，一部の受給者が生活保護費をパチンコなどの遊興費に費やしているこ

【人　権】9　生存権 ── 生活保護費削減の合憲性

とがわかり，批判を浴びた。このような事態に対し，兵庫県小野市ではパチンコなどのギャンブルに費やすことを禁止するために，2013年に市福祉給付制度適正化条例を制定している。

　たしかに，生活保護費は，健康で文化的な最低限度の生活を送るために，生活扶助・教育扶助・住宅扶助・医療扶助・介護扶助・出産扶助・生業扶助・葬祭扶助を支給するものであり，その趣旨に反するような保護費の使用は原則として許されないと解されている。他方で，「健康で文化的」な生活を送るためには多少の遊興費を認める余地があるのではないかと解釈することが可能であれば，本条例は25条に違反する可能性がでてくる。そのため，ここでは，生活保護費をギャンブル行為として使用することの禁止が25条に反するか否か，また当該使用が判明した場合に一律10％減額することが許されるかどうかが問題となる。

　生活保護費の使用方法が争われた中嶋訴訟（最判平成16・3・16）では，生活保護費を高校進学のための学資保険に充てていたところ，返戻金を収入認定され，その分を減額されたことが問題となった。最高裁は，「生活保護法の趣旨目的にかなった目的と態様で保護金品等を原資としてされた貯蓄等は，収入認定の対象とすべき資産には当たらないというべきである。」とし，「被保護世帯において，最低限度の生活を維持しつつ，子弟の高等学校修学のための費用を蓄える努力をすることは，同法の趣旨目的に反するものではないというべきである。」と判断した。また，最高裁は，「本件返戻金は，それが同法の趣旨目的に反する使われ方をしたなどの事情がうかがわれない」限り収入認定すべき資産にあたらないと述べている。本判決からすれば，生活保護法の使用方法は生活保護法の趣旨に適っているかどうかが争点となる。

　生活保護費の使用方法が生活保護法の趣旨に適うか否かについては生活保護法が保護対象としていない場合が問題となるケースが想定されるので，その適否に関する決定は行政の判断に委ねられる部分が大きい。このとき，司法はどの程度行政裁量を統制することができるのかどうかを考えることになる。

　中嶋訴訟では，生活保護法は高校修学に関する費用を保護の対象と

Ⅲ 実践編

していないが，ほとんどの者が高校に進学すること，高校進学が自立のために必要であること，実務上高校修学を認める運用になっていることを理由に挙げ，生活保護法の趣旨に反しないとしている。中嶋訴訟では教育関連の使用であったことから教育扶助という類型事項に該当し，社会通念上高校進学を認めたとしても最低限度の生活を大幅に逸脱しているわけではなく，将来的には自立という生活保護法の目指すところにも合致することから，生活保護法の趣旨に適うとされたといえる。すると，行政の判断が裁量の逸脱・濫用に当たるかどうかについては，使用目的や使用方法がどのようなものであったか，それは生活保護法の趣旨に適っていたかどうか（生活保護法の目的との関連性，扶助類型に列挙されている事項との関連性，社会通念上許容される範囲内かどうかなど）が問われることになろう。

この点，本事例がいかなる意味で生活保護法の趣旨に適うかどうかを検討してもらいたい。また，減額方法がギャンブルに費やした金額ではなく，一律10%とすることの合理性も考える必要がある。

【参考(裁)判例・文献】

〈(裁)判例〉
・最大判昭和42・5・24民集21巻5号1043頁〔朝日訴訟〕
・最大判昭和57・7・7民集36巻7号1235頁〔堀木訴訟〕
・最判平成16・3・16民集58巻3号647頁〔中嶋訴訟〕
・最判平成24・4・2民集66巻6号2367頁〔老齢加算廃止事件最高裁判決〕
・福岡高判平成22・6・14判タ1345号137頁，判時2085号43頁〔老齢加算廃止事件控訴審判決〕

〈文献〉
・石塚壮太郎「社会国家・社会国家原理・社会法——国家目標規定の規範的具体化の一局面——」法学政治学論究101号（2014年刊行予定）
・遠藤美奈「社会権——これからの社会を構想するために」法学セミナー57巻5号（2012年）15頁
・尾形健『福祉国家と憲法構造』（有斐閣，2011年）
・葛西まゆこ『生存権の規範的意義』（成文堂，2011年）
・葛西まゆこ「生存権と制度後退禁止原則——生存権の「自由権的効果」再考（特集 憲法と経済秩序（2））」企業と法創造 7巻5号（2011年）

【人　権】9 生存権 ── 生活保護費削減の合憲性

26頁
- 駒村圭吾『憲法訴訟の現代的転回──憲法的論証を求めて』(日本評論社, 2013年) 174頁
- 宍戸常寿『憲法 解釈論の応用と展開』(日本評論社, 2011年) 161頁

〔大林　啓吾〕

【人　権】10 選挙権 ── 禁錮刑以上の受刑者の選挙権

10 選挙権
──禁錮刑以上の受刑者の選挙権

論題　禁錮刑以上の受刑者に対する選挙権制限（公職選挙法11条1項2号）は，憲法15条1項・3項，44条に違反するか。

公職選挙法11条1項2号は，禁錮以上の刑に処せられその執行を終わるまでの者について，国政選挙や地方選挙における選挙権を与えていない。

これまで数回の酒気帯び運転（道路交通法違反）で執行猶予付き有罪判決を受けたことのあるXは，再度，酒気帯び運転で逮捕されて懲役4カ月の実刑判決を受け，201＊年5月初旬から9月初旬にかけて服役した（現在は出所している）。このことから，Xの服役中の同年7月に実施された参議院議員通常選挙において，Xは投票できなかった。

Xのような禁錮刑以上の受刑者に選挙での投票を認めない公職選挙法の規定は，憲法に違反するか。

【関連条文】　憲法15条1項・3項，44条，公職選挙法11条1項2号

Ⅲ 実践編

双方の立論

合 憲 側

　禁錮刑以上の受刑者に選挙での投票を認めない公職選挙法の規定は，合憲と考えます。

(1) 受刑者の権利制限の正当性

　受刑者は，公権力との関係で一定の特殊な地位におかれ，合法的な身柄拘束を受ける存在です。人々の基本権は尊重されるべきですが，憲法13条では，それは「公共の福祉に反しない限り」であるのと同時に，同18条では「犯罪に因る処罰の場合を除いては，その意に反する苦役に服させられない」とされ，同31条では「何人も，法律の定める手続によらなければ，その生命若しくは自由を奪われ」たりしないと規定されます。つまり，法律の適正な手続に基づく限り，人々が一定の自由・権利の制限を広く受けることはやむを得ず，犯罪を理由に処罰を受けている人の選挙権が制限を受けることも正当化されます。

(2) 選挙権の性質と国会の裁量権

　選挙権とは，人々の重要な権利であると同時に公務としての性格も有しており，後者を重視すれば，選挙権は一般的な権利としての性格が後退します。また憲法44条・47条は，選挙人の資格や選挙方法設定の法律事項主義を定めており，国会の裁量的権限を広く認めています。これは，最高裁大法廷判決（最大判昭和39・2・5）の趣旨でもあります。

　国民の選挙権保障においては普通選挙の原則の貫徹が望ましいことですが，国会が他の諸要素を加えて選挙制度の設計を行うこともまた可能です。特に受刑者の選挙権制限をめぐっては，受刑者が特殊な地位にあり，刑罰を受けるために一般社会とは隔離されて拘禁される以上，その性質に照らして一定の公的権利が制限

【人　権】10 選挙権 ── 禁錮刑以上の受刑者の選挙権

されると国会が判断したとしても，それは国会の裁量的権限の範囲内のことです。

(3) 「選挙の公正」について

近年の最高裁大法廷判決では，憲法の趣旨にかんがみれば「自ら選挙の公正を害する行為をした者等の選挙権について一定の制限をすることは別として，国民の選挙権又はその行使を制限することは原則として許されず，国民の選挙権又はその行使を制限するためには，そのような制限をすることがやむを得ないと認められる事由がなければなら」ず，「そのような制限をすることなしには選挙の公正を確保しつつ選挙権の行使を認めることが事実上不能ないし著しく困難であると認められる場合でない限り，上記のやむを得ない事由があるとはいえ」ないとしています（最大判平成17・9・14）。

これに基づくと，（選挙犯罪以外の）受刑者一般は「自ら選挙の公正を害する行為をした者等」には該当しないけれども，禁錮刑以上の受刑者の選挙制限に関しては，国民の選挙権又はその行使の「制限をすることなしには選挙の公正を確保しつつ選挙権の行使を認めることが事実上不能ないし著しく困難であると認められる場合」としての「やむを得ないと認められる事由」があります。

まず，下級審判決（東京地判平成7・2・28）の被告（東京都選挙管理委員会）主張のように，「選挙犯罪に限らず，およそ犯罪を犯して禁錮以上の刑に処せられた者は違法性の極めて高い反社会的行為を行った者であり，著しく遵法精神に欠け，公正な選挙権の行使を期待できないと認められる」という点が，上記の「やむを得ない」事由となりえます。つまり，公正な選挙権の行使には法に基づく一定の適正な判断力が期待されるが，禁錮刑以上の受刑者はそうした精神を持ちあわせていないと判断できます。

次に，制度設計が困難であるという問題があります。選挙にお

177

Ⅲ 実践編

ける選挙人名簿は住民票を基礎に作成されますが，禁錮刑以上の受刑者の場合，本人によって（受刑地の住所地への）住民票の変更がなされない限り，刑事収容施設に入る前の住所地が住民票の所在地になることが多いです。それを前提に受刑者が選挙人名簿に掲載される各投票所地へ出向いて投票を行なわなければならないとすれば，各受刑者の身柄を拘束したままでの様々な地への移動は難しいでしょう。また，受刑者の脱走の可能性も高まります。また，郵便投票などによる刑務所内からの投票参加制度を導入することは不可能ではないですが，各地の選挙管理委員会が，それぞれの刑務所の各受刑者に個別にその知らせを送付することは大変に煩瑣なことです。重要判決（在外国民の選挙権判決）では「どのような投票制度を用意すれば選挙の公正さ，公平さを確保し，混乱のない選挙を実現することできるのかということも国会において正当に考慮しなければならない」という主張をする最高裁判事もおり，以上のような制度を新たに認めることで，公正・公平でない選挙になる可能性が生じるでしょう。

以上から，国会が新たな制度を設けていないとしても，それは国会の裁量権を大きく逸脱するものといえません。

(4) 結 論

以上のような理由から，禁錮刑以上の受刑者に対する選挙権制限（公職選挙法11条1項2号）は，憲法15条1項・3項，44条に違反しないと考えます。

違憲側

禁錮刑以上の受刑者に選挙での投票を認めない公職選挙法の規定は，違憲と考えます。

(1) 受刑者の権利制限の正当性

受刑者は，国家の刑罰権の行使により一定の身柄の拘束と権利

【人　権】10 選挙権 ── 禁錮刑以上の受刑者の選挙権

制限を受けます。しかしそれは，国家との関係での特殊な地位におかれることによる包括的な権利制限を許容するものではなく，国家の刑罰権の行使の合理的な範囲内で権利制限が行われるにすぎません。この観点から，受刑者の選挙権制限が正当化されるのは，以下に見るような，選挙権の適正な行使に内在する制約のみ認められるべきであって，憲法上・法律上の権利の一律制約を許すものではありません。

　懲役や禁錮等の自由刑はたしかに受刑者の自由を制限しますが，刑罰の本質は，「自由な身体的行動を制限すること」（禁錮）や，「労働という意に沿わない苦役を与えて行動を制限すること」（懲役）にあり，政治的な意思表示を行う内心の自由やそれに伴う一定の政治的意思表示を奪うことまでを含んでいません。

　さらに，法律による一定の権利制限の撤廃を要求する場合，裁判所による権利救済に加えて，人々が多数派を形成し，その利益を理解する国会議員を選出して制限の撤廃や緩和を求めるといった「民主的過程を通じた権利の実現」をしようとするでしょう。ところが禁錮刑以上の受刑者は，多数派形成が困難であるばかりか，政治にアクセスするための選挙権がありません。これにより自らの利益の達成を見込めず，刑事収容施設等の待遇改善に関して，政治的ルートを通じた要求ができないのです。こうした立場にある受刑者であるからこそ，そうした政治的権利が保障されるべきではないでしょうか。

(2)　選挙権の性質と国会の裁量権

　選挙権は市民の重要な政治的権利であり，選挙制度の構築には現代選挙法の公理である普通選挙や平等選挙といった諸原則の貫徹が要請されます。憲法15条 3 項では，「公務員の選挙については，成年者による普通選挙を保障する。」と規定するように，成年者であれば当然にして選挙権が保障されるべきであり，相当程度に「選挙の公正」等が侵害されない限り，誰にでも選挙権が保

Ⅲ 実践編

障されるべきで、それは禁錮刑以上の受刑者も同じです。

　憲法44条、47条は選挙事項法定主義を採用しますが、市民の重要な権利である選挙権のあり方について国会の裁量権が全て及ぶわけではありません。国会は他の政策的配慮をなしうるとしても、それはあくまで選挙権の保障が優越する価値として位置付けられるべきです。この点からすれば、禁錮刑以上の受刑者の選挙権付与を制限することは選挙権に対する不当な制限となり、その決定は国会の正当な裁量権の範囲だとはいえません。

(3) 「選挙の公正」について

　近年の最高裁大法廷判決では、「自ら選挙の公正を害する行為をした者等の選挙権について一定の制限をすることは別として、国民の選挙権又はその行使を制限することは原則として許されず、国民の選挙権又はその行使を制限するためには、そのような制限をすることがやむを得ないと認められる事由がなければなら」ず、「そのような制限をすることなしには選挙の公正を確保しつつ選挙権の行使を認めることが事実上不能ないし著しく困難であると認められる場合でない限り、上記のやむを得ない事由があるとはいえ」ないとしています（最大判平成17・9・14）。

　これについて（選挙犯罪以外の）受刑者一般は「自ら選挙の公正を害する行為をした者等」に該当しません。さらに、禁錮刑以上の受刑者の選挙制限に関して、国民の選挙権又はその行使の「制限をすることなしには選挙の公正を確保しつつ選挙権の行使を認めることが事実上不能ないし著しく困難であると認められる場合」としての「やむを得ないと認められる事由」にもあたりません。

　まず、禁錮刑以上の受刑者は「著しく遵法精神に欠け、公正な選挙権の行使を期待できない」ことから権利制限をやむを得ないとする見解は不当です。というのも普通選挙原則の下では、選挙権資格付与が被付与者の信条等により差別されることがあっては

【人　権】10 選挙権 ── 禁錮刑以上の受刑者の選挙権

ならず，そもそも投票者意思の道徳性は不問にされるべきだからです（満20歳になれば選挙権は付与されるという形式性こそに意義があるのです）。また，選挙制度のルール違反を理由とする選挙犯罪であれば，選挙のルールを破り「選挙の公正」を侵害したことの内在的制裁として（あるいは，その他の犯罪に比べ「選挙の公正」を今後も侵害する可能性があることを理由として），受刑者の選挙権制限が観念されます。しかし，選挙犯罪以外での刑罰の付与による受刑者が，刑罰を伴う一定の法益侵害をしたからといって，それ自体が「選挙の公正」を侵害したと考えること，あるいは今後行うであろうと予見することはできないのです。

　また，禁錮刑以上の受刑者の投票制度の確立に一定の配慮をしても，それ自体が「選挙の公正」の保持を困難にするともいえません。同受刑者の場合，本人が住民票を受刑地に移さない限り，刑事収容施設に入る前の住所地に住民票を置くことが多いですが，これにより投票の際に住所地の投票所まで受刑者が赴くことを制度化することは脱走の可能性などを考えれば難しいといえます。しかし，刑務所内での投票制度，あるいは，刑務所内からの郵便投票制度を設けるなどの手法を取ることは，それほどまでに煩瑣ではなく，重要な権利である選挙権について，制度構築の煩瑣を理由として制限することはあってはなりません。

(4) 結　　論

以上のような理由から，禁錮刑以上の受刑者に対する選挙権制限（公職選挙法11条1項2号）は，憲法15条1項・3項，44条に違反するといえます。

解　説

(1) 問題の背景

　一般的に日本では満20歳で選挙権が付与されるが，部分的な選挙権制限が法律上見られる【表10-1】。ただし，選挙権は民主政治

Ⅲ 実践編

を支える重要な権利であって、いかなる場合でも制限してよいわけではない。後半でも見るように、近年では一定のカテゴリーに属する人々の選挙権を制限する法律上の規定について、最高裁判所や下級審裁判所が違憲判断を行う事例も見られ、実際に、選挙権の制限を撤廃・緩和する動きもある。

受刑者（の一部）に選挙権を付与しようとする動きは、ヨーロッパ諸国では見られるが、日本では少ない。そこには、「受刑者は、悪いことをしたのだから、さまざまな権利・自由制限を受けるのがあたりまえだ」とか「受刑者は、きちんとした政治判断をできるわけがない」といった感情論が背景にある。たしかに刑罰としては、自由の拘束自体に意義がある以上、受刑者が一般市民と同様の自由や権利が当然に認められるわけではない。だが現在では、受刑者が人の尊厳を侵されるような処遇を当然にして受けてよいとも考えられていない。人としての適正な扱いを受けているのか、刑罰とは直接的に関係のない権利侵害を受けていないか、といった点を考えることが重要である。

ところが禁錮刑以上の受刑者は、選挙権も保障されないため、刑事収容施設内での受刑者の扱いについて決定する場である国会に自らの声を届けることができない。平成23年現在、そうした受刑者の数は約25,500人程度にのぼるが（【表10－2】）、これだけの声が国政・あるいは地方政治に届かない状況の深刻さを考えてみよう。

(2) 受刑者の基本権

かつて学説では、国と受刑者との関係は「特別権力関係」にあるとされた。これは、一般的な国民と国や地方公共団体などの公権力との関係を示す「一般権力関係」の対義語である。そして「特別権力関係」にある人々は、特別な権利制限を包括的に許容されるとされてきた。しかし、現在の憲法の基本原理の下では、より基本権が保障されるべきであって、人々が公権力との関係において「特別」な地位にあるように見えても、制約を受ける基本権があるときに

【人　権】10 選挙権 ─── 禁錮刑以上の受刑者の選挙権

は，個別の基本権の性質ごとにいかなる理由でどの程度制約されるべきなのか吟味されるべきである。この考え方のもとでは，受刑者だからといって，すべての基本権を一律に無制限に制約できることにはならず，制約には一定の合理的理由が要求される。

　刑事施設の被収容者（受刑者，死刑確定者，未決拘禁者，など）のうち受刑者の収容目的は，矯正・教化などがあるが，従来，受刑者の基本権は，拘禁時の秩序維持などを理由に大幅な制約を受けてきた。例えば旧監獄法の体制では，新聞の閲覧や，信書の授受などの制約が強く残っていた。しかし近年では，受刑者等の処遇を改める新たな法改正が行われ，旧監獄法から「刑事収容施設および被収容者の処遇に関する法律」（平成18年）へと改められた。

(3) 選 挙 権
(i) 選挙権の意義

　合憲側立論に登場したように，選挙権の性格をめぐっては従来，「権利」と「公務」の二重の性格があると言われてきた（権利・公務二元説）。しかし，公務としての性格を強調すると，権利としての側面が薄らいでしまい，憲法44条や47条で選挙事項法定主義を採用していることから，選挙制度を決定する国会の裁量権が広範に及んでしまうのではないかと懸念されることもあった。もっとも近年の判例（在外国民選挙権訴訟）は，「権利」か「公務」かという二者択一的な議論をしないまま「国民の代表者である議員を選挙によって選定する国民の権利は，国民の国政への参加の機会を保障する基本的権利として，議会制民主主義の根幹を成すものであり，民主国家においては，一定の年齢に達した国民のすべてに平等に与えられるべきもの」（最大判平成17・9・14）と選挙権をとらえている。

　選挙権の行使の方法を具体的に策定するのは国会である（憲法44条・47条）。しかし国会は，憲法上明記された──あるいは明記されなくても守るべき──諸原則（普通選挙，平等選挙，自由選挙，秘密選挙）に拘束される。このうち普通選挙と平等選挙の各原則は，そ

Ⅲ　実践編

【表10－1】日本における選挙権保障の条件

	備えていなければならない条件	権利を失う条件
衆議院議員・参議院議員の選挙	・日本国民で満20歳以上であること ※20年目の誕生日の前日の午前0時から満20歳とされます。	1．成年被後見人 2．禁錮以上の刑に処せられその執行を終わるまでの者 3．禁錮以上の刑に処せられその執行を受けることがなくなるまでの者（刑の執行猶予中の者を除く） 4．公職にある間に犯した収賄罪により刑に処せられ，実刑期間経過後5年間（被選挙権は10年間）を経過しない者。または刑の執行猶予中の者 5．選挙に関する犯罪で禁錮以上の刑に処せられ，その刑の執行猶予中の者 6．公職選挙法等に定める選挙に関する犯罪により，選挙権，被選挙権が停止されている者 7．政治資金規正法に定める犯罪により選挙権，被選挙権が停止されている者
知事・都道府県議会議員の選挙	・日本国民で満20歳以上であり，引き続き3カ月以上その都道府県内の同一の市区町村に住所のある者 ※上記の人が引き続き同一都道府県内の他の市区町村に住所を移した場合も含む。 　ただし，移転先市区町村からさらに同一都道府県内の他の市区町村に住所を移した場合は，含まれない。	
市区町村長・市区町村議会議員の選挙	・日本国民で満20歳以上であり，引き続き3カ月以上その市区町村に住所のある者	

総務省HP（「選挙・政治資金」）より
(http://www.soumu.go.jp/senkyo/senkyo_s/naruhodo/naruhodo02.html#chapter1)

【人　権】10 選挙権 ── 禁錮刑以上の受刑者の選挙権

【表10－2】 入所受刑者の人員・人口比の推移（男女別）

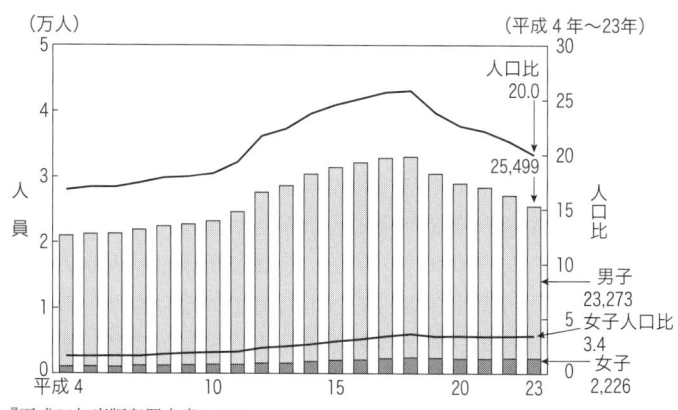

（平成4年〜23年）

人口比 20.0
25,499
男子 23,273
女子人口比 3.4
女子 2,226

『平成24年度版犯罪白書』より
(http://hakusyo1.moj.go.jp/jp/59/nfm/n_59_2_2_4_1_3.html)

の形式的平等性が重要となる。つまり，社会的弱者に2票を与えたり，その1票の重さを重くしたりといった手法は取れない。

　選挙権保障の形式性の観点からは，憲法上の留保を除き，原則として選挙権の付与に制限を設けてはならないことになる。ここにいう憲法上の選挙権制限とは，憲法15条3項に定める「成年者による普通選挙の保障」のことであり，これにより未成年者は一定の選挙制限を受けてもやむを得ない（ただし，成年者とはどの年齢以上を指すのかについては国会で決定できる。現状では満20歳がそのラインであるが，満18歳に引き下げるべきという意見も有力である）。

　「原則」とはいうが，いかなるレベルであれば，「例外的に」選挙権の制限をしてよいのか。これについては，肯定側・否定側の各立論が示すように，前述した在外国民選挙権訴訟の説示が参考になる。この説示によれば「憲法の以上の趣旨にかんがみれば，<u>自ら選挙の公正を害する行為をした者等の選挙権について一定の制限をすることは別として</u>，国民の選挙権又はその行使を制限することは原則として許されず，国民の選挙権又はその行使を制限するためには，そのような制限をすることがやむを得ないと認められる事由が

III 実践編

なければなら」ず,「そのような制限をすることなしには選挙の公正を確保しつつ選挙権の行使を認めることが事実上不能ないし著しく困難であると認められる場合でない限り,上記のやむを得ない事由があるとはいえず,このような事由なしに国民の選挙権の行使を制限することは,憲法15条1項及び3項,43条1項並びに44条ただし書に違反するといわざるを得ない」(下線は筆者)。

ここでは2箇所の下線部に注目したい。つまり,例外的に選挙権を制限できるのは,簡単に述べれば,①選挙犯罪である場合,②選挙の公正を確保した状態で選挙権の行使ができない場合,と読むことができる点である。今回の論題の場合,(「等」の中に一般犯罪の受刑者を入れない限り)①には該当しないから,②の該当性を考える必要性がある。これらについては肯定・否定の両立論をよく見て欲しい。どちらの理屈がより説得的であるかを考えてみよう。

(ⅱ) 受刑者の選挙権に関する(裁)判例の動向

選挙犯罪者の選挙権停止をめぐっては,最大判昭和30年2月9日がある。この判決では,「(公職選挙)法252条所定の選挙犯罪は,いずれも選挙の公正を害する犯罪であつて,かかる犯罪の処刑者は,すなわち現に選挙の公正を害したものとして,選挙に関与せしめるに不適当なものとみとめるべきであるから,これを一定の期間,公職の選挙に関与することから排除するのは相当であつて,他の一般犯罪の処刑者が選挙権被選挙権を停止されるとは,おのずから別個の事由にもとずくものであ」り,「選挙犯罪の処刑者について,一般犯罪の処刑者に比し,特に,厳に選挙権被選挙権停止の処遇を規定しても……条理に反する差別待遇というべきではな」く,「選挙の公正はあくまでも厳粛に保持されなければならないのであつて,一旦この公正を阻害し,選挙に関与せしめることが不適当とみとめられるものは,しばらく,被選挙権,選挙権の行使から遠ざけて選挙の公正を確保すると共に,本人の反省を促すことは相当であるからこれを以て不当に国民の参政権を奪うものというべきではない」としている。また,一般犯罪の受刑者に関して,死刑囚の選

【人　権】10 選挙権 ── 禁錮刑以上の受刑者の選挙権

挙権をめぐる東京地判平成7年2月28日で裁判所は,「憲法44条は,国会議員の選挙人の資格について,不合理な差別を禁止しているが,原告は,爆発物取締罰則違反被告事件で死刑判決が確定し,本件拘置所で現に身柄を拘束されている者であって,その選挙権を制限することは合理的な理由があり,本件第11措置は憲法44条に違反するものでないというべきである。」として,十分な理由も示さないまま「合理的」であるとした。

他方で,懲役刑中に参議院議員選挙での投票ができなかったことの違憲性が問われた事例では,地裁(大阪地判平成25・2・6)が合憲判断をしたものの,その控訴審判決で高裁(大阪高判平成25・9・27)は,(国家賠償請求は認めなかったものの)公職選挙法11条1項2号が禁錮刑以上の受刑者の選挙権を一律に制限することにやむを得ない事由があるとはいえず,違憲であると判断した。

先述の在外国民選挙権訴訟に加え,近年では,成年被後見人の選挙権制限が地裁判決で違憲とされるなど(東京地判平成24・3・14),選挙権制限に対する違憲判決が見られるようになっている。こうした動向にも注意しつつ本件での議論にあたってほしい。

【応用的テーマ】

選挙年齢を現在の満20歳以上から満18歳以上へと変更すべきか否か。

憲法15条は「成年者の普通選挙」を保障しており,未成年者の選挙権は保障されていない。しかし「未成年者」を満何歳未満とするのかは国会が設定する。憲法学の有力説では,国会が選挙年齢を満何歳以上とするのかを設定する場合には,どのような年齢であれば一般的に政治的決定能力を有するのかでそのラインを決定すべきであり,ここでも無限定な立法裁量が働くわけではないとされる。

現在の満20歳以上について選挙権を保障するという法律の規定は,国会の一定程度の裁量権も鑑みれば,ただちに憲法違反とすることは難しい。ただし,ヨーロッパの多くの国が満18歳以上での選挙権を付与しており,日本国内でも満18歳以上の国民には選挙権を保障すべき

Ⅲ 実践編

とする考え方も広まっている。

こうした動きについて国会も全く無視を決め込んでいるわけではない。例えば「日本国憲法の改正手続に関する法律」（2007年）の制定では，投票権者について「日本国民で年齢満18年以上の者」（同3条）としつつ，同附則3条において，他の成年年齢との調整により，当分の間は，「満20年以上の者」とする。ここでは，満18歳以上の人が政治的決定能力があるとみなされた制度改正がなされているのである。ただし，現在でも国会は，他の成年年齢を満18歳以上とする改正をしてはいない。国民の間に満18〜19歳は未成年でよいとする考え方も根強く，国会議員のなかにもそれに同調的な人が多いからである。

【参考(裁)判例・文献】
〈(裁)判例〉
・最大判昭和30・2・9刑集9巻2号217頁
・最大判昭和39・2・5民集18巻2号270頁
・東京地判平成7・2・28判タ904号78頁
・最大判平成17・9・14民集59巻7号2087頁
・東京地判平成25・3・14判時2178号3頁
・大阪地判平成25・2・6裁判所HP。控訴審判決として，大阪高判平成25・9・27判例集未登載

〈文献〉
・河合正雄「受刑者の選挙権保障——2000年代のイギリスの動向を素材として——」早稲田法学会誌62巻2号（2012年）45〜79頁
・倉田玲「禁錮以上の刑に処せられた者の選挙権」立命館法学2005年2・3号（2005年）876〜909頁
・倉田玲・新・判例解説Watch・Vol.13・憲法4（2013年）21〜24頁
・倉田玲・新・判例解説Watch・Web版・憲法77（2014年）1〜4頁
・山崎友也・判例セレクト2013［1］9頁
・NPO法人監獄人権センターHP（http://cpr.jca.apc.org/）

〔新井　誠〕

【統　治】

11　国　会
——参議院不要論

論題　憲法42条は,「国会は, 衆議院と参議院によつて構成される」として, 二院制の議会を採用しているが, 憲法の改正により参議院を廃止して, 国会を一院制の議会に変えることの是非について論じなさい。

　日本国憲法は, 国会が衆議院と参議院という2つの会議体によって構成され, 国会の意思形成においては原則として両議院が参加することを規定している。ただし, 衆参における多数派の不一致などによって両院の議決が一致しない場合には, 予算, 条約, 内閣総理大臣の指名等については, 衆議院のみで成立させることができ, 法律案についても, 衆議院による3分の2の多数による再可決があれば成立させることができる(「衆議院の優越」)。ところが, 近年では, 参議院通常選挙の結果, 与野党の議席数が逆転し, 野党が参議院で過半数を占めるという事態が頻発するようになり, そのような場合に「衆議院の優越」手続きだけでは, 政府による政権運営が困難になる事態が生じている。そこで, 参議院の廃止も含めた改革が強く求められている。

【関連条文】　憲法42条・43条・44条・46条・54条・59条・60条・61条・67条

Ⅲ 実践編

双方の立論

肯定側

(1) 参議院の独自性

「第一院は，第二院と一致するなら無用であり，一致しないならば有害である。」これは，フランス大革命期に活躍したシエースの言葉としてしばしば引用される一節で，第二院が不要であることを表現したものとされています。シエースの言葉にあるように，参議院が不要である理由の1つは，参議院が衆議院の単なる「カーボンコピー」であって，独自の存在意義を見出だせないことです。

1950年代半ばまでは，参議院では無所属議員が多数を占めており，政党化された衆議院とは一線を画して，政権に対して独自の影響力を行使していました。しかし，選挙は一般に個人で戦うよりも政党の支持を受けて戦った方が有利なので，参議院では政党本位ではない選挙制度を実施していたにもかかわらず，その後，多くの無所属議員は淘汰され，参議院でも衆議院と同様の政党化が進みました。それと並行して，選挙制度も，両院の党派構成の差別化を意識しないものへと変化していきました。その結果，衆参で政党構成に大きな違いは出にくくなったのです。

このように，衆参の党派構成に差がなくなってきたので，衆議院で可決された法律案が参議院で実質修正されることはほとんどありません。とりわけ，保守合同が実現した1955年以降，衆参両院で自民党が過半数を占め，与党自民党主導の議事運営が定着したことによって，参議院の最終的な表決結果は衆議院と同一のものとなり，参議院の審議は衆議院の単なる繰り返しに過ぎないものとなりました。つまり，衆参の党派構成が似通っている限り，法案審議において参議院が独自の影響力を発揮することはないのです。

(2) 強すぎる参議院とその正統性

先に見たように、両院の政党構成が似通っている場合には、参議院は衆議院に吸収されて、その存在価値はなくなりますが、逆に、選挙の結果両院の多数派が異なった場合（いわゆる「ねじれ」）には、参議院の存在が「国政の停滞」という弊害を生じさせます。なぜなら、与野党の政治的対立が両院における異った議決として現れ、その結果、国会における意思決定機能が損なわれるからです。

予算の議決（憲法60条）、条約の承認（憲法61条）、内閣総理大臣の指名（憲法67条）については、参議院で可決されなくとも、衆議院の可決だけで成立させることができますが（「衆議院の優越」）、法律案については、参議院で衆議院と異なる議決がなされた場合に、両院協議会を開催しても両院の意見が一致しないときは、衆議院で出席議員の3分の2以上の多数で再可決されなければ、成立させることはできません（憲法59条2項）。内閣の最重要法案が衆議院で否決されたのであれば、内閣は解散に訴えて国民の判断を仰ぐという民主的な手続きによってこのような行き詰まりを打開することができますが、参議院で否決された場合には、改めて衆議院で3分の2の多数を獲得するという方法以外に解決策はないのです。

しかし、3分の2以上という要件は、選挙が民主的に行われている限り、与党だけでは容易に超えることの難しいハードルですし、与党だけで3分の2以上の議席を確保している場合でも、衆議院が参議院に法律案を送付してから61日以上経過しなければ衆議院での再議決はできないので（憲法59条4項）、参議院は審議を進めないことによって法案の成立を遅らせたり、会期末であれば「会期不継続の原則」を利用して廃案に追い込むことも可能です。また、「衆議院の優越」によって予算や条約が成立したとしても、予算や条約に関連する法律案が成立しなければ予算や条約の執行は不可能になります。さらに、日本銀行総裁のように内閣

Ⅲ 実践編

や首相による任命に際して国会の同意が必要な人事については,「衆議院の優越」が認められていないものもありますし, 参議院における閣僚に対する問責決議によって閣僚が辞任に追い込まれる事態も起こっています。つまり, 衆参の「ねじれ」が生じれば, 法律案ばかりでなく, 場合によっては予算や条約, 一部の行政機関や閣僚の人事についても参議院に拒否権を与えているのと同じことになるのです。

日本国憲法の議院内閣制においては, 衆議院総選挙で多数を獲得した勢力が内閣を組織し, その結果, 内閣は衆議院の信任に基づいて運営されることが予定されているにもかかわらず, 政権選択選挙ではない参議院通常選挙の敗北を契機として, 首相が退陣するという事態が生じてしまうのです。これは, 1989年の参議院通常選挙以降「ねじれ」が頻発するようになって, 現実の弊害として現れています。

また, 参議院の存在意義として, 慎重な審議の確保や多様な民意の反映という要素がしばしば挙げられますが, 例えば比例代表制のような少数代表機能をもつ選挙制度を取り入れたり, 統治システムをより分権化したり, 立法手続をより重層的なものにすることによって, 衆議院だけでも慎重な審議や多様な民意の反映を確保することができるので, 参議院の存在がもたらす弊害を考えれば, それらの要素を敢えて参議院に期待する必要はないのです。

(3) 他国との比較

アメリカ合衆国のような連邦国家においては, 連邦の利益とは異なる各州の利益が想定されるので, 連邦レベルの利益を代表する下院とは別に, 各州の利益を代表する上院が存在し, 時として上院が下院の決定を阻止することがあっても, 州の地位を保障するという目的の下でそれを正当化することはできます。また, イギリスのように, 立憲君主制のもとで貴族制度が残っている国で

【統　治】11 国会 ── 参議院不要論

は，貴族的要素を代表する第二院が，民選の第一院に対して一定の抑制を加えることも説明可能です。

しかし，日本のような単一国家においては，二院制というシステムが採用されなければならない論理的な必然性はありません。統計によれば，世界191カ国中，約6割が一院制を採用しており，日本と同じ単一国家に限っていえば，数の上で一院制の国が二院制の国をはるかに上回っています。連邦国家でもなく，貴族制も存在しない単一国家において，第二院が設置されている例としては，イタリアを挙げることができますが，イタリアでは上院議員のすべてが公選されているわけではないので，日本の参議院のように，第一院と同様に第二院が公選議員で構成されている例はほとんどありません。また，日本国憲法制定に際して，GHQの憲法草案も，日本がアメリカ合衆国のような連邦国家ではないことを1つの理由に，一院制の採用を求めていました。

さらに，第二次世界大戦以降でみると，民主制の単一国家であるニュージーランド（1951年），デンマーク（1953年），スウェーデン（1970年）が上院を廃止して一院制の議会に移行していますから，民主国家において二院制を廃止するというのは十分にあり得る選択肢なのです。

⑷　結　　論

以上の理由から，憲法改正によって参議院を廃止し，日本の国会を一院制の議会にするべきです。

否定側

⑴　参議院の独自性

確かに，法案の審議過程だけを見れば，肯定側が主張するように，参議院が衆議院と異なる議決をすることは少ないので，参議院の影響力は小さいという評価になるのかもしれません。実際，1947年から2009年までの間に，衆議院を通過したすべての内閣提

Ⅲ 実践編

出法案のうち，参議院で修正，否決されたり，審議未了や継続審議にされたものは，わずか1割程度しかありません。しかし，実際の政治過程は，国会における法案審議に尽きるものではなく，それに先立つ選挙，組閣，内閣における政策立案などが含まれます。政権を獲得した政党が，衆議院総選挙で圧倒的多数を確保していても，参議院で過半数議席を確保していない場合には，参議院の支持を確実なものにするために，組閣に際して他党を取り込んで連立内閣を組むということがしばしば行われます。また，参議院で法案の成立が確実になるように，内閣が議院での審議以前の段階で参議院の意見を織り込んだ法案を準備したり，あるいは，衆議院における審議の段階で参議院の意見を反映した修正がなされたりもします。その他にも，2005年の郵政民営化関連法案のように，参議院が内閣の掲げる最重要法案を否決したことが，その後の政治過程に大きな影響を及ぼすこともあります。これらを総合的に評価すれば，参議院は衆議院での審議を単に繰り返すだけの存在（「カーボンコピー」）ではなく，独自の影響力をもった機関であるということがわかります。

(2) 強すぎる参議院とその正統性

衆参の「ねじれ」が国政の停滞を招くようになった理由の1つに，小選挙区制導入の影響もあって近年衆参両院で二大政党化が進んだことがあります。この頃から，政権の座をめぐる自民党と民主党の政治対立は激しさを増し，どちらが政権を獲得しても，与野党間での妥協が成立しにくくなりました。そのため，ひと度「ねじれ」が生じると，野党は自分たちが参議院で多数派を握っていることを利用し，内閣の政策や人事を妨害して政権運営を困難にすることによって，次の衆議院総選挙で政権交代を実現させるようになりました。ですから，両院の対立による国政の停滞を回避するには，与野党問わず政党規律や多数派の論理を緩和したり，選挙制度を改正して中小の政党や無所属議員が生まれやすい

【統　治】11 国会 ── 参議院不要論

仕組みにするなどして，両院間の調整を可能にするような政党システムの構築がなされることが先決です。また，一部の行政機関の国会同意人事や問責決議による閣僚の交代については，憲法上の根拠があるわけではありませんから，これらを改めれば人事案件に伴う国政の停滞も改善することができます。

　そもそも，参議院には「再考の府」としての重要な役割があります。二大政党制を前提とした衆議院総選挙では，二大政党ないし二大ブロックがマニフェストのような政策綱領をめぐって争い，有権者は，パッケージとしての政策体系とその実施主体である首相を選択します。しかし，選挙時に有権者に対して示された政策綱領にあらゆる争点が含まれているわけではありませんし，個別の政策が網羅されているわけでもありません。また，民意や政治状況は流動的なので，選挙時に示されたと考えられる民意をその実施段階においてもすべて固定的に捉えることは妥当ではありません。そこで，これらの問題に対しては，参議院が党派に囚われることなく批判を加えたり，衆議院での処理が拙速である場合には，これを牽制し，国民世論を喚起する必要があります。首相指名において衆議院が優位することからわかるように，衆議院総選挙は政権選択と直接結びつくものですが，参議院通常選挙にはそれとは異なる意味があり，国民が参議院議員に期待するものも衆議院議員とは違うはずです。したがって，衆議院だけで，政策綱領の選択と慎重な審議や多様な民意の反映とを同時に実現することは，実際上困難であるばかりでなく，好ましいことでもないのです。

(3) 他国との比較

　政治学者レイプハルトは，民主主義国家が二院制を採用するための条件として，3つの要素を挙げています。①民族的に分断された国家であること，②連邦制を採用していること，③人口規模が大きいこと，です。これら3つのうち，日本は人口規模が大き

195

いという条件を満たしています。

　単純に数を比較すると一院制を採用する国の方が多いのは確かですし，単一国家が二院制を採用する事例の方がはるかに少ないのも事実ですが，連邦制や貴族制の有無ではなく，人口規模という要素を重視すれば，1000万人以上の比較的人口の多い国では二院制を採用している例の方が多くなります。人口が多ければ，そのぶんだけ多様な民意が存在し，それらの民意を議会審議に反映させる必要性が出てくるからです。地域や民族のようにある程度明確で固定的な単位で認識できる民意もありますし，職能などの社会学的利益のように流動的な形で現れる民意もあるでしょう。人口比例原則に基づいて表明される国民の政治的意思を汲み取るのは，第一院だけで十分かもしれませんが，そのような抽象的で一元的な国民意思には還元されない現実に存在する複雑多様な民意を，できる限り多角的に国政に反映させるためには，それらの意思を国政へと媒介する場がなければなりません。そのような役割を果たすのが第二院です。したがって，単一国家においても，議会がより民主的であるためには，第二院の存在が必要なのです。

　実際，日本を含むＧ８を構成するアメリカ，イギリス，フランス，ドイツ，イタリア，カナダ，ロシアはすべて二院制の議会を採用しています。

(4) 結　論
以上の理由から，日本の国会は二院制を維持するべきです。

解　説

(1) 問題の背景

　日本の参議院は，単一国家のもとにあって，憲法上明確な位置づけが与えられていないために，今日に至るまでその存在意義が問い続けられてきた。

【統　治】11 国会 ── 参議院不要論

　参議院が衆議院とは異なる独自の存在意義を示すためには、少なくとも衆参で人員構成、党派構成が異なっている必要がある。そこで、参議院の創設にあたり、社会の各部門・各職域の知識経験を有する者が議員に当選しやすいよう配慮した選挙制度が実施されることになった。具体的には、日本全体を1つの選挙区とする全国区を設けることによって、職能的利益を代表する人物が選出されることが期待された。その結果、1947年に戦後初めて実施された参議院通常選挙では、無所属議員が多数を占め、なかでも著名な知識人や文化人によって結成された「緑風会」は、衆議院のどの政党にも同調せず、内閣に対して是々非々で対応する理念を掲げて独自の存在感を示した。しかし、その数年後には参議院でも政党化が進み、1955年の保守合同によって自由民主党が誕生して以降、党派構成において衆議院との違いが見られなくなっていった。その後も自民党が衆参両院の過半数を長い間保持し続けた（いわゆる「55年体制」）結果、参議院は衆議院の「カーボンコピー」と揶揄され、その不要論が主張されることとなる。これに対して、参議院の必要性を説く論者には参議院独自の存在意義を明確化することが求められ、参議院自身も歴代議長が中心になって改革に取り組んできた。それにもかかわらず、法案審議以前の与党による多数派工作や野党の意見の取り込み等もあって、55年体制が崩壊するまで参議院の影響力が顕在化することはなかった。

　ところが、55年体制の崩壊以後、政界再編が繰り返されるかなで、政党状況が大きく変化し、衆参の党派構成が常に一致することがなくなっていった。それによって、今度はむしろ、参議院の「強さ」の顕在化が問題視されるようになったのである。とりわけ、1989年7月の参議院通常選挙で自民党が大敗して以降、与党が参議院で過半数の議席を確保できない状態（「ねじれ国会」あるいは「逆転国会」）が定期的に起こるようになって、参議院の影響力が表面化する。例えば、1998年に小渕内閣は、民主党など野党の要求をほとんどすべて受け入れることによって、政権の命運がかかった金融

197

III 実践編

再生関連法を何とか成立させることができた。また，2005年の郵政民営化関連法案の参議院における否決を受けて，小泉内閣は，与党だけでこれを乗り越えることのできる3分の2の議席を確保するために，衆議院を解散したのである（「郵政解散」）。このように，両院の多数派が異なる状況が頻発するようになると，参議院での多数派形成を目的とした連立が行われたり，参議院の議決が政権の命運を左右するような事態が繰り返されたのである。憲法に規定された議院内閣制は，下院である衆議院の信任に基づく政権運営を予定していると考えるならば，こうした参議院の「強さ」は，日本国憲法の規範構造に内在する矛盾として捉えられ，憲法改正を伴う参議院の改革・廃止を求める声が強くなっているのである。

（2）二院制の類型論

第二院の類型については，各国の政治体制に着目して，貴族院型，連邦国家型，単一国家（民選）型という区分がなされることが多いが，最近では，政治学者レイプハルトによる分類が注目されている。

レイプハルトは，まず，両院が有する権限の違いに着目して，両院がほぼ同等の権限を有しているものを対等型，そうでないものを不対等型とする。次に，両院の人的構成ないし党派構成の違いに着目して，一致型と不一致型に分ける。そのうえで，両者の組み合わせから，①「強い二院制」（対等型＋不一致型），②「中間的強度の二院制」（対等型＋一致型 or 不対等型＋不一致型），③「弱い二院制」（不対等型＋一致型），という3つのタイプの二院制に分類する。そして，「強い二院制」にはアメリカやドイツといった連邦国家，「中間的強度の二院制」には日本やイタリアなど，「弱い二院制」にはオーストラリアなどが該当するとされている。もっとも，日本については，党派構成が衆参で類似していることを前提とした分析なので，近年問題となっている「ねじれ」を考慮に入れると，「強い二院制」に位置づけられることになるだろう。このようなレイプハル

トの類型論は、第二院の独自性と正統性を考えるうえで有益な視座を提供してくれる。

　一般に、第二院の権限が強ければ強いほど（対等型）、その強さに比例した正統性が求められるが、連邦国家の場合は、連邦の利益とは異なる州の利益を想定することが可能なので、第一院の決定を阻止することができるほどの第二院の強い権限を承認することも難しくない。

　一方、単一国家においては、第二院の権限が弱い場合（不対等型）でも第二院の存在の有益性を表すために、その独自性を明確化することが求められる。例えば、「地域代表」や間接選挙など、人口比例原則で選ばれる第一院とは異なる代表基盤を持つという形で、第二院の独自性が示されることが多い。単一国家においては、一般にその構成員である一人一人の有権者は政治的価値において同等であることが前提とされるので、人口比例原則とは異なる要素によって第二院が独自性を強調すれば、その民主的正統化は困難になるが、不対等型においては、民主的正統性に勝る第一院の議決の優位性がしっかり確保されているので、それほど問題は生じない。他方、単一国家において第二院の権限が強い場合（対等型）には、代表基盤の違いによって第二院の独自性が示されているとき、民主的正統性に勝る第一院の議決と第二院の議決とを調整する仕組みが決定的に重要となってくる。逆に、第一院と同等の権限を有しておきながら第二院の独自性があまり発揮されないときには、その存在意義が問われることになる。

　そうすると、第二院の権限が弱く、両院の党派構成が似通っている場合（「弱い二院制」）には、一院制との違いがなくなりそうであるが、例えば、オーストラリアのように、第一院で過半数を占める与党が必ずしも第二院で過半数を確保することができないような状況では、第二院が内閣の拙速な行動に歯止めをかけことができるので、第二院の存在が全く無意味なものになるわけではないと考えられている。

Ⅲ 実践編

(3) 単一国家における二院制の役割

今日，民主制を採用する単一国家において，第二院の存在理由として掲げられるのは，①第一院の拙速な決定の抑制，②多様な民意の反映，という2つである。つまり，第一院が多数派の論理に従って決定した内容について世論の大勢が同調しないような場合に，第二院は，世論の動向に注意を払いながら，第一院での決定の問題点を明らかにし，必要であれば議会としての意思決定を引き延ばすことによって，世論を喚起すると同時に第一院に再考を促す役割を果たすことが期待される（「再考の府」，「反省の府」）。このような第二院の機能は，民主制の論理と矛盾するところはなく，むしろ多数決に伴う民主制の弊害を補うものと考えられる。また，どれほど優れた選挙制度を採用したとしても，国民のなかに存在する多様な民意や利害を余すところなく第一院に反映させることは不可能なので，第一院からこぼれ落ちた民意を掬い取って議論の俎上に載せることが第二院のもう1つの役割として期待される。ただし，このような理由づけは，単一国家においては，連邦国家における第二院の存在理由ほどの正当性をもつものではないともされている。

(4) 日本の参議院の特殊性と改革案

二院制の議会をもつ国においては，両院の対立による立法の停滞を回避する手続きが憲法で用意されているのが一般的である。しかし，日本の場合，参議院不要論の主張に登場したように，参議院により否決された法律案の成立には，衆議院の出席議員の3分の2以上による再可決が必要なので，衆参に「ねじれ」が生じている場合には，政府与党による政権運営を参議院が事実上ブロックできる仕組みになっている。また，否定側の立論にあるように，我が国においてはヨーロッパ諸国と異なり，内閣法案の内容については，必要に応じて野党の意見も取り入れながら，内閣，与党，所管官庁とが国会提出前に調整と合意を済ませる慣行（「与党審査」）が長い間続いてきたため，国会における審議開始後は，衆議院だけでなく参議

院においても与党議員に対して厳しい党議拘束がかけられてきた。このことも，参議院の柔軟な対応を困難にさせる原因となっている。

　こうした状況から抜け出すための方策としては，憲法改正によるもの，選挙制度や国会法などの法律改正によるもの，新たな慣行を作り出すことによるもの等，様々ありうる。憲法改正による場合は，参議院を廃止する案，参議院における政党政治の影響を緩和するために参議院議員の間接選挙や職能代表制を導入する案，衆議院による再可決要件を緩和する（例えば，「3分の2」から「2分の1」にする）等，相対的に参議院の権限を縮小する案，あるいは，参議院にも衆議院と同様に内閣不信任とセットにした解散制度を導入することによって，両院の不一致により内閣の最重要法案が行き詰まった際には選挙を通じて決着をつける仕組みを作る案，等が提案されている。

　また，憲法改正を伴わない改革については，参議院が憲法上の権限を最大限駆使して政府与党の決定を尽く阻止するという事態を回避するメカニズムを模索しつつ，参議院の独自性も発揮できる仕組みを整備することが求められる。選挙制度改革としては，例えば，衆議院が人口比例原則に基づいてその構成員が選出され，社会の多数派を代表する議院であるのに対して，参議院は，アメリカの上院選挙のように人口の多寡にかかわらず，各都道府県から一律に一定数の代表者を選出することによって，「地方」を代表する議院にするというものがある。それによって，民主的正統性の観点から，衆議院に対する参議院の劣位が明確になるので，議決の場面で参議院が衆議院に譲歩する慣行を形成しやすくなる。その他，参議院の独自性を高めるために，クォータ制を一部取り入れたり，比例代表制を徹底させて，少数意見が代表される仕組みにするといった提案もなされている。

Ⅲ　実践編

【応用的テーマ】

1994年に制定された政党助成法により，政党への公費助成制度が導入された。憲法に明文の規定が置かれていない政党に対して特権を付与するこのような制度は，どのような憲法上の問題を孕んでいるか。

　政党は，現代の民主政を支える不可欠の存在であって，公的機能を果たすことが期待されると同時に，私的な団体として，憲法に保障された「結社の自由」や「表現の自由」を享受する存在でもある。政党の持つ前者の側面に着目して，政党への特権付与や規制が行われる一方で，後者の観点からは，それらの国家の関与はできる限り排除されなければならないとされる。

　1994年に成立した政党助成法を含む政治改革関連法は，議会制民主主義における政党の役割の重要性等を根拠に，政党中心の政治を実現させるための新たな仕組みである。具体的には，政党助成法や政治資金規正法の規定により，①衆参合わせて5人以上の現職国会議員を有する政治団体か，②衆参問わず，直近の国政選挙において2％以上の得票率を獲得した政治団体のみが，政党交付金を受け取ることができる。また，公職選挙法の規定により，一定の条件を満たす政治団体だけに候補者届け出，選挙運動，政見放送の場面で特権が与えられる。

　これらの特権付与は，大政党や既成政党を事実上優遇することになる結果，弱小政党や政党に属さない候補者から政治参加の機会を奪うという問題を惹起する。

〈参考文献〉
・アレンド・レイプハルト（粕谷祐子訳）『民主主義対民主主義』（勁草書房，2005年）
・岩崎美紀子『二院制議会の比較政治学』（岩波書店，2013年）
・大山礼子「参議院改革と政党政治」レヴァイアサン25号（1999年）
・小山剛＝駒村圭吾編『論点探究憲法［第2版］』（弘文堂，2013年）
・杉原泰雄＝只野雅人『憲法と議会制度』（法律文化社，2007年）
・高見勝利『現代日本の議会政と憲法』（岩波書店，2008年）
・高見勝利『政治の混迷と憲法』（岩波書店，2012年）
・竹中治堅『参議院とは何か』（中央公論新社，2010年）

【統　治】11 国会 ── 参議院不要論

・竹中治堅「参議院とねじれ国会」日本記者クラブ（2010年）
・只野雅人「参議院の機能と両院制のあり方」ジュリスト1395号（2010年）
・福元健太郎「『強くなった』『良識の府』という虚像 参議院に存在意義はあるか」中央公論2006年12月号
・福元健太郎『立法の制度と過程』（木鐸社，2007年）
・藤本一美『上院廃止 二院制議会から一院制議会への転換』（志學社，2012年）

〔徳永 貴志〕

12 内閣
── 首相公選制

論題 憲法を改正して，首相を国民が直接選挙によって選ぶ首相公選制を導入することの是非について論じなさい。

議院内閣制は，行政権を担う内閣が立法権を担う議会の信任に基礎を置くことで，内閣が議会に対して責任を負う体制とされる。しかし，日本においては，首相及び内閣は民意から切り離されたところで事実上決められており，とりわけ長年与党の座にあり続けてきた自民党では，その実質的指導者と党から選ばれる首相とが一致しない状態（「権力の二重構造」）によって，首相が指導力を発揮できず，責任の所在が不明確になるという問題が指摘されてきた。また，国民のチェックを直接受けることがない官僚が政策立案の場面で主導権を握っている状態（「官僚支配」）も非民主的であると批判されてきた。そこで，内閣機能を強化し，首相のリーダーシップを可能にする仕組みが構想され，これまでにその一部は制度化されているが，首相公選制は，これらの改革を補強し，国政に民意を反映させる有効な方法になりうるだろうか。

【関連条文】 憲法6条・7条・41条・42条・43条・59条・65条・66条・67条・68条・69条・70条・72条・73条・79条

Ⅲ　実践編

双方の立論

肯 定 側

(1) 民意の反映

　イギリスをモデルとする議院内閣制においては，通常，有権者は個々の選挙区において与党になってほしい政党（に所属する議員）を選択することを通じて，間接的に首相を選択するものとされています。政党はあらかじめ党首を選んでおき，下院選挙において多数派を獲得した政党ないし政党連合のリーダーが首相になるからです。しかし，これまで日本の選挙においては，地縁や血縁，後援会組織といった利益誘導装置でつながった人脈によって，議員や議員候補者の選出が行われてきたので，人々の投票は，首相の選択ともその政策綱領の選択とも結びついてきませんでした。議員は，地元利益の代弁者として意識され，地元へどれだけ利益をもたらすかによって選挙区の有権者から評価されるのです。

　一方，政党の側は，とりわけ自由民主党においては，イデオロギーや政策よりもむしろ選挙区の事情や人間関係によって結びついた派閥という議員集団同士の利害調整によって党首を選び，国会における首相の選出についても，総選挙の結果とは無関係な与党内の都合で決めるので，そのプロセスは国民には知ることのできない不透明なものです。また，いったん選ばれた首相も，スキャンダルや参議院通常選挙での敗北など，衆議院総選挙での敗北以外の理由によって交代することも少なくありませんでした。このように，国民の手の届かないところで首相が事実上決められていることに対する不満を人々は持ってきました。

　中曾根康弘元首相がかつて述べていたように，政権は与党内の派閥の論理によって動かされ，最高の政治リーダーであるはずの首相は，その事実上の選出母体である与党内派閥の動向に気をつ

かい，派閥間の調整保持に全力を傾けるので，民意への配慮が不十分になるばかりでなく，長期的な視野に立った政策の実現は困難になります。これら日本政治の欠陥は，民主主義の未成熟や政治家の倫理観の欠如だけでなく，イギリスをモデルとした日本の議院内閣制が制度的に行き詰まりをきたしている証拠なのです。

したがって，国民が直接首相を選出することができるようになれば，国政と国民との距離が縮まり，国民の意識は国政へと向かうはずですし，首相は国会を経由せずに選ばれることになるので，首相の政治的基盤と民主的正統性が確保されて，派閥の影響力や利益誘導政治に政府が左右されることがなくなります。

ただし，タレント的な候補者をできる限り排除し，政治家としての資質が備わった人物が当選できるようにしなければならないので，首相の立候補資格については，一定数の国会議員の推薦を要件とするなどの制限が必要です。また，多数の立候補者の中から１回の投票で決めてしまうと，投票率が低い場合など相対的に少数の支持で当選することもあり得るので，首相指名選挙は２回投票制とし，１回目の投票において過半数の得票を得た候補者が存在しない場合には，上位２者による決選投票を行う仕組みにするとよいでしょう。

(2) 首相のリーダーシップ

日本ではこれまで，首相の指導力の欠如が問題とされてきました。長年にわたり与党の地位を保持し続けてきた自民党においては，派閥連合によって党内の多数派が形成され，派閥間の取り引きの結果として，その時々の党内の多数派にとって都合の良い政治家が首相に選ばれてきました。首相になるためには，まず派閥のリーダーにならなければなりませんが，そのためには政治資金による支援などを通じて，派閥内の構成員による支持を少しずつ固めていき，最終的には党内最大派閥の支持を得て総裁になることが必要です。

Ⅲ 実践編

　このようなプロセスを経て首相になった調整型の政治家が、与党全体に対して指導力を発揮することは困難です。ようやく首相になった後も、諸派閥の支持を確保して政権を安定させるために、頻繁に内閣改造を行って、各派閥の議員にバランスよく閣僚ポストを配分しなければならないので、首相が人事面で独自色を出すことも難しく、閣内における政策の共有さえ十分にはなされてきませんでした。

　また、政策面についても、首相が実行できるのは、基本的に党内の多数派を構成する諸派閥の合意の範囲内のものにならざるをえないので、国の将来に関する明確なビジョンを国民に示すことのできる政治家が首相に選ばれる可能性は少なくなります。自民党政権においては、内閣が国会に提出する予算案や法律案を閣議決定する場合、事前に、党の政務調査会の各部会や総務会の了承を得ることになっており、これは自民党を支持する業界団体などの意向を内閣の予算案や法律案に反映させるために形成されてきた慣行です。部会は、党内の意見調整と政策決定の場であるばかりでなく、関係省庁との連絡の場でもあり、この場を介して官僚機構と与党及びその支持組織の間の調整がなされて、政府の政策方針が決まっていくので、官僚組織に対する首相の政治的指導力はあまり必要とされてきませんでした。そして、頻繁に交代する閣僚も、特定の政策に長期的に取り組むことができないので、自分の省庁組織を指揮・監督する立場にありながら、逆に省庁の利益を代弁するだけの存在に甘んじてきました。

　しかし、1990年代以降、財政構造改革や安全保障問題などについて、国内外の経済社会環境の変化に対応した柔軟な政策決定が求められるようになると、従来の利益配分型政治では対応できなくなり、必要に応じて政策的な取捨選択を迫られることになりました。そうなると、既存の政策を所管する各省庁とそれに連なる政治家や利益団体の既得権益に切り込むことのできる指導力が政治のリーダーに必要とされます。ところが、自民党の体質は変わ

らず，政党間競争の健全化が期待されて成立した非自民の連立政権においても，政党間の合従連衡によって連立の組み替えが繰り返されるだけで，首相の指導力が発揮されることはありませんでした。また，統治能力の強化を謳って2009年に誕生した民主党政権においても，3人の首相はすべて短命に終わり，国民を失望させるものでした。

したがって，首相のリーダーシップを確保するためには，国民の直接投票によって選ばれた首相に行政権を帰属させ，首相は行政権の行使について国会ではなく国民に対して直接責任を負うものとしなければなりません。直接国民に責任を負う首相であれば，官僚の統制も容易になります。また，首相の進退が政局化しないよう，首相の任期を制度的に固定化する必要もあります。そして，人的にも行政権の担い手を立法権の担い手から独立させるために，大臣，副大臣，政務官などの政府の構成員と国会議員との兼職を禁止するべきです。これによって，閣僚ポストへの与党議員の執着が減じられて頻繁な内閣改造がなくなるので，政府の安定化を図ることができます。さらに，政府の独立性が高まれば，特定分野の政策立案過程に影響力を行使してきた与党の有力議員（いわゆる族議員）の非公式な介入を排除することもできるので，政府の責任を明確化することになります。一方，国会議員は，国会における法案の審議に集中することになるはずなので，立法機関としての自律性が高まることが期待できます。

ただし，このように首相と国会の役割を峻別し，行政権と立法権の帰属と責任を明確化しようとする場合，アメリカの大統領制のように，首相に法律案と予算案の提出権は認めず，法案拒否権だけ認めるやり方と，日本の地方自治体のように，法律案と予算案の提出権は認めるが，法案拒否権は認めないやり方の2通りが考えられますが，どちらを採用するにしても，政策立案における首相の自由度は高まると思われます。

他方，このように首相の権限を強化した場合，首相による権力

Ⅲ 実践編

の濫用（首相の独裁化）を防ぐための装置を用意しておく必要があります。方法としては，任期や再任に一定の上限を設けたり，国民投票によって首相を解職できるようにすることが考えられます。ただ，政権の安定を重視するのであれば，アメリカ大統領のように首相の解職は弾劾裁判で有罪とされた場合に限った方がよいでしょう。さらに，衆議院に対して，日本の地方議会のような特別多数による首相不信任決議権を認める方法も安全弁として有効です。ただし，地方自治体の制度とは違い，不信任案が可決されると衆議院も解散されて，首相の再選挙と衆議院総選挙が同時に行われることにすれば，首相と衆議院が政治的に対立した場合でも，国民の選択によって決着をつけることができます。

(3) 結　論

首相の民主的正統性を強化するために，国民が直接に首相指名選挙を行う制度を導入するとともに，首相のリーダーシップを確立するため，行政権を首相に帰属させてその権限を強化し，立法権が属する国会から独立させる憲法改正を行うべきです。

否定側

(1) 民意の反映

確かに，肯定側が主張するように，日本の首相が選出されるプロセスは，国民には知ることのできない不透明なものですが，その原因は議院内閣制自体にあるわけではなく，その運用にあります。

議院内閣制の母国イギリスでは，有権者は小選挙区制の下で自分の選挙区において1人の候補者に1票を投じることによって，国会議員を選ぶだけでなく，どの政党を与党にし，誰を首相にするのか，そしてその政権がどのような政策を実行するのかという3つの選択を同時に行っています。このように，議院内閣制においても国民の意思によって政権が選択されたといえるためには，

【統　治】12 内閣 ── 首相公選制

選挙の性格づけを明確化する必要があります。

　それにはまず，衆議院総選挙の際に各党があらかじめ首相候補と政権綱領を明示し，国民の選択のための素材を提供する慣行を確立しなければなりません。そして，選ばれた議員は，自らの所属する政党が政権を獲得したならば，あらかじめ国民に約束した政策を政府がきちんと実行に移すよう，責任もってサポートしなければなりません。単独で過半数を獲得できない可能性が高い政党であっても，どの政党の協力によって政権を構成し，どのような政策を実現するつもりなのかを国民にあらかじめ明示しておく必要があります。

　国民による政権の選択を実現するためには，政党による自身の改革も欠かせません。これまで政党の党首が選ばれるプロセスは不透明でしたが，党首選出の手続きを国民に開かれたものにし，できる限り世論を反映しつつ，民主的に党首が選ばれる仕組みを作らなければなりません。

　また，有権者の側にも意識改革が必要です。国会議員とりわけ衆議院議員は，地元利益の代弁者ではなく，国会の場で全国民の代表として意見を述べる役割を担い，さらに，首相を選ぶ代理人でもあるのだという認識を有権者は持たなければなりません。そのような明確な認識がなければ，利益誘導型の選挙を変えることはできません。

　もちろん，これはイギリスのような二大政党制を前提としたモデルではありますが，日本のような多党制においても，各政党が選挙後の政権構想を示し，首相候補と基本的な政権綱領を共有しながら選挙を戦う慣行が定着すれば，首相公選制を導入しなくとも，国政と国民との距離は縮まり，首相の民主的正統性は高まるでしょう。

(2)　首相のリーダーシップ

　確かに，肯定側が主張するように，日本の首相には指導力が欠

Ⅲ　実践編

如していることは事実ですが，イギリスに範をとる議院内閣制は，本来，首相のリーダーシップと政権の安定をもたらす制度です。議院内閣制においては，議会の多数派が首相を指名し，同じ多数派に属する国会議員が閣僚として内閣を構成して行政権を担うので，立法権と行政権が融合することになるところが大統領制と大きく異なる特徴です。首相は，行政権を行使する行政府の長であると同時に，立法府における多数派のリーダーでもあるので，立法権の行使にも大きな影響力を持つことになります。ですから，与党が議会で過半数を占めていれば，内閣の提案する政策は，与党の支持の下で比較的容易に実現することができます。

確かに，行政府の長を国民の直接投票によって選ぶ首相公選制でも，立法府から行政府の独立性を高めた大統領制型であれば，首相の権力は強化されたように見えるかもしれません。しかし，首相の政策と国会の多数派の唱える政策とが異なった場合には，首相は自らの政策を実現することができない事態に陥ります。実際，アメリカにおいては，大統領が属する政党と議会多数派を占める政党とか異なる状態（「分割政府」）によって，国政の停滞が続くこともしばしばです。

もし，日本において首相公選制を採用すれば，このような「分割政府」と同じような状態になる可能性は高いと考えられます。有権者が単に自分の好きな人物を選ぶだけの人気投票にならない限り，首相を直接選ぶ選挙は，有権者が首相候補者の提示する政策ないし政策綱領を選ぶ選挙になるはずです。首相候補者は，社会の様々な課題や要求を集約した政策綱領を国民に示して選挙を戦い，勝利を収めた者はその政策を実行する責任を負うことになります。そうなると，政党はそのような首相候補者を選び出す役割から切断され，有権者全体にアピールして政権獲得を目指す必要がなくなるので，業界団体，労働組合，宗教団体といった自分たちの支持組織の利益の実現を優先課題に掲げるようになるでしょう。あるいは，政権獲得と切断された国会議員たちは，ご都

合主義的に離合集散を繰り返す可能性も考えられます。

　また，有権者も，首相を選ぶことで国政レベルでの基本政策を選択し終えたつもりになるので，国会議員を選ぶ選挙では国政の課題よりも自分たちの個別利益を優先して投票するようになるでしょう。これを「スプリット・チケット」型投票行動と呼びますが，有権者がこのような投票行動をとり，政党も国民の幅広い要求を集約するインセンティブを持たなくなれば，議会には個別利益を反映した小さな政党や議員が乱立し，首相は自分の政策を支持してくれる安定した議会多数派を得ることができなくなります。実際，1992年に首相公選制を導入したイスラエルでは，大政党が淘汰され，議会は小党乱立状態に陥りました。その結果，首相は政権維持のために日々連立工作に追われ，小政党に大きな譲歩を強いられることになりました。そして，最終的にイスラエルは，2001年に首相公選制を廃止したのです。

　肯定側が主張するように，衆議院の首相不信任決議権を認め，衆議院同時解散の制度を設けて首相の再選挙と衆議院総選挙を同じ時期に実施したとしても，有権者の「スプリット・チケット」型投票行動を回避できるとは限りません。また，仮に，首相と国会の多数派とが同じ党派になった場合でも，行政権と立法権の相互独立性が保障されているために，同じ党派内部の政策路線の対立や兼職禁止に起因する人的対立を収拾する糸口が見出しにくくなる恐れもあります。

　したがって，首相のリーダーシップを強化するためには，首相公選制は有効ではなく，むしろ，議院内閣制の枠内における改革の方が効果的です。それにはまず，内閣と与党を一体化する必要があります。これまで，とりわけ自民党においては，与党の指導者でもあるはずの首相が，与党から分離されていることによって，人事や政策などの党運営について指導力を振るうことができませんでした。しかし，与党の中心的な国会議員がすべて閣僚として内閣に入れば，内閣の意思決定と与党の意思決定が重なるこ

Ⅲ　実践編

とになり，内閣と与党との対立は生じにくくなります。また，これまで非公式に暗躍していた与党の有力政治家が，内閣において明確な権限と責任を与えられて政策形成に関与することにもなるので，政策形成過程の透明性は高まり，責任の所在が明確化することにつながります。その他，各省における政治任用職を増やし，内閣による官僚機構の統制力を高める必要もあります。さらに，政党の人材育成や人材登用のあり方も見直さなければなりません。当選回数を重ねた政治家がのさばり続ける年功序列型の人事システムを改めなければ，政治的指導力を持った政治家が生まれてくることはありません。

(3)　結　　論

首相の民主的正統性を強化するうえで，議院内閣制が大統領型の首相公選制よりも劣るところはなく，また，首相のリーダーシップを確立するためには，議院内閣制の改革によって従来の慣行を改めるべきであって，首相公選制を導入することはむしろ逆効果です。

解　説

（1）問題の背景

戦後，首相公選論が最初に登場したのは，ポツダム宣言の内容を実現するため1945年に幣原喜重郎内閣の下で発足した憲法問題調査委員会においてであった。提案されたのは，アメリカの大統領的な首相を想定したものであったが，あくまで委員会メンバーの1人の提案に過ぎず，他の委員の賛同を得るものではなかった。

その後，1960年代初頭に，政府の憲法調査会において改憲に関する検討がなされるなかで，後に首相になる中曾根康弘が提案した首相公選論が注目を集めた。肯定側の立論にもあるように，当時も与党であった自民党は，派閥間の妥協と均衡の上に維持されていたため，首相は選ばれる前もその後も派閥の動向に左右される結果，政

【統　治】12 内閣 ── 首相公選制

権は不安定で，首相が国民に対する指導力を発揮することは困難であった。中曾根は，こうした問題の原因を，議会の多数派が首相を選択する議院内閣制の仕組みに求め，その克服のためには憲法を改正し，4年の任期を有する首相を直接国民が選択する制度に改めるべきであると唱えたのである。もっとも，当時自民党内で少数派に属する政治家であった中曾根の首相公選論は，国民からの支持率が高くても自党の総裁選レースに勝ち残ることが難しいという，党内の派閥力学へのアンチテーゼとしての性格も帯びていたため，彼の主張が具体的な議論へと発展することはなかった。

　再び首相公選論が注目されるようになったのは，80年代末に発覚した政官財界を巻き込んだ贈収賄事件（リクルート事件）をきっかけにして，政治改革が唱えられた90年代になってからである。議会制と既存の政党政治に対する国民の不信感の高まりを受けて，1993年に山崎拓議員を会長として自民党内に「首相公選制を考える国会議員の会」が組織された。ただ，当時の政界における改革意欲は，小選挙区制導入と政治資金規正法改正という形で完結し，国民の関心が首相公選論へと向かうことはなかった。しかし，同会のメンバーであった小泉純一郎が，2001年に自民党総裁選で首相公選制の導入を主張して首相になったことから再び脚光を浴びることになった。当時の世論調査でも，首相公選制は高い支持を集めた。

　首相公選論が多くの支持を集めるようになった社会的背景としては，無党派層の増大が指摘されている。戦後の経済成長が終わりを告げ，産業構造も変化するかなで，従来の既成政党に不満を持つ人々が自分たちの政治的要求の新しい受け皿として，首相公選論に期待をかけたと考えられる。また，地方自治体では，住民の直接公選で選ばれた首長が指導力を発揮して改革の先頭に立つ姿が注目され，国政レベルでも同様に自分たちの声を直接政治に反映させたいという世論が首相公選制を求めたのである。

Ⅲ　実践編

（2）改革の方向性

　小泉首相のもとに設けられた「首相公選制を考える懇談会」は，日本における首相のリーダーシップをいかに確立するかをテーマとして，2002年に，①国民が首相指名選挙を直接行う案，②議院内閣制を前提とした首相統治体制案，③現行憲法の枠内における改革案，という3つの提案を併記した報告書を提出した。本稿の肯定側の立論は同懇談会の①案をもとに，否定側の立論は③案をもとに構成している。

　①案は，基本的にアメリカの大統領制をモデルにしたもので，中曾根康弘の議論とも重なる。それに対し，③案は，イギリスの議院内閣制をモデルとし，我が国で90年代以降に実際になされた政治行政改革の目指してきたものに近い。他方，議院内閣制を前提としつつ，②案のように，運用ではなく憲法改正によって首相の権限強化を図る方法や，運用による改革であってもイギリスモデルとは異なる方向性も示されている。とりわけ，近年の日本と同様に連立政権が常態化しているヨーロッパ大陸諸国をモデルとして，与党と内閣が一体ではないことを前提に，首相が与党議員を導いて政権運営を円滑に進めることができると同時に，内閣に対する国会による統制も十分に行うことができる仕組みが模索されている。

（3）公選首相と国会との関係

　日本でアメリカ大統領制型の首相公選制を採用した場合，首相，衆議院，参議院がそれぞれ別々に直接国民から選ばれることになるので，3者の関係は非常に複雑なものになる。首相不信任と衆議院同時解散の制度を取り入れたとしても，衆議院に首相を支える与党が形成される保障はないが，さらに，相互に独立した関係にある参議院と首相との意見が対立した場合には，どのように事態を収めることが民主的で責任ある解決と言えるのか定かではない。したがって，首相公選制を導入するのであれば，参議院を廃止して国会を一院制議会に改組するか，参議院の権限を弱め，衆議院の優越を徹底

【統　治】12 内閣 ─ 首相公選制

させて意思決定の仕組みをシンプルにする必要性があるとの指摘がなされている（本書 11 国会──参議院不要論を参照）。

―【応用的テーマ】――――――――――
　憲法65条は，「行政権は，内閣に属する」と規定する。しかし，行政機関の中には，人事院，公正取引委員会，国家公安委員会などのように，法律に基づき内閣の指揮監督から独立してその職権行使が認められているものがある。独立行政委員会と呼ばれるこれらの行政機関の独立性は，憲法上どのように正当化できるだろうか。
　「独立」の意味を限定的に解釈し，これらの行政委員会における委員の任命と組織の予算編成に内閣が関与していることから，その独立性を否定することによって，憲法65条との整合性を図る議論がなされたことがある。しかし，このような論法を認めると，内閣が裁判所の人事や予算作成に関与していることをもって，裁判所の内閣からの独立性が否定されてしまうことになる。
　そこで，憲法65条の行政権がすべての行政権ではないと解釈し，内閣に属さない行政権の可能性を認めるアプローチが取られることが多い。その根拠として，①一部の行政作用が内閣以外の機関に帰属しても，当該作用の中立性や非政治性が求められる場合には，権力分立の目的と矛盾するものではないこと，②行政委員会が内閣から独立して職権を行使しても，国会による民主的コントロールが及んでいる場合には濫用のリスクは抑えられ，また，民主的コントロールが及んでいなくとも，独立の程度によっては，政治的中立性や高度の専門性・技術性の要請の方が優位すること，が挙げられている。

〈参考文献〉
・芦部信喜『憲法と議会政』（東京大学出版会，1971年）
・大石眞＝久保文明＝佐々木毅＝山口二郎『首相公選を考える』（中公新書，2002年）
・大山礼子『日本の国会　審議する立法府へ』（岩波新書，2011年）
・只野雅人『憲法の基本原理から考える』（日本評論社，2006年）
・長谷部恭男「首相公選論　何が問題か」世界2001年7月号（岩波書

III 実践編

店,2001年)
・弘文堂編集部編『いま,「首相公選」を考える』(弘文堂,2001年)
・「特集＝首相公選論」ジュリスト1205号(2001年)

〔徳永 貴志〕

13 裁判所
――抽象的違憲審査制の是非

論題 「日本の違憲審査制は消極的すぎる。その活性化のために，新たに抽象的違憲審査制を導入すべきである」という主張について，各々の視点から論じなさい。

1952年，S衆議院議員は，警察予備隊（自衛隊の前身）の設置にまつわる国の一切の行為は憲法9条に違反すると主張して，最高裁に直接の訴えを提起した。この警察予備隊訴訟において，最高裁は，訴えを却下した（最大判昭和27・10・8）。現在の日本で採用されているのは，付随的違憲審査制であり，それゆえ具体的事件がいまだ発生していない状況の下では，裁判所は憲法判断を下すことができないとされたのである。

他方，ドイツで採用されている抽象的違憲審査制の下では，たとえば連邦議会（下院）の3分の1以上の議員の賛同を集めるなどの条件が整えば，直接に憲法裁判所へ判断を求めることができる。違憲審査を求める途が，日本よりも広く開かれているのである。

さて，このような抽象的審査制を日本で導入することは，現在の憲法の下ではたして可能だろうか？

【関連条文】 憲法76条1項・81条，裁判所法3条1項

Ⅲ 実践編

双方の立論

肯 定 側

　抽象的違憲審査制の導入は，日本の違憲審査制を活性化させうると考えます。

　(1)　憲法81条の解釈と警察予備隊判決の読みかた

　現在の憲法は，抽象的違憲審査制の採用を許容しているように読めます。憲法81条は，「最高裁判所は，一切の法律，命令，規則又は処分が憲法に適合するかしないかを決定する権限を有する終審裁判所である」と定めています。日本が付随的違憲審査制の国であるとか，それ以外の違憲審査のかたちを許容していないといったようなことは，この文言からは読み取れません。むしろ81条は，司法権について定める憲法76条1項とは別個の条文として設けられているのですから，最高裁に司法権を超えた独自の権限を与えているようにも読めます。

　確かに，設問にある通り，警察予備隊判決において，最高裁は抽象的審査を求める訴えを却下しました。ただし，留意すべきは，この判決が，最高裁の抽象的審査権を否定する際に，「現行の制度上」とか「憲法上及び法令上」といった表現を用いている点です。この意味深長な言い回しは，もし「現行の制度」が「憲法」のみならず「法令」のレベルで変更されるのならば，日本の最高裁も抽象的審査を行ってよいということを含意しているのではないでしょうか。それゆえ，もし法律によって抽象的審査の手続規定が用意されれば，最高裁は，付随的審査と抽象的審査の両方をおこなうことができるでしょう。

　(2)　抽象的違憲審査制のメリット

　抽象的審査制は，日本の憲法裁判の活性化に役立つと思われます。すなわち抽象的審査制は，違憲の疑いがある法律について，

【統　治】13 裁判所 ── 抽象的違憲審査制の是非

具体的な権利侵害が発生する前に、すばやく審査を加えることができます。憲法違反の事態が生じるおそれに対して、抽象的審査制はスピーディに対処できるのです。他方、付随的審査制の下では、原則として具体的な事件が発生しないかぎり、違憲の疑いがある法律がそのまま放置されてしまうことになります。いわば「手遅れ」のリスクを、付随的審査制は必然的に抱えているのです。そうであるとすると、国家の活動が憲法に合致しているよう包括的なコントロールをきかせる上で、抽象的審査制は大きなアドバンテージを有していると言えます。

(3) 憲法裁判所と違憲審査の活性化

ただし、現在の最高裁に加えて、ドイツのような憲法裁判所を新たに設置するには、やはり憲法改正が必要であると言うべきでしょう。憲法81条が、最高裁は一切の法的紛争の「終審」であると明記しているからです。

しかしながら、たとえ憲法改正を経なければならないとしても、憲法裁判所の導入には、大きなプラスの意義があると言うべきです。戦後の日本の最高裁は、法令違憲判決をこれまでわずか8種9件しか下していません（2013年10月現在）。このような消極主義の背景にあるのは、最高裁の過重負担です。ある統計データによると、2011年に最高裁が処理した案件は、民事・行政・刑事を合わせて約10,500件にのぼります。週休2日として1年間で実働250日なら、1日平均42件で、これを3つの小法廷が分担するわけです（朝日新聞2012年12月13日朝刊）。最高裁がこれほどまでの激務に直面しなければならないのは、先に見たように、81条が最高裁をあらゆる裁判の「終審」と定めているからです。これに対して、81条を改正して新たに憲法裁判所を設置すれば、通常の司法裁判所から憲法問題を専門的に扱う部門が切り離されます。これにより、最高裁の負担が軽減されること、および憲法裁判が熟議と賢慮のなかでじっくりと行われることが期待されます。

Ⅲ 実践編

(4) 結 論

以上より，現行の憲法の下でも，新たな法律によって抽象的審査制を導入することは可能です。さらにもし憲法改正による場合も，憲法裁判所の導入は日本の違憲審査を活性化させると考えられます。

否 定 側

抽象的違憲審査制は，日本の憲法裁判を活性化させるための最善の一手ではないと考えます。

(1) 司法権と違憲審査制

まずはじめに，現行の憲法は，抽象的違憲審査制の採用を許していないと解されます。憲法76条1項によれば，裁判所は司法権を行使する機関です。司法権とは，通説によれば，「具体的な争訟について，法を適用し，宣言することによって，これを裁定する国家の作用」（芦部信喜〔高橋和之補訂〕『憲法［第5版］』326頁）です。裁判所は，具体的な事件が生じていないかぎり原則的に判断を下しえないのであり，これは違憲審査についても同様であると考えるべきです。だからこそ警察予備隊判決は，「わが裁判所が現行の制度上与えられているのは司法権を行う権限であり，そして司法権が発動するためには具体的な争訟事件が提起されることを必要とする」と述べているのです。

加えて，憲法のなかには，抽象的審査の手続について定めた規定が，いっさい見当たりません。抽象的審査を肯定するのであれば，提訴権者や出訴要件，あるいは判決の効力などに関する規定が，憲法に置かれていてしかるべきでしょう。なおかつ憲法81条は，「第6章 司法」のパートのなかに置かれています。このような条文の構造は，裁判所の役割はあくまで司法権の行使であり，違憲審査権もその一部にすぎないということを意味しているのではないでしょうか。

【統　治】13 裁判所 ── 抽象的違憲審査制の是非

ゆえに，憲法81条は，付随的違憲審査制を採用していると解するのが妥当です。抽象的審査制の導入には，少なくとも憲法改正が必要であると言うべきです。

(2) 抽象的違憲審査制のデメリット

なおかつ，抽象的審査制は，不安要素を抱えていると言うべきです。つまり抽象的審査制の下では，具体的な事件が起きてもいないのに，裁判官が憲法論争に決着をつけることになります。ここには，選挙で選ばれてもいない裁判官によって，拙速な憲法判断が下される危険が潜んでいます。この点，付随的審査制は，すでに起こっている現実の事件に即して審査を行うため，地に足のついた判断を下すことができます。具体的事件に直接の利害関係を持つ当事者の主張に耳を傾けた上で，どちらの言い分が法に照らして正しいかを判断するのが，典型的な裁判所の役目です。それを離れて違憲審査が行われることになれば，裁判所は政争のさまざまな場面に顔を出す存在となってしまい，立法や行政との間の権力の均衡を失ってしまうおそれがあります。

(3) 憲法裁判所は不必要

さらに，憲法裁判所の導入には，慎重であるべきです。まず，憲法改正には大きな政治的コストがかかります（憲法96条1項）。また，現在の付随的審査制の下でも，日本の憲法裁判を活性化させる途はあると言うべきです。たとえば，最高裁が上告審としての業務に忙殺されていることが問題であるならば，サーシオレイライ（上訴を受理する事件を裁判所が自らの裁量で選択する制度〔裁量上訴〕）の導入によって，最高裁が審理を集中する事件数をしぼり込むことが有効ではないでしょうか。さらに，たとえ憲法裁判所と抽象的審査制を導入したとしても，たとえば警察予備隊訴訟のような事件について，踏み込んだ違憲審査が行われるとは限りません。つまり自衛隊の合憲性にまつわるほかのケースにおいて，札幌高裁は，自衛隊の設置・運営に関する行為は，「高度の

Ⅲ 実践編

専門技術的判断とともに，高度の政治判断を要する最も基本的な国の政策決定にほかなら〔ず〕……一見極めて明白に違憲，違法と認められるものでない限り，司法審査の対象ではない」と論じています（札幌高判昭和51・8・5〔長沼事件控訴審判決〕）。違憲審査の消極性の要因は，付随的審査制それ自体にあるというよりは，審査をどこまで踏み込んで行うかという，裁判所の実体的なスタンスにこそあるのではないでしょうか。制度改革に傾注するばかりではなく，違憲審査のなかみを磨き上げてゆく必要があると思われます。

(4) 結　論

以上より，現行の憲法は，抽象的審査制の導入を許していないと言うべきです。さらに憲法改正を通じた憲法裁判所の導入も，日本の違憲審査の活性化に必ずしも寄与しないと考えられます。

解　説

（1）裁判所・司法権・違憲審査制

「裁判所」という言葉を聞いて，どんなイメージを思い浮かべるだろうか？「お堅くて近寄りがたいな」とか「裁判官って意外と人情派らしいよ」とか，思うところはいろいろありうるだろう。だが，おそらくその最大公約数的なイメージは，「裁判所は『法の番人』である」といったあたりではないだろうか。公平で客観的な視点から法の世界をつかさどり，原告と被告の間のいざこざに「お沙汰」を下す存在，という裁判所のイメージは，多くの人に共有されるところだろう。

ただし，裁判所の役割を正確に理解するためには，もう少し講学的な定義をのぞき見ておくことも有益である。すなわち，日本国憲法のなかで，裁判所は，司法権の担い手としての位置を与えられている（憲法76条1項）。上のディベートで否定側が述べているように，司法権とは，通説的には，「具体的な争訟について，法を適用

【統　治】13 裁判所 ── 抽象的違憲審査制の是非

し，宣言することによって，これを裁定する国家の作用」である。ここで言う「具体的な争訟」（「具体的事件」とも言われる）とは，当事者間の具体的な権利義務ないし法律関係の存否に関する紛争であり，なおかつ法の適用により終局的に解決できるものを指す（これは裁判所法3条1項の言う「法律上の争訟」と同義であると一般に言われる）。簡単に言うと，当事者の権利・利益が実際に侵害されているような状況において，法に従ってその問題解決をはかるのが，典型的な司法権の役目なのである。

　さらに，憲法81条は，違憲審査制について定めを置き，最高裁に「憲法の番人」としての役割を授けている。国民の代表者によって動かされる立法府も，いわゆる「多数者の暴政」へと化してしまうリスクを抱えている。ゆえに，時には立法府に抗してでも基本的人権を実質的に保護する必要があるのであり，その役割を裁判官が担うのが違憲審査制である。この違憲審査制は，とりわけ第二次大戦後は世界的に普及し，現代は「違憲審査制革命」の時代であるとも言われるようになっている。

（2）違憲審査制の2つのモデル

　さて，ひとくちに違憲審査制と言っても，その仕組みは各国によってさまざまであり，大きくは次の2つのタイプに分けられる。

①付随的違憲審査制（司法裁判所型）

　その第1が，アメリカを典型とする付随的違憲審査制である。この制度の下で違憲審査が行われるのは，裁判所が司法権を行使するときである。前述のように，司法権の典型的な役目は，「具体的な争訟」の解決である。しかし「具体的な争訟」を適切に解決するためには，そこで適用される法令が憲法に違反していないことが大前提となる。ここにおいて違憲審査は，「具体的な争訟」の適正な解決に付随するものとして行われる。なお，この付随的審査制の下では，下級審を含むすべての裁判所が違憲審査権を有する。なおかつこの仕組みにあっては，裁判所が違憲無効の判断を下した法律は自

Ⅲ 実践編

動的に廃止されるわけではなく、立法が改廃を加えるまでは形式的には存続する(ただし裁判の基準として使用できなくなるので「冬眠状態」に置かれる)。

さて、この付随的審査制の下では、基本的には、司法権が適切に行使されるための条件が整わない限り、違憲審査が行われない。典型的には、"ある法令が原因となって特定の者の権利・利益が現実に侵害された"といったような「具体的な争訟」が生じていなければ、そもそも司法権に出る幕はなく、それゆえ違憲審査も始まらないのである。裁判所の役割はあくまで司法権の行使であり、「憲法の番人」としての役割もその一部にすぎないというわけである。

②抽象的違憲審査制(憲法裁判所型)

他方、第2のタイプは、ドイツを典型とする抽象的違憲審査制である。この制度の下では、個々の「具体的な争訟」とは無関係に、法令の存在それ自体に対して違憲審査が加えられる。ここで違憲審査の担い手となるのは、憲法裁判所である。憲法裁判所は、司法権を担う通常の裁判所とは別に、憲法問題だけを専門的に扱う機関として設置される。なお、抽象的審査制の下で違憲無効の判断が突きつけられた法律は、自動的に廃止されることになる。

なお、抽象的審査制と言っても、法律の存在それ自体の合憲性を、いつでも誰でも争うことができるというわけではない。たとえばドイツで法律の抽象的審査が行われるのは、連邦政府(内閣)、州政府(地方政府)、あるいは3分の1以上の連邦議会(下院)議員のいずれかによって、憲法裁判所に審査が申し立てられた場合である(抽象的規範統制)。なおドイツではこのほかにも、具体的な事件を司法裁判所が扱う際に法令の合憲性に疑問符がついた場合には、審理をいったん中断して憲法裁判所の判断をあおぐという制度や(具体的規範統制)、具体的な権利侵害を受けた私人が憲法裁判所に直接訴えを提起するという制度が設けられている(憲法異議)。

【統　治】13 裁判所 ── 抽象的違憲審査制の是非

【表13-1】 2つの違憲審査制の比較

	付随的違憲審査制	抽象的違憲審査制
代表国	アメリカ	ドイツ
違憲審査の担い手	司法裁判所。下級裁判所も違憲審査権を持つ。	憲法裁判所のみ。
違憲審査のタイミング	違憲審査は司法権の行使に付随して行われる。	法令それ自体の合憲性を、司法権の行使とは独立に判断する。
判決の効力	個別的効力	一般的効力
基本理念	私権保護	憲法保障

（3）日本の違憲審査制はどっち？──警察予備隊判決をめぐって

　さて、それでは日本で採用されている違憲審査制は、いったいどちらのタイプなのだろうか？　設問でふれた警察予備隊判決は、この点について解答を示した重要な判決である。最高裁いわく、

　「わが裁判所が現行の制度上与えられているのは司法権を行う権限であり、そして司法権が発動するためには具体的な争訟事件が提起されることを必要とする。我が裁判所は具体的な争訟事件が提起されないのに将来を予想して憲法及びその他の法律命令等の解釈に対し存在する疑義論争に関し抽象的な判断を下すごとき権限を行い得るものではない。……要するにわが現行の制度の下においては、特定の者の具体的な法律関係につき紛争の存する場合においてのみ裁判所にその判断を求めることができるのであり、裁判所がかような具体的事件を離れて抽象的に法律命令等の合憲性を判断する権限を有するとの見解には、憲法上及び法令上何等の根拠も存しない。」

　最高裁はこのように述べて、日本の違憲審査制はアメリカ型であるという立場をとった。つまり、警察予備隊の設置行為それ自体によって原告に対して現実の不利益が生じているとは言えないので、司法権が行使されるための条件が整っておらず、違憲審査も行われ

Ⅲ 実践編

ないというわけである。日本の違憲審査権の行使は、「具体的な争訟」の解決に付随するような場合に限定されるというのが、この判決の趣旨である。そして学界の通説でも、憲法81条は付随的審査制を定めたものと理解するのが妥当であると考えられている（芦部・前掲368頁）。

ただし、この判決が「現行の制度上」とか「憲法上及び法令上」といったような、やや含みを持たせた表現を用いていることには、慎重な注意が必要である。つまり、この言い回しをあえて深読みすれば、「現行の制度」や「法令」を作りかえることによって、抽象的審査制のような意味合いを有する仕組みを導入することは、全面的には排斥されていないようにも解されるのである。それでは、「具体的な争訟」が生じていないにもかかわらず違憲審査が行われるような制度は、現在の憲法の下で、はたして認められるのだろうか？

（4）問い直される司法権

ここで、客観訴訟という「現行の制度」について、立ち止まって考えてみたい。客観訴訟とは、法令の適正な適用を確保するために、法律で特別に設けられた裁判制度である。いわゆる行政訴訟のうち、民衆訴訟（行政事件訴訟法5条）と機関訴訟（同6条）がこれに当たる。民衆訴訟の例として、選挙訴訟（公職選挙法203・204条など）や住民訴訟（地自法242条の2）があげられる。機関訴訟の例としては、地方公共団体の長と議会の間の争訟（地自法176条7項）などがある。

ここでは住民訴訟を例にとって考えてみたい。住民訴訟とは、地方公共団体の執行機関および職員の違法な財務会計行為について、住民がその是正を求めて争う裁判のことである。この住民訴訟のなかでは違憲審査も行われることがあり、愛媛玉串料判決（最大判平成9・4・2）や空知太神社判決（最大判平成22・1・20）などがその代表例である。さて、この住民訴訟は、地方公共団体の上記の行

【統　治】13　裁判所 ─── 抽象的違憲審査制の是非

為についてのみ提訴が認められるのであり，中央政府の行為を争うことは現在のところ不可能である。なぜなら住民訴訟を含む客観訴訟は，法律の特別の定めがあって，初めて提訴が認められるものだからである。そして，この住民訴訟において，原告は，自治体の財務の適正という客観的な法益のために裁判に踏み切っているのであり，自分の主観的な権利・利益を救済してもらうために裁判を起こしているわけではない。すなわち住民訴訟においては，典型的な「具体的な争訟」が生じているとは言えないにもかかわらず，法律で定められる要件を満たしていれば裁判が進行してゆき，そのなかで違憲審査も行われるのである。これは裏を返せば，裁判所による違憲審査が，典型的な司法権の行使を超えてでも行われうる仕組みが，現に出来てしまっているということを意味する。裁判所法3条1項が，「裁判所は……一切の法律上の争訟を裁判し」の後に，「その他法律において特に定める権限を有する」と定めているゆえんである。

　この客観訴訟という「現行の制度」は，"そもそも裁判所とはどのような機関か？"という根本的な疑問を，あらためて投げかけていると言ってよい。実に近年では，この疑問に応答するように，司法権概念の再検討が進んでいる。ある論者によれば，司法権の本質は，当事者間の「具体的な争訟」を公平な第三者が法に従って解決することであり，ゆえに裁判所に「具体的な争訟」の解決を超える権限が与えられるとしても，それは司法権の本質になじみやすい限りで認められるにとどまると言われる（佐藤幸治『日本国憲法論』581～590頁）。他方，別の論者によれば，司法権は，「具体的な争訟」の解決に限られない役割をそもそも有しており，「適法な提訴を待って，法律の解釈・適用に関する争いを，適切な手続の下に，終局的に裁定する作用」と定義されるべきであると言われる（高橋和之『立憲主義と日本国憲法［第3版］』388～390頁）。なおこれらの学説も，現行の客観訴訟は違憲ではないが，かたや抽象的審査制そのものの導入については，現在の憲法の下では許されないと解するよ

Ⅲ 実践編

うである（佐藤・前掲622〜624頁，高橋・前掲410〜411頁）。しかしながら，客観訴訟はよいが抽象的審査はダメという線引きは，どのようにして正当化されるのだろうか？　司法権と違憲審査制の連関について，各々考えてみて欲しい。

（5）違憲審査の活性化はどうやって可能か？

ともあれ，日本の現在の違憲審査制が付随的審査を基軸にしており，抽象的審査制そのものが採用されていないことは確かである。

それでは，日本の付随的審査制は，「憲法の番人」としての役割を十分に果たしてきたのだろうか？　この点については，従来から否定的な声が多く聞かれてきた。実に，2001年6月に示された司法制度改革審議会の意見書も，憲法は裁判所に「国民の権利・自由の保障を最終的に担保し，憲法を頂点とする法秩序を維持すること」を期待しているが，「裁判所がこの期待に応えてきたかについては，必ずしも十分なものではなかったという評価も少なくない」とふりかえっている。

そこで，このような閉塞状況を打開するために，日本でも抽象的審査制を導入すべきであるという声が，少なからずあがっている。たとえば伊藤正己・元最高裁判事は，日本の司法消極主義の要因として，①「和」を重んじる精神風土，②法的安定性の重視，③憲法感覚の鈍磨，④大法廷回付を避ける傾向，⑤「顔のない裁判官」という理想像といった点を指摘し，この克服のためには憲法裁判所型の違憲審査制に切り替えることが望ましいと提言した（伊藤正己『裁判官と学者の間』106〜137頁）。また，読売新聞社も1994年に憲法改正試案と憲法裁判所構想を打ち出し，81条を改正して，内閣または衆参各院の3分の1以上の議員による申し立てがあれば抽象的審査が可能とされるべきであると提唱した（読売新聞社編『憲法21世紀に向けて』112〜128頁）。

しかし他方で，違憲審査の活性化は，憲法裁判所や抽象的審査の導入による必要はないという声も少なくない。上のディベートで否

【統　治】13 裁判所 ── 抽象的違憲審査制の是非

定側が言及しているサーシオレイライの導入は，そういった主張の代表例であろう（大沢秀介『司法による憲法価値の実現』155頁以下）。ほかにも，上告審としての役割をもっぱら担う「特別高裁」を新たに設け，最高裁は違憲審査や判例変更，および新しい法律問題のみを扱うように役割がしぼり込まれるべきであるという案がある（笹田栄司『司法の変容と憲法』17頁以下）。さらには，法令の合憲・違憲に関する勧告的意見を最高裁に照会するような仕組みであれば，憲法改正は不要であるとの指摘もある（佐々木雅寿「勧告的意見の可能性」高見勝利ほか編『日本国憲法解釈の再検討』323頁以下）。加えて，裁判官の任命方法の改善も，しばしば課題として指摘される。というのも，最高裁の15人のメンバーは内閣によって指名ないし任命されるが（憲法6条2項・79条1項），そこでは前職に応じた「枠」が事実上固定化してしまっているからである（職業裁判官6人，弁護士4人，検察官2人，官僚2人，法学者1人）。

　以上のように，違憲審査の活性化をめぐる提言はさまざまであり，ぜひ何がベストな一手なのかを考えてもらいたい。なおかつ，その際には，そもそも日本の違憲審査制は今なお消極的なのかという点も，あらためて問い直してみて欲しい。というのも，【表13－2】を見ると，2013年10月現在までの法令違憲判決8種9件のうち，4件が21世紀以降に集中していることがわかる。そのほかのデータについてここで触れる余裕はないが，近年の最高裁の動向については，憲法学者からも「最高裁判所の憲法判例に，ある程度，積極的傾向が現れている」との声があがっており（戸松秀典『憲法訴訟［第2版］』388頁），さらに元最高裁判事からも「消極的にすぎると批判されることが少なくなかった憲法裁判についても，変化の兆しが生まれつつある」と指摘されている（滝井繁男『最高裁判所は変わったか』59頁）。ひととおりの勉強が進んだ人は，こういった憲法裁判のダイナミズムについても，ぜひ理解を深めてもらいたい。

Ⅲ 実践編

【表13−2】最高裁の法令違憲判決（2013(平成25)年10月現在）

事件	年月日
尊属殺事件	1973(昭和48)年4月4日
薬事法事件	1975(昭和50)年4月30日
衆議院「一票の格差」事件	①1976(昭和51)年4月14日 ②1985(昭和60)年7月17日
森林法事件	1987(昭和62)年4月22日
郵便法事件	2002(平成14)年9月11日
在外邦人選挙権事件	2005(平成17)年9月14日
国籍法事件	2008(平成20)年6月4日
婚外子·相続分事件	2013(平成25)年9月4日

―【応用的テーマ】――――――
裁判員制度の合憲性

　2009年5月に施行された裁判員制度によって，裁判と一般市民のあいだの距離は，ぐっと近くなったのかもしれない。裁判員制度とは，一般市民が刑事裁判の第一審に参加して，事実認定，有罪・無罪の判定，そして量刑を，裁判官とともに決定するというものである。裁判員は，選挙権を有する国民のなかから抽選で選出される。なお裁判員としての職務は義務であり，やむを得ない理由がない限り辞退できない。裁判の場では，3名の職業裁判官と6名の裁判員が合議を行い，多数決によって結論を決める。ただしその過半数のなかには，職業裁判官と裁判員の両方が含まれなければならない。なおこの制度が適用されるのは，法定刑の重い重大犯罪に限られる。この裁判員制度には，国民の視点や常識的な感覚が裁判に反映されることや，国民が法について考えるきっかけが生まれることなどが期待されている。

　かたや，この裁判員制度に対しては，その創設当時から批判も少なくなかった。とりわけ，憲法の見地からは，裁判官の独立（憲法76条3項）を侵害しないか，「公平な裁判所」（同37条1項）による刑事裁判と言えるか，裁判員にとって「意に反する苦役」（同18条）に当た

【統 治】13 裁判所 ── 抽象的違憲審査制の是非

らないか、などといった疑問が寄せられてきた。しかしながら、最高裁は、2011年に裁判員制度は憲法違反ではないと判断している（最大判平成23・11・16）。

ただ、2013年5月には、強盗殺人罪に問われた被告に死刑が言い渡された事件で裁判員を務めた女性が、急性ストレス障害を患ったとして、国を相手どり損害賠償訴訟を提起している（読売新聞2013年5月8日朝刊宮城版）。今後の動向が注目されるが、裁判員の心理的負担をどのように軽減してゆくかは、なおいっそう丁寧に取り組まれるべき課題である。

【参考(裁)判例・文献】

〈(裁)判例〉
- 最大判昭和27・10・8民集6巻9号783頁
- 最大判平成9・4・2民集51巻4号1673頁
- 最大判平成22・1・20民集64巻1号1頁
- 最大判平成23・11・16刑集65巻8号1285頁
- 札幌高判昭和51・8・5行集27巻8号1175頁

〈文献〉
- 芦部信喜〔高橋和之補訂〕『憲法［第5版］』（岩波書店、2011年）
- 市川正人「違憲審査制の活性化」長谷部恭男ほか編『岩波講座憲法4 ─変容する統治システム』（岩波書店、2007年）287頁
- 伊藤正己『裁判官と学者の間』（有斐閣、1993年）
- 大沢秀介「憲法訴訟と憲法裁判所」赤坂正浩ほか『ファーストステップ憲法』（有斐閣、2005年）263頁
- 大沢秀介『司法による憲法価値の実現』（有斐閣、2011年）
- 佐々木雅寿「勧告的意見の可能性」高見勝利ほか編『日本国憲法解釈の再検討』（有斐閣、2004年）323頁
- 笹田栄司『司法の変容と憲法』（有斐閣、2008年）
- 佐藤幸治『日本国憲法論』（成文堂、2011年）
- 高橋和之『立憲主義と日本国憲法［第3版］』（有斐閣、2013年）
- 滝井繁男『最高裁判所は変わったか』（岩波書店、2009年）
- 戸松秀典『憲法訴訟［第2版］』（有斐閣、2008年）
- 畑尻剛「憲法訴訟と憲法裁判」大石眞＝石川健治編『新・法律学の争点シリーズ3　憲法の争点』（有斐閣、2008年）272頁

Ⅲ 実践編

・読売新聞社編『憲法21世紀に向けて』（読売新聞社，1994年）
・「日本国憲法研究・違憲審査制と最高裁の活性化」論究ジュリスト2号
  （2012年）160頁

〔黒澤 修一郎〕

14 地方自治
──道州制の採用

論題 地方自治法を改正して，都道府県制に替えて新たに道州制を採用することは，憲法に照らして許されるだろうか？

道州制とは，現在の47都道府県制を廃止して，全国を10程度の「道」や「州」に再編するという政策である。これによって，国と地方の役割の再構築と，公共的事務の効率化が進展すると言われている。地域活性化のカンフル剤として，道州制に期待を寄せる向きもあるようだ。それでは，このような道州制を導入することは，現在の憲法の下で，はたして許されるのだろうか？

【関連条文】 憲法92条・93条・94条，地自法1条の3

III 実践編

双方の立論

合憲側

　道州制を採用することは，合憲であると考えます。

(1) 憲法上の地方公共団体の種類

　日本国憲法は第8章において地方自治の保障を定め，その92条は「地方公共団体の組織及び運営に関する事項は，地方自治の本旨に基いて，法律でこれを定める」と規定しています。それゆえ地方公共団体それ自体を廃止し，統治のしくみを完全に中央集権化してしまうような法律は，むろん憲法違反でしょう。しかしながら，憲法は，地方公共団体の具体的な種類については，何ら明記していません。市町村や都道府県といった名称は，憲法のなかに全く並んでいないのです。そうであるとすると，都道府県は地方公共団体のひとつのあり方にすぎないのですから，これを道州制にとって替えたとしても，地方公共団体そのものを廃止したことにはならないでしょう。

　そもそも都道府県は憲法上の地方公共団体と言えるのでしょうか？　そうではないという考え方もあります。この考え方をとれば，都道府県制の改編には何ら問題がないでしょう。他方，都道府県は憲法上の地方公共団体に当たるという考え方も有力です。しかし，これを改編して道州制を導入する場合も，道州が憲法上の地方公共団体としての実体を備えていればよいのです。最大判昭和38年3月27日によれば，憲法上の地方公共団体と認められるためには，2つの条件が必要です。ひとつが，住民のなかで「共同体意識」が共有されていること，もうひとつが，立法・行財政の点で「地方自治の基本的権能」を有していることです。道州制も，この2つの条件を満たすように設計されればよいでしょう。たとえば，現在の衆議院の比例代表選挙は，全国を11のブロック

【統　治】14　地方自治 ─ 道州制の採用

に分けて行われています（北海道，東北，北関東，南関東，東京，北陸信越，東海，近畿，中国，四国，九州）。道州制がこれと同じ区割りになるかどうかはわかりませんが，こうした現状を踏まえれば，都道府県を越えた広域自治体をつくるとしても，そこには「共同体意識」がそれなりに存在するはずだと言ってよいでしょう。また，道州から自治立法権や自治行政権を奪ったり，あるいは議員や知事の公選制を廃止するような場合は，ともすれば憲法93条2項および94条に違反する疑いが生じますが，そのような道州制論は，少なくとも近年では提唱されていません。

(2)　地方公共団体の二層制について

学説においては，道州制の導入は，必ずしも憲法違反ではないという立場が多数説です。なお道州制合憲論にも，大きく分けて次の2つの考え方があります。

第1が，地方公共団体の編成はまったくの立法政策にゆだねられ，たとえば市町村のみの一層制をとってもよいという考え方です。上に述べたように，憲法の条文が地方公共団体の種類を明記していないことを重視すれば，このような考え方も十分成り立つでしょう。

他方，第2の考え方が，地方公共団体は一層制であってはならず，二層制になっていなければならないというものです。しかしながら，この説をとっても，市町村と併存する中間的な地方公共団体は，必ずしも都道府県でなければならないわけではないでしょう。通説も，「都道府県は，現在なお，『基礎的な地方公共団体』……たる市町村と国とを媒介する中間的な団体であるから，『地方自治の本旨』を生かすために広域化する必要があるとすれば，現在の二段階制を維持しつつ都道府県制をいわゆる道州制に再編するか否かは，立法政策の問題だと解することも許されるであろう」と述べています（芦部信喜〔髙橋和之補訂〕『憲法［第5版］』357～358頁）。

Ⅲ 実践編

(3) 「平成の大合併」と道州制

2000年代に入り，市町村レベルでは「平成の大合併」が進展しました。2002年4月に全国で3,218あった市町村の総数は，2013年1月には1,719に減少しています（総務省HP・http://www.soumu.go.jp/gapei/gapei2.html）。なかには，小さな県より大きな市も出現しています。さて，このような市町村合併については，地方公共団体を改編したため違憲であるとは，ほとんど考えられていません。そうであるとすれば，都道府県も再編成されてよいのではないでしょうか。現に，道州制には，地方財政の健全化や二重行政の解消，自治体間格差の緩和など，さまざまなメリットがあります。

(4) 結　論

以上より，道州制の導入は，憲法92・93・94条に違反しないと考えます。

違憲側

道州制を採用することは，違憲であると考えます。

(1) 都道府県制と憲法

憲法による地方自治の保障は，地方公共団体がむやみに解体されてはならないということを含意します。そして都道府県は，憲法上の地方公共団体に当たると考えるべきです。合憲側が言うように，最大判昭和38年3月27日は，憲法上の地方公共団体と認められるための2つの条件をあげていますが，都道府県はこの両方を満たします。まず，第1の「共同体意識」については，明治時代以来の長い歴史のなかで，都道府県住民のなかにすでに醸成されていると思われます。現に衆議院の「一票の格差」に関する最大判昭和51年4月14日も，「都道府県は，それが従来わが国の政治及び行政の実際において果たしてきた役割や，国民生活及び国

民感情の上におけるその比重にかんがみ，選挙区割の基礎をなすものとして無視することのできない要素〔である〕」と述べています。また，第2の「地方自治の基本的権能」についても，現在の都道府県が自主立法権・行政権・財政権を有することには，異論がないでしょう。都道府県がこのように憲法上の位置づけを有するとすれば，簡単に改編されてはならないはずです。

(2) 憲法と二層制

いわゆる地方公共団体の二層制は，憲法によって保障されていると考えるべきです。そしてこの二層制は，基本的に，市町村と都道府県でなければならないと思われます。市町村と都道府県の二層構造は，廃藩置県以来の歴史のなかで形成されてきたものです。そして今や，両者とも憲法上の地方公共団体とみなされており，日本の地方自治の核心部分をなすものとして，いわば結晶化しています。市町村と都道府県は，ほかの地方公共団体とは，格が違うのです。だからこそ地方自治法1条の3は，市町村と都道府県を「普通地方公共団体」と位置づけ，特別区などの「特別地方公共団体」と区別しているのです。ゆえに法律によって都道府県制を改編することには，憲法による地方公共団体の二層制の保障に反するおそれがあります。道州制を導入するのならば，少なくとも憲法改正によるべきです。

(3) 「地方自治の本旨」の保障

とはいえ，二層制は憲法上の要請だが，それは市町村と都道府県でなくてもよいという考え方もありえます。これは合憲側が「通説」として紹介しているところです。

しかしながら，仮にこの考え方をとるとしても，二層制であれば何でもよいというわけではありません。二層制を維持しながら都道府県を道州につくりかえるとしても，憲法92条に言われる「地方自治の本旨」を損なうものであってはならないはずです。「地方自治の本旨」は，住民自治と団体自治の原理によって成る

Ⅲ 実践編

と言われますが、これらの原理に照らして、道州制の是非を吟味してゆかなくてはなりません。

思うに、道州制は、制度設計のいかんによっては、「地方自治の本旨」を実質的に損なってしまうおそれがあります。まず、現在提唱されている道州の規模はあまりにも大きく、ともすれば国家レベルの大きさになってしまいます。そうすると、道州と住民との距離が疎遠になってしまい、住民自治の原理が傷つけられてしまう可能性があります。道州の内部で集権化が進んでしまいかねないのです。また、道州制は国と地方の権限配分の見直しを含んでいますが、もし道州に対する国の介入が増大すれば、道州は国の単なる出先機関となってしまい、団体自治の原理が損なわれるおそれも否定できません。

⑷ 結　論

以上より、道州制の導入は、憲法92条に言われる地方公共団体を破壊するものであり、なおかつ同条の「地方自治の本旨」にも反すると考えます。

解　説

（1）憲法と地方自治

現代は「地方の時代」であるというフレーズを耳にしたことがある人も多いだろう。このフレーズは、日本では1970年代に革新派の首長がしばしば口にしたものであり、その後人口に膾炙したと言われている。実に、現代においては、主権国家の内部にあっても地方自治が進展し、ローカルな政治がますます尊重されるようになっている。

日本国憲法は、そういった「地方の時代」を先取りしているかのようである。憲法のうち、地方自治に関して定めを置いているのは、第8章（92〜95条）である。その内容を垣間見ると、まず92条は、地方自治の一般原則として、「地方公共団体の組織及び運営に

【統　治】14 地方自治 ― 道州制の採用

関する事項は，地方自治の本旨に基いて，法律でこれを定める」と規定している。地方公共団体には議事機関として議会が置かれ（93条1項），その議会は自治体の自主法である条例の制定権を有している（94条）。また，市町村長や都道府県知事などの長（93条2項）も，自治体の執行機関としてリーダーシップを発揮している。さらに95条は，国会がひとつの地方公共団体にのみ適用される法律をつくる場合は，その自治体で住民投票を行い，過半数の同意を得なければならないと定める。この95条は，いわゆる直接民主制が地方レベルでとり入れられている一例である。

　このように憲法を通じて地方自治が保障されていることには，疑いの余地がない（なお，地方自治の基礎づけをめぐっては，固有権説・伝来説・制度的保障説などが論じられてきた。さしあたり，参照，杉原泰雄編『新版 体系憲法事典』768～769頁〔廣田全男〕）。しかし他方で，地方自治の内実は，法律による具体化に大きく依存するとも言わなければならない。先に見たように，憲法92条が，地方公共団体に関する事柄は「法律でこれを定める」と規定しているからである。それゆえ，地方自治法をはじめとするさまざまな法律によって，地方の統治のありようが具体的に規律されることになる。

　ただしこの92条は，「地方自治の本旨」は法律によっても傷つけられてはならない，という歯止めも同時に用意している。それでは，憲法によって保障される「地方自治の本旨」とは，いったい何だろうか？　一般的には，次の2つの原理が，「地方自治の本旨」の根幹をなすと言われている。その第1が，住民自治の原理である。この原理は，地方の政治が住民の意思に基づいて行われること，つまり地方において民主主義が実現していることを要請する。「地方自治は民主主義の小学校である」と言われるゆえんであり，憲法93条2項が，地方公共団体の長や議員は住民による直接選挙を通じて選ばれなければならないと定めるのは，この原理のあらわれである。そして第2の原理が，団体自治である。この原理は，地方の政治が中央政府から独立した団体にゆだねられること，つまり中

Ⅲ　実践編

央と地方のあいだに権力分立の関係が実現していることを要請する。それゆえ地方公共団体の条例制定権や行財政権が剝奪されてはならず（憲法94条），さらに憲法上の地方公共団体がまったく存在しないような状態をつくり出してもならないのである。

（2）道州制をめぐるうごき

さて，それでは今回のディベートのテーマである道州制とは，いったいどのようなものだろうか？

現在有力に提唱されている道州制論の大まかな内容は，次の通りである。都道府県を廃止して，全国を10程度の道州に再編する。その上で，中央と地方との役割分担の再整理をすすめる。外交・防衛・金融・司法などの国の存立にかかわる事務を中央政府へ割り振り，他方では人々の暮らしに直結する事務を地方公共団体へ割り振ってゆく。そして市町村をまたぐような広域行政課題については，道州が主たる担い手となる。

なお，道州のような広域自治体の導入をめざす動きは，実は古くから存在してきた。1927年に行政制度審議会が提案した「州庁設置案」や，1957年に第4次地方制度調査会が答申した「地方」案などが，その例である。さらには1968年に松下幸之助が「廃県置州」を提唱するなど，経済界からの後押しもしばしば行われてきた。

その後，1990年代以降のいわゆる地方分権改革が，地方自治それ自体を大きく進展させることになる。とりわけ1999年に成立した「地方分権一括法」は，475本の法律を一括改正するという大がかりなものであり，国と地方の関係を上下・主従から対等・協働に変容させることが目指された。この法律を通じて，地方に対する国の関与の縮減や，機関委任事務の廃止などが実現した。実に現行の地方自治法は，「住民に身近な行政はできる限り地方公共団体にゆだねることを基本として……，地方公共団体の自主性及び自立性が十分に発揮されるようにしなければならない」（地自法1条の2第2項）と定め，地方自治の範囲を大きく広げている。

【統　治】14　地方自治 ── 道州制の採用

　さらに2000年代に入ってからは，市町村の「平成の大合併」が進んだ。これを受けて，都道府県の役割も，あらためて問い直されるようになった。そして2006年2月，小泉純一郎首相の諮問機関である第28次地方制度調査会は，「道州制のあり方に関する答申」を公表し，道州制の導入を進めるべきであると提言した。それによると，市町村合併による市町村の規模・能力の拡充をふまえ，現在都道府県が実施している事務は，大幅に市町村に移譲されるべきである。さらに国の事務は，国が本来果たすべきものをのぞき，できるかぎり地方に移譲すべきである。そして道州は，広域事務を重点的に担う存在として位置づけられる。道州の担当する事務としては，たとえば，道路や河川，空港の管理などといった社会資本の整備，有害化学物質対策などといった環境保全，地域産業や観光の振興といった経済政策などがあげられている。さらに道州の区域例として，全国を9・11・13に分割する案が示された。2006年9月には安倍晋三首相のもと道州制担当大臣が置かれた。同年12月には道州制特区推進法も成立し，北海道が先行モデル地域として指定され，権限の移譲や財源の確保などが進められることとなった。

　その後，2009年9月に誕生した民主党政権は，「地域主権」を掲げるものの，道州制の導入にはどちらかといえば消極的な姿勢をとった。しかし，2012年12月の衆院選で与党の座に返り咲いた安倍・自公政権は，2013年に入り道州制基本法案の国会提出をめざす構えを見せた（朝日新聞2013年4月10日朝刊）。道州制の導入を求める気運は，今なお消えていないと言うべきだろう。

（3）憲法上の地方公共団体とは？

　それでは，以上のような道州制論は，現在の憲法に照らして許されるのだろうか？　まず，"都道府県を道州にとって替えることが，憲法上の地方公共団体を破壊することにならないか？"という問題を考えてみたい。

　この問題を難しくしている要因は，憲法には地方公共団体という

Ⅲ 実践編

【表14-1】道州制の下で道州が担う事務のイメージ

行政分野	道州が担う事務	
社会資本整備	・国道の管理 ・地方道の管理(広域) ・一級河川の管理 ・二級河川の管理(広域)	・**特定重要港湾の管理** ・**第二種空港の管理** ・第三種空港の管理 ・砂防設備の管理 ・保安林の指定
環境	・有害化学物質対策 ・大気汚染防止対策 ・水質汚濁防止対策 ・産業廃棄物処理対策	・国定公園の管理 ・野生生物の保護,狩猟監視(希少,広域)
産業・経済	・中小企業対策 ・地域産業政策 ・観光振興政策 ・農業振興政策	・農地転用の許可 ・指定漁業の許可,漁業権免許
交通・通信	・自動車運送,内航海運業等の許可 ・自動車登録検査	・旅行業,ホテル・旅館の登録
雇用・労働	・職業紹介 ・職業訓練	・労働相談
安全・防災	・危険物規制 ・大規模災害対策 ・広域防災計画の作成	・武力攻撃事態等における避難指示等
福祉・健康	・介護事業者の指定 ・重度障害者福祉施設の設置	・高度医療 ・医療法人の設立認可 ・感染症対策
教育・文化	・学校法人の認可 ・高校の設置認可	・文化財の保護
市町村間の調整	・市町村間の調整	

(注) ゴシックは,原則として道州が担うこととなる事務で,国から権限移譲があるもの。

※第28次地方制度調査会「道州制のあり方に関する答申」25頁より作成
http://www.soumu.go.jp/main_sosiki/singi/chihou_seido/singi/pdf/No28_tousin_060228.pdf

【統　治】14　地方自治 ── 道州制の採用

【図14－1】道州の区域例

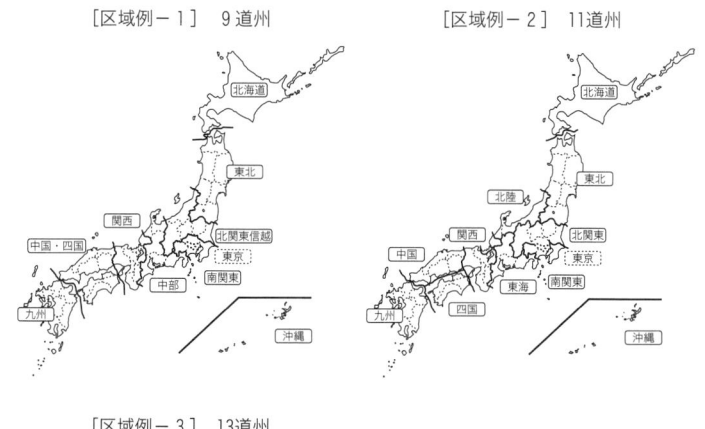

［区域例－1］　9道州

［区域例－2］　11道州

［区域例－3］　13道州

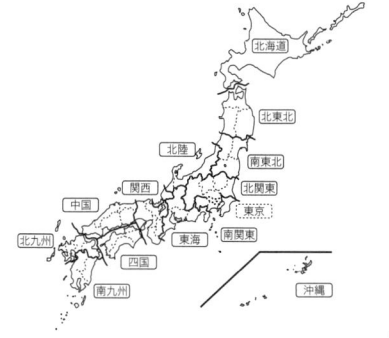

（注）
1　道州の区域については様々な考え方があり得る。ここで示した区域例は，各府省の地方支分部局に着目し，基本的にその管轄区域に準拠したものである。
2　東京圏に係る道州の区域については，東京都の区域のみをもって一の道州とすることも考えられる。

※第28次地方制度調査会「道州制のあり方に関する答申」の骨子より作成
http://www.soumu.go.jp/main_sosiki/jichi_gyousei/c-gyousei/dousyusei/

言葉は書かれているが，その具体的な種類についての記述がまったく見当たらないということである。諸外国の憲法では，地方公共団体の名称を明確に書き込んでいる例が多い。実にマッカーサー草案も，「都道府県」「市」「町」などといった種別を明示していた。しかしながら，日本政府との折衝過程のなかで，そのような名称を明記するのは窮屈すぎるとされ，結局，日本国憲法では，地方公共団体という包括的な表現に改められたのである。そして，その地方公共団体の種別については，地方自治法によってくわしく定められて

Ⅲ 実践編

いる。すなわち同法は，地方公共団体を「普通地方公共団体」と「特別地方公共団体」に分類し，市町村と都道府県を前者に，特別区や地方公共団体の組合などを後者に位置づけている（地自法1条の3）。

それでは，これらのうち，憲法上の地方公共団体に該当するのはどれだろうか？ この点に関するリーディングケースが，最大判昭和38年3月27日である。この判決によれば，憲法によって保障される地方公共団体と認められるためには，「単に法律で地方公共団体として取り扱われているということだけでは足らず，事実上住民が経済的文化的に密接な共同生活を営み，共同体意識をもっているという社会的基盤が存在し，沿革的にみても，また現実の行政の上においても，相当程度の自主立法権，自主行政権，自主財政権等地方自治の基本的権能を附与された地域団体であることを必要とする」。この事件では，東京都の特別区において，区長の公選制を廃止することが合憲であるかが，ひとつの争点となった。これにつき最高裁は，上のメルクマールに照らして特別区は憲法上の地方公共団体とは言えないと述べ，区長の公選制の廃止も憲法93条2項に反しないと判断した。（ただし時代の変遷とともに，現在，特別区は「基礎的な地方公共団体」とされ（地自法281条の2第2項），区長公選制も復活している。）

さて，この判決を前提にしたとき，いったい何が憲法上の地方公共団体に数えられるのだろうか？ 市町村がそれに当たることには，ほとんど異論がない。それでは都道府県はどうだろうか？ 学説では，異論もあるが，都道府県を憲法上の地方公共団体として認める考え方が多数説である（芦部・前掲357頁）。もしそのように考えるとすると，都道府県を解体するには，憲法上のハードルをクリアしなければならないことになる。すなわち都道府県にかわって道州を設置する場合，道州も「密接な共同生活」や「共同体意識」といった条件を備えていないかぎり，違憲だということになりかねないのである。そのような道州の構築は，はたして可能だろうか？

246

【統　治】14　地方自治 ── 道州制の採用

　この問いに答えることは簡単ではないが，しかし他方で，この問いそれ自体を疑ってみる必要もあるだろう。つまり，昭和38年判決の述べる「社会的基盤」としての「共同体意識」などといった基準は，あまりにも観念的で漠然としすぎていないだろうか？　あるいは，立法や行財政に関する「地方自治の基本的権能」は，法律によって具体化されるものであるが，そうだとすると，憲法上の地方公共団体と認められるかどうかは，もっぱら立法政策の問題となってしまわないだろうか？　昭和38年判決のメルクマールには，このような批判が加えられているということにも留意して欲しい。

（4）地方公共団体の二層制

　ところで，憲法と都道府県制をめぐっては，しばしば次のような問いが，学説の議論の中心を占めてきた。それは，"市町村と都道府県という地方公共団体の二層制は，はたして憲法上の要請だろうか？"という問いである。そして道州制をめぐる議論も，しばしばこの問いとのリンケージのなかで論じられてきた。その解答は，大きくは次の3つに分かれる（さしあたり，参照，野中俊彦＝中村睦男＝高橋和之＝高見勝利『憲法Ⅱ［第5版］』365～368頁〔中村睦男〕）。

　①　1つ目の考え方によると，二層制は憲法上の要請ではなく，地方公共団体を何層にするかはもっぱら立法政策の問題である。この考え方によると，地方公共団体のあり方は憲法92条の「地方自治の本旨」に基づくかぎり，法律で改編されうる。それゆえ都道府県を廃止し市町村だけを置くという一層制を導入したとしても，あるいは二層制を維持しながら道州制を導入したとしても，必ずしも憲法違反ではない。ただし「地方自治の本旨」が実質的に保障されているかという問題は残るが，層をいくつにするかという形式的な問題は重要でないとされる。

　②　2つ目の考え方によれば，二層制は憲法上の要請であり，なおかつ市町村と都道府県という既存の枠組みが維持されなくてはならない。この考え方によれば，地方自治は一朝一夕で成り立つもの

III 実践編

ではない。とくに都道府県は，明治憲法の下では，知事が官選であったなどの点で不完全自治体とでも呼ぶべき存在だった。しかし，戦後まもなく都道府県知事の公選制が導入され，今では市町村と肩を並べる「普通地方公共団体」にまで成長したのである。このような歴史の上に現在があるとすれば，都道府県と市町村の二層構造は，安易に傷つけられてはならない。この考え方だと，都道府県を道州に改編することは，ともすれば違憲の評価を受けかねないだろう。

③　3つ目の考え方は，ちょうど上の両説の中間に位置する発想である。この考え方によると，地方公共団体の二層制それ自体は憲法上の要請であるが，それをどう編成するか，特に市町村と併存する地方公共団体として都道府県を置くかどうかは，立法政策の問題である。ただしこの考え方も，二層制であれば何でもよいというわけではなく，92条の「地方自治の本旨」に反してはならないと留保を付ける。そうであるとすると，道州制の導入が憲法に違反するかどうかは，(a) 道州が憲法上の地方公共団体として認められるか（前述），(b) 道州制が「地方自治の本旨」を侵害していないか，という2つの問いに依存することになるだろう。

学説の枝分かれは以上の通りであり，現在のところ③が多数説とされるが，①もなお有力である。①か③の考え方をとれば，道州制の合憲性は，その具体的な内容次第ということになるだろう（さらに②も都道府県の統合を必ずしも否定するものではないと言われる）。なお，前述の昭和38年判決は，特別区を憲法上の地方公共団体と認めず，当時の東京23区の一層制を追認していた。ゆえに判例は①に近いと言われている。

(5) 道州制と「地方自治の本旨」

いずれにせよ，憲法の観点から道州制について考えるためには，92条が「地方自治の本旨」を尊重することの意味を，あらためて問い直さなければならないだろう。

【統　治】14 地方自治 ── 道州制の採用

　まず，住民自治の原理からすれば，住民の声が実効的に地方の統治に届けられているかが，最大の問題であろう。道州が大きくなりすぎると，地方住民との距離が広がりすぎてしまい，住民自治の充実度が必然的に低くなってしまう。市町村レベルにおける住民自治の実現の度合いなども視野に入れながら，道州と住民の間のベストな近接度を探る必要があるだろう。

　次に団体自治の原理からすれば，問われるべきは次の2点であろう。第1は，中央政府による道州への干渉の度合いが，道州の団体自治を侵害していないかである。つまり道州が広範な事務を担い，本来は中央政府が行うべき事務まで担当してしまうと，かえって中央政府の出先機関が置かれることになり，国レベルの縦割り行政が増える口実を与えてしまわないかという懸念が寄せられている。他方，第2に問われるべきは，道州と市町村の間のバランスである。つまり道州が大規模化し，なおかつその自立性が強調されるとなると，今度は道州が準中央政府となってしまい，中間的な地方公共団体としての役割を失ってしまうおそれがある。とりわけ道州が市町村の自治を圧迫しないよう，慎重な配慮が求められるだろう。

　この「地方自治の本旨」という概念は，抽象度の高い基本原理であるがゆえ，その具体的な含意を確定することがきわめて難しい。しかし，それでもなお「地方自治の本旨」は，制度設計の導きの星であるべきだろう。道州制の具体的なかたちについて考える際にも，ぜひ憲法上の基本原理との連関を見失うことのないよう，絶えず気を配ってもらいたい。

【応用的テーマ】
条例による刑罰の是非

　地方公共団体の議会の条例制定権は，憲法94条によって保障されている。全国の条例は地域の事情に応じてさまざまであるが，最近の条例には，「朝ごはん条例」（朝ごはんをきっかけに食生活を見つめ直してもらえるよう，2004年4月に青森県鶴田町で初めて制定された）や「乾杯条例」（宴席の乾杯は地元のお酒で行うよう勧める条例。2013年

III 実践編

1月に京都市で初めて施行された）など，ユニークなものもあるようだ。

　ただし憲法94条は，条例は「法律の範囲内」に収まっていなければならないという限定を置いている。なおかつ，憲法の規定を眺めてみると，条例による規制を想定していないように見える分野があることに気づく。そのひとつが刑罰である。憲法31条は「何人も，法律の定める手続によらなければ，その生命若しくは自由を奪われ，又はその他の刑罰を科せられない」と定めている。これを文字どおりに読めば，犯罪の類型や罰則はもっぱら法律によって規定されなければならず，条例に出番はないようにも解される。

　しかしながら，条例による刑罰の設置は，一定の限度で許されると考えられている。現に最高裁も，「憲法31条はかならずしも刑罰がすべて法律そのもので定められなければならないとするものでなく，法律の授権によってそれ以下の法令によって定めることもできると解すべきで，このことは憲法73条6号但書によっても明らかである。……しかも，条例は，法律以下の法令といっても，……公選の議員をもって組織する地方公共団体の議会の議決を経て制定される自治立法であって，……法律に類するものであるから，条例によって刑罰を定める場合には，法律の授権が相当な程度に具体的であり，限定されておればたりる」と述べている（最大判昭和37・5・30）。そして地方自治法14条3項も，2年以下の懲役・禁錮，100万円以下の罰金，あるいは拘留や科料などの罰則については，条例によって設けることができると定めている。

　とはいえ条例は，基本的人権を侵害してはならないことはもちろん，前述のように「法律の範囲内」に収まっていなければならない。とりわけ，地域独特の規制をおこなう条例が「法律の範囲」を踏み超えていないかどうかは，なかなか判定が難しい問題である。

【参考(裁)判例・文献】

〈(裁)判例〉
・最大判昭和37・5・30刑集16巻5号577頁
・最大判昭和38・3・27刑集17巻2号121頁

【統　治】14 地方自治 ── 道州制の採用

・最大判昭和51・4・14民集30巻3号223頁
〈文献〉
・芦部信喜〔高橋和之補訂〕『憲法［第5版］』（岩波書店，2011年）
・大沢秀介「道州制」新井誠ほか編著『地域に学ぶ憲法演習』（日本評論社，2011年）164頁
・杉原泰雄編『新版 体系憲法事典』（青林書院，2008年）
・渋谷秀樹「地方自治」ジュリスト1334号（2007年）123頁
・廣澤民生「『地方公共団体』の意義」大石眞＝石川健治編『新・法律学の争点シリーズ3　憲法の争点』（有斐閣，2008年）310頁
・野中俊彦＝中村睦男＝高橋和之＝高見勝利『憲法II［第5版］』（有斐閣，2012年）
・「日本国憲法研究・道州制」ジュリスト1387号（2009年）106頁

〔黒澤 修一郎〕

（資料）日本国憲法

資　料

日本国憲法

昭和21年11月3日公布
昭和22年5月3日施行

[目　次]
　第1章　天　皇（第1条〜第8条）
　第2章　戦争の放棄（第9条）
　第3章　国民の権利及び義務（第10条〜第40条）
　第4章　国　会（第41条〜第64条）
　第5章　内　閣（第65条〜第75条）
　第6章　司　法（第76条〜第82条）
　第7章　財　政（第83条〜第91条）
　第8章　地方自治（第92条〜第95条）
　第9章　改　正（第96条）
　第10章　最高法規（第97条〜第99条）
　第11章　補　則（第100条〜第103条）

〔前文〕

　日本国民は，正当に選挙された国会における代表者を通じて行動し，われらとわれらの子孫のために，諸国民との協和による成果と，わが国全土にわたつて自由のもたらす恵沢を確保し，政府の行為によつて再び戦争の惨禍が起ることのないやうにすることを決意し，ここに主権が国民に存することを宣言し，この憲法を確定する．そもそも国政は，国民の厳粛な信託によるものであつて，その権威は国民に由来し，その権力は国民の代表者がこれを行使し，その福利は国民がこれを享受する．これは人類普遍の原理であり，この憲法は，かかる原理に基くものである．われらは，これに反する一切の憲法，法令及び詔勅を排除する．

　日本国民は，恒久の平和を念願し，人間相互の関係を支配する崇高な理想を深く自覚するのであつて，平和を愛する諸国民の公正と信義に信頼して，われらの安全と生存を保持しようと決意した．われらは，平和を維持し，専制と隷従，圧迫と偏狭を地上から永遠に除去しようと努めてゐる国際社会において，名誉ある地位を占めたいと思ふ．われらは，全世界の国民が，ひとしく恐怖と欠乏から免かれ，平和のうちに生存する権利を有することを確認する．

　われらは，いづれの国家も，自国のことのみに専念して他国を無視してはならないのであつて，政治道徳の法則は，普遍的なものであり，この法則に従ふことは，自

(資料) 日本国憲法

国の主権を維持し，他国と対等関係に立たうとする各国の責務であると信ずる．

日本国民は，国家の名誉にかけ，全力をあげてこの崇高な理想と目的を達成することを誓ふ．

第1章　天　皇

第1条〔天皇の地位・国民主権〕天皇は，日本国の象徴であり日本国民統合の象徴であつて，この地位は，主権の存する日本国民の総意に基く．

第2条〔皇位の世襲と継承〕皇位は，世襲のものであつて，国会の議決した皇室典範の定めるところにより，これを継承する．

第3条〔天皇の国事行為に対する内閣の助言・承認〕天皇の国事に関するすべての行為には，内閣の助言と承認を必要とし，内閣が，その責任を負ふ．

第4条〔天皇の権能の限界，天皇の国事行為の委任〕① 天皇は，この憲法の定める国事に関する行為のみを行ひ，国政に関する権能を有しない．

② 天皇は，法律の定めるところにより，その国事に関する行為を委任することができる．

第5条〔摂政〕皇室典範の定めるところにより摂政を置くときは，摂政は，天皇の名でその国事に関する行為を行ふ．この場合には，前条第1項の規定を準用する．

第6条〔天皇の任命権〕① 天皇は，国会の指名に基いて，内閣総理大臣を任命する．

② 天皇は，内閣の指名に基いて，最高裁判所の長たる裁判官を任命する．

第7条〔天皇の国事行為〕天皇は，内閣の助言と承認により，国民のために，左の国事に関する行為を行ふ．

1　憲法改正，法律，政令及び条約を公布すること．

2　国会を召集すること．

3　衆議院を解散すること．

4　国会議員の総選挙の施行を公示すること．

5　国務大臣及び法律の定めるその他の官吏の任免並びに全権委任状及び大使及び公使の信任状を認証すること．

6　大赦，特赦，減刑，刑の執行の免除及び復権を認証すること．

7　栄典を授与すること．

8　批准書及び法律の定めるその他の外交文書を認証すること．

9　外国の大使及び公使を接受すること．

10　儀式を行ふこと．

第8条〔皇室の財産授受〕皇室に財産を譲り渡し，又は皇室が，財産を譲り受け，若しくは賜与することは，国会の議決に基かなければならない．

第2章　戦争の放棄

第9条〔戦争の放棄，戦力及び交戦権の否認〕① 日本国民は，正義と秩序を基調とする国際平和を誠実に希求し，国権の発動たる戦争と，武力による威嚇又は武力の行使は，国際紛争を解決する手段としては，永久にこれを放棄する．

② 前項の目的を達するため，陸海空軍その他の戦力は，これを保持しない．国の交戦権は，これを認めない．

第3章　国民の権利及び義務

第10条〔国民の要件〕日本国民たる要件は，法律でこれを定める．

第11条〔基本的人権の享有と不可侵〕国民は，すべての基本的人権の享有を妨げられない．この憲法が国民に保障する基本的人権は，侵すことのできない永久の権利として，現在及び将来の国民に与へられる．

第12条〔自由及び権利の保持の責任と濫用の禁止〕この憲法が国民に保障する自由及び権利は，国民の不断の努力によつて，これを保持しなければならない．又，国民は，これを濫用してはならないのであつて，常に公共の福祉のためにこれを利用する責任を負ふ．

第13条〔個人の尊重・幸福追求権・公共の福祉〕すべて国民は，個人として尊重される．生命，自由及び幸福追求に対する国民の権利については，公共の福祉に反しない限り，立法その他の国政の上で，最大の尊重を必要とする．

第14条〔法の下の平等，貴族制度の禁止，栄典の限界〕① すべて国民は，法の下に平等であつて，人種，信条，性別，社会的身分又は門地により，政治的，経済的又は社会的関係において，差別されない．
② 華族その他の貴族の制度は，これを認めない．
③ 栄誉，勲章その他の栄典の授与は，いかなる特権も伴はない．栄典の授与は，現にこれを有し，又は将来これを受ける者の一代に限り，その効力を有する．

第15条〔公務員の選定罷免権，全体の奉仕者性，普通選挙・秘密投票の保障〕① 公務員を選定し，及びこれを罷免することは，国民固有の権利である．
② すべて公務員は，全体の奉仕者であつて，一部の奉仕者ではない．
③ 公務員の選挙については，成年者による普通選挙を保障する．
④ すべて選挙における投票の秘密は，これを侵してはならない．選挙人は，その選択に関し公的にも私的にも責任を問はれない．

第16条〔請願権〕何人も，損害の救済，公務員の罷免，法律，命令又は規則の制定，廃止又は改正その他の事項に関し，平穏に請願する権利を有し，何人も，かかる請願をしたためにいかなる差別待遇も受けない．

第17条〔国及び公共団体の賠償責任〕何人も，公務員の不法行為により，損害を受けたときは，法律の定めるところにより，国又は公共団体に，その賠償を求めることができる．

第18条〔奴隷的拘束及び苦役からの自由〕何人も，いかなる奴隷的拘束も受けない．又，犯罪に因る処罰の場合を除いては，そ

（資料）日本国憲法

の意に反する苦役に服させられない．

第19条〔思想及び良心の自由〕思想及び良心の自由は，これを侵してはならない．

第20条〔信教の自由，政教分離〕① 信教の自由は，何人に対してもこれを保障する．いかなる宗教団体も，国から特権を受け，又は政治上の権力を行使してはならない．

② 何人も，宗教上の行為，祝典，儀式又は行事に参加することを強制されない．

③ 国及びその機関は，宗教教育その他いかなる宗教的活動もしてはならない．

第21条〔集会・結社・表現の自由，検閲の禁止，通信の秘密〕① 集会，結社及び言論，出版その他一切の表現の自由は，これを保障する．

② 検閲は，これをしてはならない．通信の秘密は，これを侵してはならない．

第22条〔居住・移転・職業選択の自由，外国移住・国籍離脱の自由〕① 何人も，公共の福祉に反しない限り，居住，移転及び職業選択の自由を有する．

② 何人も，外国に移住し，又は国籍を離脱する自由を侵されない．

第23条〔学問の自由〕学問の自由は，これを保障する．

第24条〔家族生活における個人の尊厳と両性の平等〕① 婚姻は，両性の合意のみに基いて成立し，夫婦が同等の権利を有することを基本として，相互の協力により，維持されなければならない．

② 配偶者の選択，財産権，相続，住居の選定，離婚並びに婚姻及び家族に関するその他の事項に関しては，法律は，個人の尊厳と両性の本質的平等に立脚して，制定されなければならない．

第25条〔生存権，国の社会福祉及び社会保障等の向上及び増進の努力義務〕① すべて国民は，健康で文化的な最低限度の生活を営む権利を有する．

② 国は，すべての生活部面について，社会福祉，社会保障及び公衆衛生の向上及び増進に努めなければならない．

第26条〔教育を受ける権利，教育の義務〕① すべて国民は，法律の定めるところにより，その能力に応じて，ひとしく教育を受ける権利を有する．

② すべて国民は，法律の定めるところにより，その保護する子女に普通教育を受けさせる義務を負ふ．義務教育は，これを無償とする．

第27条〔勤労の権利及び義務，勤労条件の基準，児童酷使の禁止〕① すべて国民は，勤労の権利を有し，義務を負ふ．

② 賃金，就業時間，休息その他の勤労条件に関する基準は，法律でこれを定める．

③ 児童は，これを酷使してはならない．

第28条〔労働基本権〕勤労者の団

結する権利及び団体交渉その他の団体行動をする権利は，これを保障する．

第29条〔財産権〕① 財産権は，これを侵してはならない．

② 財産権の内容は，公共の福祉に適合するやうに，法律でこれを定める．

③ 私有財産は，正当な補償の下に，これを公共のために用ひることができる．

第30条〔納税の義務〕国民は，法律の定めるところにより，納税の義務を負ふ．

第31条〔法定手続の保障〕何人も，法律の定める手続によらなければ，その生命若しくは自由を奪はれ，又はその他の刑罰を科せられない．

第32条〔裁判を受ける権利〕何人も，裁判所において裁判を受ける権利を奪はれない．

第33条〔逮捕の要件〕何人も，現行犯として逮捕される場合を除いては，権限を有する司法官憲が発し，且つ理由となつてゐる犯罪を明示する令状によらなければ，逮捕されない．

第34条〔抑留・拘禁の要件，不当拘禁の禁止〕何人も，理由を直ちに告げられ，且つ，直ちに弁護人に依頼する権利を与へられなければ，抑留又は拘禁されない．又，何人も，正当な理由がなければ，拘禁されず，要求があれば，その理由は，直ちに本人及びその弁護人の出席する公開の法廷で示されなければならない．

第35条〔住居の不可侵，捜索・押収の要件〕

① 何人も，その住居，書類及び所持品について，侵入，捜索及び押収を受けることのない権利は，第33条の場合を除いては，正当な理由に基いて発せられ，且つ捜索する場所及び押収する物を明示する令状がなければ，侵されない．

② 捜索又は押収は，権限を有する司法官憲が発する各別の令状により，これを行ふ．

第36条〔拷問及び残虐な刑罰の禁止〕公務員による拷問及び残虐な刑罰は，絶対にこれを禁ずる．

第37条〔刑事被告人の諸権利〕

① すべて刑事事件においては，被告人は，公平な裁判所の迅速な公開裁判を受ける権利を有する．

② 刑事被告人は，すべての証人に対して審問する機会を充分に与へられ，又，公費で自己のために強制的手続により証人を求める権利を有する．

③ 刑事被告人は，いかなる場合にも，資格を有する弁護人を依頼することができる．被告人が自らこれを依頼することができないときは，国でこれを附する．

第38条〔不利益な供述強要の禁止，自白の証拠能力〕① 何人も，自己に不利益な供述を強要されない．

② 強制，拷問若しくは脅迫による自白又は不当に長く抑留若しくは拘禁された後の自白は，これを証拠とすることができない．

（資料）日本国憲法

③ 何人も，自己に不利益な唯一の証拠が本人の自白である場合には，有罪とされ，又は刑罰を科せられない．

第39条〔遡及処罰の禁止・一事不再理〕何人も，実行の時に適法であつた行為又は既に無罪とされた行為については，刑事上の責任を問はれない．又，同一の犯罪について，重ねて刑事上の責任を問はれない．

第40条〔刑事補償〕何人も，抑留又は拘禁された後，無罪の裁判を受けたときは，法律の定めるところにより，国にその補償を求めることができる．

第4章 国 会

第41条〔国会の地位・立法権〕国会は，国権の最高機関であつて，国の唯一の立法機関である．

第42条〔両院制〕国会は，衆議院及び参議院の両議院でこれを構成する．

第43条〔両議院の組織〕① 両議院は，全国民を代表する選挙された議員でこれを組織する．

② 両議院の議員の定数は，法律でこれを定める．

第44条〔議員及び選挙人の資格〕両議院の議員及びその選挙人の資格は，法律でこれを定める．但し，人種，信条，性別，社会的身分，門地，教育，財産又は収入によつて差別してはならない．

第45条〔衆議院議員の任期〕衆議院議員の任期は，4年とする．但し，衆議院解散の場合には，その期間満了前に終了する．

第46条〔参議院議員の任期〕参議院議員の任期は，6年とし，3年ごとに議員の半数を改選する．

第47条〔選挙に関する事項の法定〕選挙区，投票の方法その他両議院の議員の選挙に関する事項は，法律でこれを定める．

第48条〔両議院議員兼職の禁止〕何人も，同時に両議院の議員たることはできない．

第49条〔議員の歳費〕両議院の議員は，法律の定めるところにより，国庫から相当額の歳費を受ける．

第50条〔議員の不逮捕特権〕両議院の議員は，法律の定める場合を除いては，国会の会期中逮捕されず，会期前に逮捕された議員は，その議院の要求があれば，会期中これを釈放しなければならない．

第51条〔議員の免責特権〕両議院の議員は，議院で行つた演説，討論又は表決について，院外で責任を問はれない．

第52条〔常会〕国会の常会は，毎年1回これを召集する．

第53条〔臨時会〕内閣は，国会の臨時会の召集を決定することができる．いづれかの議院の総議員の4分の1以上の要求があれば，内閣は，その召集を決定しなければならない．

第54条〔衆議院の解散と特別会，参議院の緊急集会〕① 衆議院が解散されたときは，解散の日から40日以内に，衆議院議員の総選挙を行ひ，その選挙の日から30日以内に，国会を召集しなけ

ればならない．
② 衆議院が解散されたときは，参議院は，同時に閉会となる．但し，内閣は，国に緊急の必要があるときは，参議院の緊急集会を求めることができる．
③ 前項但書の緊急集会において採られた措置は，臨時のものであつて，次の国会開会の後10日以内に，衆議院の同意がない場合には，その効力を失ふ．

第55条〔議員の資格争訟〕両議院は，各々その議員の資格に関する争訟を裁判する．但し，議員の議席を失はせるには，出席議員の3分の2以上の多数による議決を必要とする．

第56条〔定足数，表決数〕① 両議院は，各々その総議員の3分の1以上の出席がなければ，議事を開き議決することができない．
② 両議院の議事は，この憲法に特別の定のある場合を除いては，出席議員の過半数でこれを決し，可否同数のときは，議長の決するところによる．

第57条〔会議の公開と秘密会，会議録の公開，表決の会議録への記載〕① 両議院の会議は，公開とする．但し，出席議員の3分の2以上の多数で議決したときは，秘密会を開くことができる．
② 両議院は，各々その会議の記録を保存し，秘密会の記録の中で特に秘密を要すると認められるもの以外は，これを公表し，且つ一般に頒布しなければならない．
③ 出席議員の5分の1以上の要求があれば，各議員の表決は，これを会議録に記載しなければならない．

第58条〔役員の選任，院内規則・懲罰〕① 両議院は，各々その議長その他の役員を選任する．
② 両議院は，各々その会議その他の手続及び内部の規律に関する規則を定め，又，院内の秩序をみだした議員を懲罰することができる．但し，議員を除名するには，出席議員の3分の2以上の多数による議決を必要とする．

第59条〔法律案の議決，衆議院の優越〕① 法律案は，この憲法に特別の定のある場合を除いては，両議院で可決したとき法律となる．
② 衆議院で可決し，参議院でこれと異なつた議決をした法律案は，衆議院で出席議員の3分の2以上の多数で再び可決したときは，法律となる．
③ 前項の規定は，法律の定めるところにより，衆議院が，両議院の協議会を開くことを求めることを妨げない．
④ 参議院が，衆議院の可決した法律案を受け取つた後，国会休会中の期間を除いて60日以内に，議決しないときは，衆議院は，参議院がその法律案を否決したものとみなすことができる．

第60条〔衆議院の予算先議と優越〕① 予算は，さきに衆議院に提出しなければならない．
② 予算について，参議院で衆議

(資料) 日本国憲法

院と異なつた議決をした場合に，法律の定めるところにより，両議院の協議会を開いても意見が一致しないとき，又は参議院が，衆議院の可決した予算を受け取つた後，国会休会中の期間を除いて30日以内に，議決しないときは，衆議院の議決を国会の議決とする．

第61条〔条約の承認と衆議院の優越〕条約の締結に必要な国会の承認については，前条第2項の規定を準用する．

第62条〔議院の国政調査権〕両議院は，各々国政に関する調査を行ひ，これに関して，証人の出頭及び証言並びに記録の提出を要求することができる．

第63条〔国務大臣の議院出席の権利及び義務〕内閣総理大臣その他の国務大臣は，両議院の一に議席を有すると有しないとにかかはらず，何時でも議案について発言するため議院に出席することができる．又，答弁又は説明のため出席を求められたときは，出席しなければならない．

第64条〔弾劾裁判所〕① 国会は，罷免の訴追を受けた裁判官を裁判するため，両議院の議員で組織する弾劾裁判所を設ける．
② 弾劾に関する事項は，法律でこれを定める．

第5章 内 閣

第65条〔行政権と内閣〕行政権は，内閣に属する．

第66条〔内閣の組織，文民資格，連帯責任〕① 内閣は，法律の定めるところにより，その首長たる内閣総理大臣及びその他の国務大臣でこれを組織する．
② 内閣総理大臣その他の国務大臣は，文民でなければならない．
③ 内閣は，行政権の行使について，国会に対し連帯して責任を負ふ．

第67条〔内閣総理大臣の指名，衆議院の優越〕① 内閣総理大臣は，国会議員の中から国会の議決で，これを指名する．この指名は，他のすべての案件に先だつて，これを行ふ．
② 衆議院と参議院とが異なつた指名の議決をした場合に，法律の定めるところにより，両議院の協議会を開いても意見が一致しないとき，又は衆議院が指名の議決をした後，国会休会中の期間を除いて10日以内に，参議院が，指名の議決をしないときは，衆議院の議決を国会の議決とする．

第68条〔国務大臣の任命及び罷免〕① 内閣総理大臣は，国務大臣を任命する．但し，その過半数は，国会議員の中から選ばれなければならない．
② 内閣総理大臣は，任意に国務大臣を罷免することができる．

第69条〔衆議院の内閣不信任と解散又は内閣総辞職〕内閣は，衆議院で不信任の決議案を可決し，又は信任の決議案を否決したときは，10日以内に衆議院が解散されない限り，総辞職をしなければならない．

第70条〔内閣総理大臣の欠缺又は総選挙と内閣総辞職〕内閣総理

大臣が欠けたとき、又は衆議院議員総選挙の後に初めて国会の召集があつたときは、内閣は、総辞職をしなければならない．

第71条〔総辞職後の内閣による職務執行〕前２条の場合には、内閣は、あらたに内閣総理大臣が任命されるまで引き続きその職務を行ふ．

第72条〔内閣総理大臣の職務〕内閣総理大臣は、内閣を代表して議案を国会に提出し、一般国務及び外交関係について国会に報告し、並びに行政各部を指揮監督する．

第73条〔内閣の職権〕内閣は、他の一般行政事務の外、左の事務を行ふ．
 1 法律を誠実に執行し、国務を総理すること．
 2 外交関係を処理すること．
 3 条約を締結すること．但し、事前に、時宜によつては事後に、国会の承認を経ることを必要とする．
 4 法律の定める基準に従ひ、官吏に関する事務を掌理すること．
 5 予算を作成して国会に提出すること．
 6 この憲法及び法律の規定を実施するために、政令を制定すること．但し、政令には、特にその法律の委任がある場合を除いては、罰則を設けることができない．
 7 大赦、特赦、減刑、刑の執行の免除及び復権を決定すること．

第74条〔法律・政令の署名・連署〕法律及び政令には、すべて主任の国務大臣が署名し、内閣総理大臣が連署することを必要とする．

第75条〔国務大臣の訴追〕国務大臣は、その在任中、内閣総理大臣の同意がなければ、訴追されない．但し、これがため、訴追の権利は、害されない．

第６章　司　法

第76条〔司法権・裁判所、特別裁判所の禁止、裁判官の独立〕① すべて司法権は、最高裁判所及び法律の定めるところにより設置する下級裁判所に属する．
② 特別裁判所は、これを設置することができない．行政機関は、終審として裁判を行ふことができない．
③ すべて裁判官は、その良心に従ひ独立してその職権を行ひ、この憲法及び法律にのみ拘束される．

第77条〔最高裁判所の規則制定権〕① 最高裁判所は、訴訟に関する手続、弁護士、裁判所の内部規律及び司法事務処理に関する事項について、規則を定める権限を有する．
② 検察官は、最高裁判所の定める規則に従はなければならない．
③ 最高裁判所は、下級裁判所に関する規則を定める権限を、下級裁判所に委任することができる．

第78条〔裁判官の身分保障〕裁判官は、裁判により、心身の故障のために職務を執ることができ

（資料）日本国憲法

ないと決定された場合を除いては、公の弾劾によらなければ罷免されない．裁判官の懲戒処分は、行政機関がこれを行ふことはできない．

第79条〔最高裁判所の構成，国民審査，定年，報酬〕① 最高裁判所は、その長たる裁判官及び法律の定める員数のその他の裁判官でこれを構成し、その長たる裁判官以外の裁判官は、内閣でこれを任命する．

② 最高裁判所の裁判官の任命は、その任命後初めて行はれる衆議院議員総選挙の際国民の審査に付し、その後10年を経過した後初めて行はれる衆議院議員総選挙の際更に審査に付し、その後も同様とする．

③ 前項の場合において、投票者の多数が裁判官の罷免を可とするときは、その裁判官は、罷免される．

④ 審査に関する事項は、法律でこれを定める．

⑤ 最高裁判所の裁判官は、法律の定める年齢に達した時に退官する．

⑥ 最高裁判所の裁判官は、すべて定期に相当額の報酬を受ける．この報酬は、在任中、これを減額することができない．

第80条〔下級裁判所の裁判官・任期・定年，報酬〕① 下級裁判所の裁判官は、最高裁判所の指名した者の名簿によつて、内閣でこれを任命する．その裁判官は、任期を10年とし、再任されることができる．但し、法律の定める年齢に達した時には退官する．

② 下級裁判所の裁判官は、すべて定期に相当額の報酬を受ける．この報酬は、在任中、これを減額することができない．

第81条〔違憲審査制〕最高裁判所は、一切の法律、命令、規則又は処分が憲法に適合するかしないかを決定する権限を有する終審裁判所である．

第82条〔裁判の公開〕① 裁判の対審及び判決は、公開法廷でこれを行ふ．

② 裁判所が、裁判官の全員一致で、公の秩序又は善良の風俗を害する虞があると決した場合には、対審は、公開しないでこれを行ふことができる．但し、政治犯罪、出版に関する犯罪又はこの憲法第3章で保障する国民の権利が問題となつてゐる事件の対審は、常にこれを公開しなければならない．

第7章 財 政

第83条〔財政処理の基本原則〕国の財政を処理する権限は、国会の議決に基いて、これを行使しなければならない．

第84条〔租税法律主義〕あらたに租税を課し、又は現行の租税を変更するには、法律又は法律の定める条件によることを必要とする．

第85条〔国費の支出及び国の債務負担〕国費を支出し、又は国が債務を負担するには、国会の議決に基くことを必要とする．

第86条〔予算の作成と議決〕内閣

は，毎会計年度の予算を作成し，国会に提出して，その審議を受け議決を経なければならない．

第87条〔予備費〕① 予見し難い予算の不足に充てるため，国会の議決に基いて予備費を設け，内閣の責任でこれを支出することができる．

② すべて予備費の支出については，内閣は，事後に国会の承諾を得なければならない．

第88条〔皇室財産・皇室費用〕すべて皇室財産は，国に属する．すべて皇室の費用は，予算に計上して国会の議決を経なければならない．

第89条〔公の財産の支出・利用提供の制限〕公金その他の公の財産は，宗教上の組織若しくは団体の使用，便益若しくは維持のため，又は公の支配に属しない慈善，教育若しくは博愛の事業に対し，これを支出し，又はその利用に供してはならない．

第90条〔決算検査，会計検査院〕① 国の収入支出の決算は，すべて毎年会計検査院がこれを検査し，内閣は，次の年度に，その検査報告とともに，これを国会に提出しなければならない．

② 会計検査院の組織及び権限は，法律でこれを定める．

第91条〔財政状況の報告〕内閣は，国会及び国民に対し，定期に，少くとも毎年1回，国の財政状況について報告しなければならない．

第8章　地方自治

第92条〔地方自治の基本原則〕地方公共団体の組織及び運営に関する事項は，地方自治の本旨に基いて，法律でこれを定める．

第93条〔地方公共団体の議会の設置，長・議員等の直接選挙〕① 地方公共団体には，法律の定めるところにより，その議事機関として議会を設置する．

② 地方公共団体の長，その議会の議員及び法律の定めるその他の吏員は，その地方公共団体の住民が，直接これを選挙する．

第94条〔地方公共団体の権能，条例制定権〕地方公共団体は，その財産を管理し，事務を処理し，及び行政を執行する権能を有し，法律の範囲内で条例を制定することができる．

第95条〔特別法の住民投票〕一の地方公共団体のみに適用される特別法は，法律の定めるところにより，その地方公共団体の住民の投票においてその過半数の同意を得なければ，国会は，これを制定することができない．

第9章　改　正

第96条〔憲法改正の手続，その公布〕① この憲法の改正は，各議院の総議員の3分の2以上の賛成で，国会が，これを発議し，国民に提案してその承認を経なければならない．この承認には，特別の国民投票又は国会の定める選挙の際行はれる投票において，その過半数の賛成を必要とする．

② 憲法改正について前項の承認

(資料) 日本国憲法

を経たときは，天皇は，国民の名で，この憲法と一体を成すものとして，直ちにこれを公布する．

第10章　最高法規

第97条〔基本的人権の本質〕この憲法が日本国民に保障する基本的人権は，人類の多年にわたる自由獲得の努力の成果であつて，これらの権利は，過去幾多の試錬に堪へ，現在及び将来の国民に対し，侵すことのできない永久の権利として信託されたものである．

第98条〔憲法の最高法規性，条約及び国際法規の遵守〕① この憲法は，国の最高法規であつて，その条規に反する法律，命令，詔勅及び国務に関するその他の行為の全部又は一部は，その効力を有しない．

② 日本国が締結した条約及び確立された国際法規は，これを誠実に遵守することを必要とする．

第99条〔憲法尊重擁護の義務〕天皇又は摂政及び国務大臣，国会議員，裁判官その他の公務員は，この憲法を尊重し擁護する義務を負ふ．

第11章　補　則

第100条〔施行期日，施行の準備〕① この憲法は，公布の日から起算して6箇月を経過した日から，これを施行する．

② この憲法を施行するために必要な法律の制定，参議院議員の選挙及び国会召集の手続並びにこの憲法を施行するために必要な準備手続は，前項の期日よりも前に，これを行ふことができる．

第101条〔経過規定－参議院未成立の間の国会〕この憲法施行の際，参議院がまだ成立してゐないときは，その成立するまでの間，衆議院は，国会としての権限を行ふ．

第102条〔経過規定－第1期の参議院の任期〕この憲法による第1期の参議院議員のうち，その半数の者の任期は，これを3年とする．その議員は，法律の定めるところにより，これを定める．

第103条〔経過規定－憲法施行の際の公務員の地位〕この憲法施行の際現に在職する国務大臣，衆議院議員及び裁判官並びにその他の公務員で，その地位に相応する地位がこの憲法で認められてゐる者は，法律で特別の定をした場合を除いては，この憲法施行のため，当然にはその地位を失ふことはない．但し，この憲法によつて，後任者が選挙又は任命されたときは，当然その地位を失ふ．

判例索引

● **最高裁判所** ●

最大判昭和27・10・8民集6巻9号783頁 …… *219*

最大判昭和28・12・23民集7巻13号1561頁 …… *25*

最大判昭和30・2・9刑集9巻2号217頁 …… *186*

最大判昭和31・7・4民集10巻7号785頁 …… *92, 96*

最大判昭和32・3・13刑集11巻3号997頁 …… *100*

最大判昭和37・4・4刑集16巻4号377頁 …… *152*

最大判昭和37・5・30刑集16巻5号577頁 …… *250*

最大判昭和37・11・28刑集16巻11号1593頁 …… *26*

最大判昭和38・3・27刑集17巻2号121頁 …… *236, 238*

最大判昭和39・2・5民集18巻2号270頁 …… *176*

最大判昭和42・5・24民集21巻5号1043頁 …… *161, 168*

最大判昭和44・10・15刑集23巻10号1239頁 …… *101*

最大判昭和44・12・24刑集23巻12号1625頁 …… *33, 44, 52*

最大判昭和45・9・16民集24巻10号1410頁 …… *62*

最大判昭和48・4・4刑集27巻3号265頁 …… *26, 76*

最大判昭和48・12・12民集27巻11号1536頁 …… *92*

最大判昭和49・11・6刑集28巻9号393頁 …… *54, 93*

最大判昭和50・4・30民集29巻4号572頁 …… *26, 57*

最大判昭和51・4・14民集30巻3号223頁 …… *238*

最判昭和52・7・13民集31巻4号533頁 …… *128*

最決昭和53・5・31刑集32巻3号457頁 …… *124*

最大判昭和53・9・7刑集32巻6号1672頁 …… *17*

最大判昭和55・11・28刑集34巻6号433頁 …… *101*

最大判昭和56・4・14民集35巻3号620頁 …… *47*

最大判昭和58・3・8刑集37巻2号15頁 …… *102*

最決昭和60・9・10判時1165号183頁 …… *53*

最大判昭和60・11・21民集39巻7号1512頁 …… *70*

最大判昭和61・2・14刑集40巻1号48頁 …… *45*

最大判昭和62・4・22民集41巻3号408頁 …… *26*

最判平成5・2・16民集47巻3号1687頁 …… *130*

最大決平成7・7・5民集49巻7号1789頁 …… *72*

265

判例索引

最判平成7・12・15刑集49巻10号842頁 …………………… *38*

最大判平成9・4・2民集51巻4号1673頁 ………… *138, 228*

最判平成12・2・29民集54巻2号582頁 …………………… *59*

最判平成14・9・11民集56巻7号1439頁 ………………… *26*

最判平成15・2・14刑集57巻2号121頁 …………………… *17*

最判平成15・3・14民集57巻3号229頁 …………… *113, 123*

最判平成16・3・16民集58巻3号647頁 ………………… *171*

最大判平成17・9・14民集59巻7号2087頁 ………… *26, 70, 80, 177, 180, 183*

最判平成19・2・27民集61巻1号291頁 ……………… *88, 93*

最判平成20・2・19民集62巻2号445頁 ………………… *107*

最判平成20・4・11刑集62巻5号1217頁 ………………… *64*

最大判平成20・6・4民集62巻6号1367頁 ………… *26, 57, 76*

最大判平成22・1・20民集64巻1号1頁 …………… *132, 134, 228*

最判平成22・7・22判タ1330号81頁 ……………………… *129*

最判平成23・5・30民集65巻4号1780頁 ……… *86, 89, 93, 97*

最大判平成23・11・16・刑集65巻8号1285頁 …………… *233*

最判平成24・1・16判タ1370号80頁, 93頁 …………… *90, 95*

最判平成24・4・2民集66巻6号2367頁 ………………… *160*

最大決平成25・9・4判時2197号10頁 ……………………… *60*

最大決平成25・9・4裁判所HP …………………………… *69*

最判平成25・9・26裁判所HP …………………………… *69*

● **高等裁判所** ●

名古屋高判昭和46・5・14民集31巻4号616頁 …………… *136*

札幌高判昭和51・8・5行集27巻8号1175頁 …………… *224*

東京高判昭和53・9・11判タ369号424頁 ………………… *53*

東京高判平成6・2・23東京高等裁判所判決時報刑事45巻1～12号7頁 ……………… *55*

大阪高判平成12・2・29判時1710号121頁 ……………… *123*

名古屋高判平成12・8・1高等裁判所刑事裁判速報集平成12年169頁 ………………… *53*

札幌高判平成19・6・26民集64巻1号119頁 …………… *138*

福岡高判平成22・6・14民集66巻6号2505頁 ………… *164*

東京高判平成23・3・25判例地方自治356号56頁 …………… *94*

東京高判平成24・4・26判タ1381号105頁 ……………… *157*

大阪高判平成25・9・27判例集未登載 …………………… *187*

● **地方裁判所** ●

東京地判昭和37・10・16判時
　318号3頁 ·················· *107*
東京地判昭和39・9・28下民集
　15巻9号2317頁 ············ *43*
旭川地判昭和43・3・25下刑集
　10巻3号293頁 ············· *58*
東京地判平成7・2・28判夕
　904号78頁 ············· *177, 187*
大阪地判平成11・6・9判時
　1679号54頁 ················ *123*
東京地判平成24・3・14判時
　2178号3頁 ················· *187*
大阪地判平成25・2・6裁判所
　HP ························ *187*
東京地判平成25・5・29判時
　2196号67頁 ················· *80*

● **簡易裁判所** ●

神戸簡裁判昭和50・2・20判時
　768号3頁 ··················· *64*

事項索引

● **あ行** ●

違憲審査制 …………………… *225*
萎縮効果 ………………… *102, 120*
一層制 ………………………… *237*
一般権力関係 ………………… *182*
一般的自由 …………………… *62*
　――説 …………………… *52, 55*
意に反する苦役 ……………… *91*
営業の自由 …………………… *144*
Nシステム ………………… *32, 41*
オービス ……………………… *45*

● **か行** ●

外延情報 ……………………… *47*
会期不継続の原則 …………… *191*
外部的の行動 ………………… *89*
カーボンコピー …… *190, 194, 197*
勧告的意見 …………………… *231*
監視カメラ …………………… *48*
間接選挙 ……………………… *201*
間接的な制約 ……………… *85, 93*
議院内閣制 …………………… *206*
機関訴訟 …………………… *22, 228*
貴族院型 ……………………… *198*
君が代 …………………… *84, 91*
客観訴訟 ………………… *21, 22, 228*
糾問主義的訴訟構造 ………… *15*
行政機関の保有する情報の公開
　に関する法律 ……………… *43*
行政裁量 ……………………… *167*
　――統制 ………………… *168*

行政訴訟 ……………………… *20*
共同体意識 …………………… *246*
許可制 ……………… *147, 149, 153*
クォータ制 …………………… *201*
具体的な争訟 ………………… *225*
区長の公選制 ………………… *246*
経済的自由 …………………… *150*
警察（消極）目的 …………… *151*
刑事事件 ……………………… *14*
刑事収容施設および被収容者の
　処遇に関する法律 ………… *183*
刑法175条 …………………… *106*
健康で文化的な最低限度の生活
　………………………… *160, 171*
「健康で文化的」な生活 …… *171*
現代選挙法の公理 …………… *179*
憲法裁判所 ……………… *221, 223*
　――型 …………………… *226*
憲法裁判の活性化 …………… *220*
憲法の番人 …………………… *230*
権利・公務二元説 …………… *183*
抗告訴訟 ……………………… *21*
後段列挙事由 ………………… *74*
幸福追求権 ……………… *55, 59*
国　籍 ………………………… *76*
　――法 …………………… *76*
戸籍法 ………………………… *77*
国家機密 ……………………… *124*
国家と宗教とのかかわり合い
　………………………………… *137*
個別的考察方法 ……………… *100*
固有情報 ……………………… *47*

事項索引

● さ行 ●

「再考の府」,「反省の府」…… *200*
最低限度の生活 ……………… *165*
裁判員制度 …………………… *232*
裁量権の逸脱・濫用 ………… *168*
サーシオレイライ …………… *223*
参議院不要論 ………………… *200*
三段階審査理論 ………………… *93*
自己決定権 ……………… *55, 59*
自己実現 ………………… *103, 119*
自己情報コントロール権 ……… *44*
自己統治 ………………… *103, 119*
私事性 ………………………… *112*
事実の真実性 ………………… *113*
事情判決 ………………………… *24*
思想の自由市場 ……………… *103*
思想・良心の自由 ……… *84, 91*
市町村長 ……………………… *241*
実名で報道されない権利 …… *113, 121, 122*
実名報道 ……………………… *120*
私的自治の原則 ………………… *18*
自動速度監視装置(オービス)
 ………………………………… *42*
児童ポルノ …………………… *109*
司法裁判所型 ………………… *225*
社会的害悪 …………………… *105*
社会的評価 ……………… *112, 121*
社会的身分 …………………… *75*
謝罪広告 ………………………… *96*
車両検問 ………………………… *40*
衆議院の優越 …………… *191, 192*
宗教学校 ……………………… *140*
宗教団体 ……………………… *130*

宗教的活動 ……………… *129, 132*
宗教的儀式 ……………………… *64*
衆参の「ねじれ」……… *192, 194*
習俗的行事 …………………… *132*
重大な非違行為 ………………… *95*
自由放任主義 ………………… *152*
住民自治 ………………… *239, 249*
住民訴訟 ……………………… *228*
住民投票 ……………………… *241*
主観訴訟 ………………………… *21*
受刑者 ………………………… *176*
受刑者の基本権 ……………… *182*
首相公選制 …………………… *212*
首相公選論 …………………… *214*
首相のリーダーシップ ……… *207, 211, 213*
首相の独裁化 ………………… *210*
首相の民主的正統性 ………… *210*
消極的,警察の措置 ………… *145*
消極目的の場合 ……………… *146*
肖像権 ……… *33, 36, 44, 112, 119*
少年法 …………………… *114, 117*
情報プライバシー権 ……… *33, 34, 38, 44, 46*
条例制定権 …………………… *242*
職業選択の自由 ………… *144, 150*
職能代表制 …………………… *201*
職能的利益 …………………… *197*
職権主義 ………………………… *20*
私立学校への助成 …………… *140*
知る権利 ………… *108, 120, 124*
「人格核心説」(限定説) ……… *92*
人格権 ………………………… *119*
人格的利益説 …………… *52, 55*
推知報道 ……………………… *118*

269

事項索引

「スプリット・チケット」型投票行動 …… 213
生活保護 …… 165
　――費 …… 160
　――法 …… 160, 167
政教分離原則 …… 128, 132, 137
政治改革 …… 215
　――関連法 …… 202
政治資金規正法 …… 202
青少年の健全な育成 …… 104
生存権 …… 162, 165
性的羞恥心 …… 106
性的道義観念 …… 106
政党助成法 …… 202
制度後退禁止原則 …… 164, 169
制度の保障 …… 128, 136
成年年齢 …… 188
性表現 …… 102
性風俗・性道徳 …… 104, 106
積極目的の場合 …… 146
絶対的平等 …… 74
選挙権 …… 176
選挙事項法定主義 …… 180, 183
選挙訴訟 …… 228
選挙年齢 …… 187
選挙の公正 …… 177, 179, 186
選挙犯罪 …… 186
全体的考察方法 …… 101, 106
相対的平等 …… 74
相対的わいせつ …… 107
訴訟判決 …… 24

● た行 ●

単一国家 …… 193
単一国家（民選）型 …… 198
弾劾主義的訴訟構造 …… 15
団体自治 …… 239, 249
地域主権 …… 243
地方公共団体 …… 236
地方公共団体の長と議会の間の争訟 …… 228
地方自治の本旨 …… 239, 241, 248
地方の時代 …… 240
嫡出子 …… 68, 74
抽象的違憲審査制 …… 220, 222, 226
「直接的」な制約 …… 93
直接的抑圧とな …… 88
直接民主制 …… 241
低価値表現 …… 102, 106, 109
定義づけ衡量 …… 102
適正手続 …… 54
適用審査 …… 26
伝達的効果 …… 104
当事者主義 …… 15
当事者訴訟 …… 22
道州制 …… 236
特定秘密保護法 …… 124
特別権力関係 …… 182
特別地方公共団体 …… 246
匿名報道 …… 118
独立行政委員会 …… 2217
都道府県制 …… 238
都道府県知事 …… 241
取消訴訟 …… 21

● な行 ●

「内心説」（広義説） …… 92
内心の自由 …… 91
内面的精神活動の自由 …… 91
二重の基準論 …… 150

二層制 ……………………… 237
「ねじれ国会」あるいは「逆転国会」……………………… 197

● は行 ●

ハードコア・ポルノ …… 102, 109
判断過程統制 ……………… 169
ピアノ伴奏 ………………… 91
比較衡量論 ………………… 94
非公知性 …………………… 112
非嫡出子 ………………… 68, 74
秘匿性 ……………………… 112
日の丸 …………………… 84, 90
表現内容規制 ……………… 103
平等選挙 ……………… 179, 183
比例代表制 ………………… 201
風営法 ……………………… 149
夫婦同姓 …………………… 80
夫婦別姓 …………………… 81
福祉国家 …………………… 152
福祉（積極）目的 ………… 151
不告不理の原則 …………… 19
付随的違憲審査制 …… 13, 220, 223, 225
普通選挙 ……………… 179, 183
普通地方公共団体 ………… 246
プライバシー ……………… 35
プライバシー権 ……… 112, 119
プライバシーの権利 ……… 43
分割政府 …………………… 212
文面審査 …………………… 25
弁論主義 …………………… 19
報道の自由 ……… 113, 115, 119
法律上の争訟 ……………… 13
法律婚主義 ………… 68, 74, 77, 80
本案判決 …………………… 24

● ま行 ●

マスメディア ……………… 119
マニフェスト ……………… 195
民事事件 …………………… 17
民事非訟 …………………… 19
民衆訴訟 ……………… 22, 228
民主的正統性 ……… 199, 207
無罪の推定 ………………… 120
名誉権 ……………………… 112
メディア規制 ……………… 119
目的効果基準 ……………… 138

● や行 ●

薬事法 ……………………… 156
やむにやまれぬ利益 ……… 47
踰越濫用型審査 …………… 95

● ら行 ●

利益衡量論 ………………… 113
リクルート事件 …………… 215
リスク予防的観点 ………… 61
立法行為 …………………… 73
立法裁量 ……………… 167, 168
立法事実 ……………… 63, 156
両院協議会 ………………… 191
両性の本質的平等 ………… 80
レイプハルト ……… 195, 198
連邦国家 …………………… 192
連邦国家型 ………………… 198
わいせつ ……………… 100, 106

【執筆者紹介】

編著者

新井 誠（広島大学大学院法務研究科教授） Ⅰ，Ⅲ 8・10

著 者

大林 啓吾（千葉大学大学院専門法務研究科准教授） Ⅲ 3・9

栗田 佳泰（富山大学経済学部准教授） Ⅲ 4・7

黒澤 修一郎（島根大学法文学部講師） Ⅲ 13・14

寺井 昭仁（大阪弁護士会，弁護士） Ⅱ，Ⅲ 1

德永 貴志（和光大学経済経営学部講師） Ⅲ 11・12

西土 彰一郎（成城大学法学部准教授） Ⅲ 5・6

山本 龍彦（慶應義塾大学大学院法務研究科准教授） Ⅲ 2

ディベート憲法

2014(平成26)年3月28日　第1版第1刷発行

編著者　新井　誠
発行者　今井 貴・稲葉文子
発行所　株式会社 信山社
〒113-0033 東京都文京区本郷6-2-9-102
Tel 03-3818-1019　Fax 03-3818-0344
info@shinzansha.co.jp
笠間才木支店　〒309-1611 茨城県笠間市笠間515-3
笠間来栖支店　〒309-1625 茨城県笠間市来栖2345-1
Tel 0296-71-0215　Fax 0296-72-5410
出版契約 2014-8621-2-01011　Printed in Japan

©編者・著者，2014年　印刷・製本／亜細亜印刷・渋谷文泉閣
ISBN978-4-7972-8621-2 C3332 P280/323.342-C200 憲法
8621-2-01011：012-200-050《禁無断複写》

JCOPY 〈㈳出版者著作権管理機構 委託出版物〉

本書の無断複写は著作権法上での例外を除き禁じられています。複写される場合は，そのつど事前に，㈳出版者著作権管理機構（電話03-3513-6969，FAX03-3513-6979，e-mail:info@copy.or.jp）の許諾を得てください。また，本書を代行業者等の第三者に依頼してスキャニング等の行為によりデジタル化することは，個人の家庭内範囲であっても，一切認められておりません。